Introdução à filosofia matemática

FUNDAÇÃO EDITORA DA UNESP

Presidente do Conselho Curador
Mário Sérgio Vasconcelos

Diretor-Presidente / Publisher
Jézio Hernani Bomfim Gutierre

Superintendente Administrativo e Financeiro
William de Souza Agostinho

Conselho Editorial Acadêmico
Júlio Cesar Torres
Luís Antônio Francisco de Souza
Marcelo dos Santos Pereira
Maurício Funcia de Bonis
Patricia Porchat Pereira da Silva Knudsen
Ricardo D'Elia Matheus
Sílvia Maria Azevedo
Tatiana Noronha de Souza
Trajano Sardenberg

Editores-Adjuntos
Anderson Nobara
Leandro Rodrigues

BERTRAND RUSSELL

Introdução à filosofia matemática

Com novo prefácio por Michael Potter

Tradução
Lilian Centurion

Revisão técnica
Cezar A. Mortari

Título original: *Introduction to Mathematical Philosophy*

© 2008, 2023 Bertrand Russell Peace Foundation Ltd.

Prefácio © 2022 Michael Potter

Todos os direitos reservados. Tradução autorizada da edição em língua inglesa publicada pela Routledge, membro da Taylor & Francis Group, com copyright da Bertrand Russell Peace Foundation

© 2025 Editora Unesp

Direitos de publicação reservados à:
Fundação Editora da Unesp (FEU)
Praça da Sé, 108
01001-900 – São Paulo – SP
Tel.: (0xx11) 3242-7171
Fax: (0xx11) 3242-7172
www.editoraunesp.com.br
www.livrariaunesp.com.br
atendimento.editora@unesp.br

Dados Internacionais de Catalogação na Publicação (CIP) de acordo com ISBD
Elaborado por Vagner Rodolfo da Silva – CRB-8/9410

R961i   Russell, Bertrand

Introdução à filosofia matemática / Bertrand Russell; traduzido por Lilian Centurion; revisão técnica de Cezar A. Mortari. – São Paulo: Editora Unesp, 2025.

Tradução de: Introduction to Mathematical Philosophy
Inclui bibliografia.
ISBN: 978-65-5711-256-4

1. Filosofia. 2. Filosofia analítica. 3. Lógica. 4. Descrição. 5. Conjuntos. 6. Matemática. 7. História da matemática. 8. Matemática pura. 9. Filosofia da matemática. 10. Epistemologia. 11. Ciências exatas. 12. Educação. I. Centurion, Lilian. II. Mortari, Cezar A. II. Título.

2025-1500   CDD 100
                                                                                        CDU 1

Editora afiliada:

Sumário

Prefácio a esta edição . *7*
Agradecimento da editora . *21*
Prefácio . *23*
Nota do editor . *25*

1 A série dos números naturais . *27*
2 Definição de número . *39*
3 Finitude e indução matemática . *51*
4 Definição de ordem . *63*
5 Espécies de relações . *79*
6 Similaridade de relações . *91*
7 Números racionais, reais e complexos . *105*
8 Números cardinais infinitos . *123*
9 Séries infinitas e ordinais . *139*
10 Limites e continuidade . *149*
11 Limites e continuidade de funções . *161*
12 Seleções e o axioma multiplicativo . *173*
13 O axioma do infinito e tipos lógicos . *191*
14 Incompatibilidade e a teoria da dedução . *207*
15 Funções proposicionais . *221*

16 Descrições . *235*
17 Classes . *253*
18 Matemática e lógica . *271*

Referências bibliográficas . *287*
Índice remissivo . *289*

Prefácio a esta edição

Bertrand Russell escreveu *Introdução à filosofia matemática* sob circunstâncias atípicas. Depois de ter passado a maior parte da guerra envolvido numa campanha pacifista (e em consequência ter sido removido do seu cargo de professor no Trinity College, em Cambridge), entre o fim de 1917 e o início de 1918 ele ministrou duas disciplinas com aulas filosóficas populares, uma sobre lógica moderna e outra sobre atomismo lógico. A segunda foi registrada palavra por palavra por um estenógrafo e publicada após muito pouca revisão.[1] Porém, enquanto ele estava ministrando essa disciplina, foi condenado a passar seis meses na Penitenciária Brixton, em Londres, por publicar um material prejudicial às relações da Grã-Bretanha com os seus aliados americanos. A apelação da sentença não foi bem-sucedida, embora o tempo que levou para ela ser examinada de fato tenha lhe permitido completar a segunda disciplina. O mais

---

1 Como "The Philosophy of Logical Atomism", *The Monist* (1918-1919).

Bertrand Russell

importante, entretanto, foi o fato de ele ter recebido permissão para cumprir a sentença na "primeira divisão", o que significa que foi dispensado de executar trabalhos forçados e podia ter livros na cela. Sua pena começou a ser cumprida em 1º de maio de 1918, e ele resolveu dedicar parte do tempo na prisão a transformar a primeira disciplina no que ele descreveu como "um livro didático sobre o *Principia*" – uma introdução popular ao tratado sobre lógica que ele e o matemático A. N. Whitehead haviam escrito antes da guerra. Houve um certo atraso enquanto se obtinha a permissão para ele ter materiais para escrever na sua cela, que não chegaram até o dia 16 daquele mês. Mas, no dia 21, Russell relatou que tinha escrito em torno de 20 mil palavras, e, no dia 27, o livro de 70 mil palavras estava "quase pronto". Ele deve ter produzido, portanto, uma média de pelo menos 5 mil palavras por dia. Mesmo levando-se em consideração o fato de que estava transcrevendo aulas que já havia ministrado e a ausência de distrações que a prisão lhe proporcionava, trata-se de um ritmo de trabalho impressionante. Como ocorreu com a maioria dos seus escritos que se seguiram ao *Principles*, o manuscrito completo do livro exibe poucas evidências de revisão subsequente.[2]

---

2 Um objetivo secundário do livro sem dúvida foi popularizar a escola de filosofia matemática que, antes da guerra, Russell nutrira a esperança de fundar. "Wittgenstein", ele havia sugerido, "é exatamente o meu sonho". No entanto, Wittgenstein ficou sem entrar em contato com ele durante três anos e poderia, até onde ele sabia, ter morrido (p.286*n*). E embora Russell tivesse então dois alunos promissores (Dorothy Wrinch e Jean Nicod), sem seu cargo de professor em Cambridge, suas perspectivas de atrair mais estudantes à sua causa presumivelmente seriam limitadas.

Introdução à filosofia matemática

No século que se passou desde a sua publicação, a *Introdução* apresentou a muitos leitores (entre eles o presente autor, quando estava na faculdade) o projeto logicista de Russell de demonstrar que a matemática é, de alguma maneira, parte da lógica, ou tem uma continuidade com ela. Contudo, o livro muitas vezes deixa transparecer a velocidade com que foi escrito: termos cruciais são deixados sem definição, e raciocínios cruciais, expressos de forma obscura ou nem isso. Para citar apenas um exemplo, ele mantém, sem explicação, o costume confuso, presente na sua obra anterior, segundo o qual chamar uma classe de "existente" significa que ela é não vazia (p. 181).

Axiomatização da matemática

Desde o tempo de Euclides, a geometria vem sendo tratada como uma teoria axiomática. Uma das principais preocupações da parte inicial do livro de Russell é delinear como as teorias dos números naturais e reais podem ser igualmente apresentadas de maneira axiomática. Em ambos os casos, porém, Russell não se satisfaz em apenas identificar a base axiomática, mas também tenta uma redução à teoria das classes. Ou seja, ele mostra como construir certas classes que podem atuar como substitutos dos números, porque é possível provar, com uma interpretação adequada, que eles constituem um modelo da teoria axiomática em questão: no caso dos números naturais, os substitutos são classes de classes equipotentes (ou "similares", na terminologia de Russell); no caso dos números reais, os substitutos são os "cortes de Dedekind" dos números racionais (estes, por sua vez, são construídos como classes de equivalência dos números naturais). Russell não deixa dúvidas quanto à importância que atribui a essas construções. Num comentário bastante citado, ele diz que contentar-se com meros axiomas seria aceitar "as vantagens do furto em relação às da labuta honesta" (p.115). Essa atitude, no entanto, é obviamente refém do *status* (ao qual retornaremos mais adiante) das classes a que se recorreu na construção.

Outra preocupação do livro é estender a teoria da contagem a classes infinitas e finitas. Há duas formas de fazer isso, a ordinal e a cardinal, e a escolha entre elas depende do fato de a ordem em que os elementos da classe são arranjados ser considerada relevante ou não. A teoria desses números fora investigada em pormenores por Georg Cantor nas décadas de 1870 e 1880. A tentativa de Russell de atrair maior atenção popular a esse trabalho se deve, pelo menos em parte, ao seu desejo de pôr em xeque os "paradoxos do infinito", que os hegelianos, incluindo o próprio Russell quando mais jovem, usaram para embasar uma concepção segundo a qual os nossos esforços de teorização científica seriam irremediavelmente contraditórios.

Lógica

Russell começa sua descrição da lógica de uma maneira bastante convencional ao discutir a teoria das funções de verdade (cálculo proposicional). Ao formalizar essa teoria, temos, como se sabe, uma escolha de noções primitivas: Frege tinha escolhido a negação e a implicação material; no *Principia*, Russell tinha, em vez disso, usado a negação e a disjunção inclusiva; um lógico americano chamado Henry Sheffer mostrara, em seguida, que um único conectivo, o de incompatibilidade, basta por si só. A maioria dos autores modernos continua a tomar dois conectivos como

Introdução à filosofia matemática

primitivos e a ver a descoberta de Sheffer apenas como uma curiosidade interessante, mas aqui Russell escolhe, estranhamente, expor a explicação de Sheffer num nível de detalhe que os iniciantes podem muito bem achar árido.

Durante uma boa parte da sua carreira filosófica, Russell foi hostil à ideia de que a noção de modalidade (necessidade e possibilidade) tenha qualquer importância independente, e na *Introdução* ele atribui "confusões irremediáveis" (p.233) a filósofos anteriores que supuseram que ela o teria. Atribuições de necessidade ou de possibilidade a uma proposição são na verdade, insiste ele, afirmações de que uma função proposicional é verdadeira, às vezes ou sempre. No entanto, isso não significa que ele queira dizer, como o querem alguns filósofos modernos, que uma proposição é necessária ou possível se for verdadeira em todos ou em alguns mundos possíveis. A quantificação que ele tem em mente tem o mundo real como domínio. A lógica, opina ele, "não deve aceitar um unicórnio mais do que a zoologia consegue fazê-lo" (p.237).

Russell estende essa hostilidade à lógica modal ao rejeitar rapidamente uma proposta recente do lógico americano C. I. Lewis de adotar a implicação estrita ($\Box(p{\rightarrow}q)$ no simbolismo moderno) na lógica em vez da implicação material ($p{\rightarrow}q$). Mas o que Russell diz aqui (p.219-20) é breve demais para chegar a ser uma refutação da proposta de Lewis. Além disso, o que ele escreve sofre da sua falha em distinguir com clareza a questão de se devemos ou não admitir noções modais *no* nosso sistema formal da questão distinta do que é a relação de dedutibilidade *entre* sentenças do nosso sistema. Esse é um exemplo da sua falha mais geral em distinguir (como deveríamos dizer agora) entre linguagem e metalinguagem.

Na sua obra inicial,[3] Russell buscara proporcionar à mente "aquele tipo de familiaridade" com os conceitos indefiníveis da lógica que aquela tem "com a cor vermelha ou com o gosto de abacaxi". Porém, em 1918, ele já tinha abandonado essa visão platônica (induzido, talvez, pelo Wittgenstein pré-guerra) e passado a defender que uma proposição é "primordialmente um arranjo de palavras" e que uma função proposicional é "uma expressão que contém um ou mais componentes indeterminados" (p.222). Isso o levou, nos anos seguintes, a defender (numa atitude incomum para um filósofo analítico) que o envolvimento das palavras e dos seus análogos mentais torna a lógica parcialmente psicológica.

A concepção de Russell dos quantificadores é frustrada pela sua falha em explicar a noção de escopo. Na sua concepção, o propósito de uma variável é puramente expressar generalidade. Frege, ao contrário, havia enfatizado o papel dela na ligação entre um lugar de argumento e um quantificador e, portanto, na determinação do seu escopo. Hoje em dia, dizemos que a variável é "ligada" pelo quantificador relevante. Russell, por outro lado, dizia que a variável era "aparente", mas subestimava tanto essa noção que até se esqueceu (p.227-8) de fornecer qualquer definição para tal termo.

Descrições

A teoria das descrições de Russell, proposta pela primeira vez no seu artigo de 1905 intitulado "On Denoting" [Sobre denotar], é a sua mais celebrada contribuição à lógica. (Ramsey a chamou

---

3 Russell, "Preface", em *Principles of Mathematics*.

Introdução à filosofia matemática

de "um paradigma da filosofia".) Alunos de graduação que estejam estudando a teoria pela primeira vez costumam ser encorajados a ler não o artigo de 1905, e sim a exposição mais popular que Russell apresenta aqui, no Capítulo 16. Essa exposição, pelo menos, evita de fato as complexidades do seu complicado "Gray's Elegy Argument" [O argumento da Elegia de Gray] (cujo objetivo foi refutar uma teoria anterior que ele tinha avançado no seu *Principles of Mathematics*), mas os argumentos a favor da sua teoria de 1905 que ele oferece aqui são falhos.

Considere, primeiro, descrições indefinidas como "um homem", como ocorre em "conheci um homem". Russell espera convencer o leitor de que a expressão não oferece nenhuma contribuição particular ao significado da proposição como um todo. Ele pressupõe, sem apresentar argumentos, que o "significado" que procura é uma entidade mundana: não diz nada sobre a proposta de Frege de que os significados ("sentidos" na terminologia de Frege) são direcionados para o mundo, mas não são realmente parte dele. Uma vez que a explicação de Frege é descartada, entretanto, a afirmação de Russell de que "um homem" não tem significado ("referência" na terminologia de Frege) tem sido amplamente considerada correta. Um "homem arbitrário" misterioso, além do homem que de fato conheci, existe tanto quanto uma "família média" com 2,4 filhos.

Russell então passa a aplicar a mesma higiene metafísica, numa tentativa de persuadir o leitor de que descrições definidas como "o autor de Waverley" ou "o atual rei da França", igualmente, não têm referência removível de seus contextos proposicionais. Não há um atual rei da França misterioso e inexistente, não mais do que há uma família média. Para estabelecer isso, Russell nos pede para considerar a sentença "Scott

13

é o autor de *Waverley*". Ele alega que essa é "uma proposição diferente" (p.244) de "Scott é Scott". Ele evidentemente já se esqueceu da sua decisão anterior de usar "proposição" para o arranjo de palavras e voltou a usar o termo para aquilo que o arranjo de palavras expressa. Ou seja, o que ele tem em mente não é a observação trivial de que essas são sentenças distintas, e sim a observação mais controversa de que elas dizem coisas diferentes. O motivo que apresenta para isso é que a primeira sentença expressa "um fato da história literária", e a segunda, "um truísmo banal". Ele não explica por que tal diferença é suficiente para mostrar que estão envolvidas duas proposições distintas, em vez de, digamos, duas atitudes cognitivas ou epistêmicas para com uma única proposição.

A dificuldade é ilustrada comparando-se "Scott é o autor de *Waverley*" com "Scott é Sir Walter". Russell explica que esta nos diz algo não trivial apenas se for compreendida (como deveríamos dizer nos dias de hoje) metalinguisticamente, isto é, significando de fato que "a pessoa chamada 'Scott' é a pessoa chamada 'Sir Walter'". Se o significado não for esse, declara ele, então ela realmente diz o mesmo que "Scott é Scott". O que Russell deveria ter dito nessa altura é o que de fato diz algumas páginas depois, a saber, que sua teoria implica que quase todos os nomes na linguagem comum não são, de forma alguma, nomes no sentido estrito, e sim descrições disfarçadas. Ele expressa essa ideia nas p.248-50 em relação a qualquer nome "*a*" para o qual a sentença "*a* existe" faça sentido, mas o mesmo se aplica a qualquer caso em que "$a = b$" seja não trivial. Ou seja, em sua concepção, os nomes, no sentido estrito, podem ser aplicados apenas a entidades (como os dados sensoriais) com as quais nosso contato epistêmico é tão direto que é impossível

Introdução à filosofia matemática

surgir alguma dúvida de forma inteligível quanto à existência ou à identidade delas. Por que deveríamos aceitar uma teoria que leva a essa conclusão implausível? O argumento de Russell depende do fato de compartilharmos as intuições dele em relação a quando duas proposições "dizem o mesmo". As falhas na sua exposição remontam à nossa observação anterior de que, em sua concepção de quantificação, ele não tinha conseguido enfatizar o papel do quantificador no fornecimento de um escopo para a variável aparente. Na sua exposição de 1905, o exemplo que ele discutiu não foi "Scott é o autor de *Waverley*", e sim "George IV gostaria de saber se Scott era o autor de *Waverley*". No segundo caso, mas não no primeiro, a descrição definida ocorre dentro do escopo de uma atribuição de atitude proposicional. O argumento que Russell dera em 1905 a favor de tratar a descrição de forma quantificacional foi que só assim pode-se articular a distinção entre dois escopos diferentes que ela possa ter em relação à atitude proposicional. A distinção entre termos referenciais e não referenciais foi, portanto, entre expressões que têm um valor semântico único e sem escopo e aquelas cujo valor semântico depende do contexto.

Classes e redutibilidade

Como já foi mencionado, Russell torna as teorias dos números naturais e reais parasitas da teoria das classes. Na parte derradeira do livro, volta a sua atenção a essa última. A principal dificuldade aqui se origina do paradoxo da classe de todas aquelas classes que não pertencem a si mesmas — uma classe que, de maneira absurda, pertence a si própria se e somente se não pertencer.[4] Russell diz na Introdução que vai evitar o máximo possível a controvérsia e afirmar somente o que é amplamente consensual. Existe, de fato, um amplo consenso entre os lógicos de que o paradoxo nos obriga a estabelecer uma espécie de distinção de tipo entre as classes; mas Russell passa a afirmar – sem que seja um consenso universal – que classes são ficções lógicas que devem ser eliminadas essencialmente da mesma forma que o atual rei da França e o homem médio foram eliminados.[5]

O método de redução que Russell propõe (p.268-9) é que qualquer afirmação que aparentemente atribua uma propriedade f a uma classe $\{x:\varphi x\}$ deveria ser reinterpretada como sendo a que sustenta que alguma função proposicional formalmente equivalente a φx tem a propriedade f. Logo, quantificações aplicadas a classes são reinterpretadas como quantificações aplicadas a funções proposicionais. Uma das dificuldades que resultam disso é que, se estas não passam de arranjos de palavras, não está claro o que significa quantificá-las. Uma dificuldade mais premente diz respeito à teoria dos tipos necessária para evitar os paradoxos. Embora Russell não explique a questão aqui, o paradoxo dele não depende da natureza extensional das classes e pode ser reformulado para tratar de funções proposicionais. Isso leva ao que agora é chamado de "teoria simples de tipos" – a doutrina segundo a qual as funções proposicionais são particionadas em "tipos lógicos" em conformidade com os tipos das suas variáveis *reais* (isto é, livres), e segundo a qual nenhuma

---

4 O paradoxo não depende, como a exposição do próprio Russell da questão talvez sugira, da lei do terceiro excluído.

5 Russell afirma que as classes são "símbolos incompletos", mas essa é uma confusão uso-menção: o que ele quer dizer é que os *termos* das classes são símbolos incompletos e que as *classes* são ficções lógicas.

Introdução à filosofia matemática

variável varia sobre mais de um tipo. Russell, entretanto, dá um passo adicional e mais controverso: restringir ainda mais (ou "ramificar") as variáveis em "ordens" de acordo com os tipos das suas variáveis *aparentes* também. O que ele não faz é apresentar um argumento convincente em defesa dessa ramificação. Ele observa, sem dúvida de forma correta, que, se definirmos o francês típico como aquele que possui todas as qualidades que tem a maioria dos franceses, então seria melhor a "tipicidade" não ser uma das qualidades assim quantificadas. Mas tal observação não contribui em nada para estabelecer a ilegitimidade em geral de aplicar a quantificação a um domínio que inclui funções proposicionais de ordens diferentes. Essa questão tem certa importância para o projeto de Russell como um todo, já que, no contexto de uma teoria dos tipos ramificada, deve haver axiomas explícitos (chamados por Russell de "axiomas de redutibilidade") assegurando a existência das funções proposicionais extensionais necessárias. (Ele já tinha observado, num capítulo anterior, a exigência adicional de um axioma do infinito.)

Já mencionei que o tratamento que Russell deu às classes, considerando-as ficções lógicas, não é, de maneira alguma, aceito universalmente. O caminho alternativo, seguido por Zermelo e desenvolvido por muitos lógicos que vieram depois dele, usa uma lógica não tipada (de primeira ordem) e se concentra em fornecer axiomas de existência de classes. Nesse cenário, o papel dos axiomas de Russell da redutibilidade e do infinito é desempenhado pelo axioma da separação, junto com axiomas que garantem a existência de níveis sucessivos na hierarquia dos tipos de classe. Em qualquer um dos dois cenários, então, a questão central é se há algum motivo para pensar que esses axiomas adicionais de existência são verdades lógicas. Russell agora

Bertrand Russell

acha que não. Há, diz ele, mundos possíveis nos quais existe apenas uma quantidade finita de indivíduos: nesses mundos, o axioma do infinito é falso. E há mundos possíveis nos quais dois indivíduos podem ser indistinguíveis: nesses mundos, o axioma da redutibilidade é falso.

Qualquer um que tenha levado a sério a insistência anterior de Russell na ideia de que a modalidade deveria ser compreendida em termos da quantificação sobre o mundo real será surpreendido pelo uso que ele está preparado para fazer aqui de mundos possíveis. Contudo, se ele estiver correto sobre o fato de os axiomas de existência de que depende a matemática serem contingentes, isso evidentemente enfraquece seu logicismo de forma bastante significativa. O lógico deveria, diz ele (p.268), preservar uma certa "altivez" – uma indiferença em relação às contingências do mundo possível no qual calhamos de estar. O matemático, como agora parece, não pode ser tão altivo.

Mesmo assim, Russell continua a afirmar (p.272) que a matemática e a lógica são uma coisa só, mas oferece a favor dessa alegação apenas o argumento pobre de que é impossível identificar o ponto em que termina a lógica e começa a matemática. (Compare: não há um ponto identificável no qual termina a adolescência e começa a vida adulta, mas isso, por si só, não transforma meninos em homens.) O argumento de Russell parece especialmente fraco no presente contexto, já que ele chega perto de propor o critério exato para distinguir a lógica da matemática que ele diz não existir, a saber: que a lógica não deveria se preocupar com afirmações incondicionais de existência. (É por isso que ele vê como "um defeito na pureza lógica" o fato de a lógica do *Principia* implicar a existência de pelo menos um indivíduo.) O que acabamos de ver é que são justamente essas afirmações de

Introdução à filosofia matemática

existência que a matemática clássica exige. A não ser que se diga algo a mais que justifique essas afirmações, a concepção de Russell parecerá tão culpada de furto quanto o tratamento axiomático que ele criticara antes.

Isso, sem dúvida, significa uma limitação no logicismo de Russell, mas não torna todo o seu programa sem valor. Mais apropriadamente, a "labuta honesta" de reduzir as teorias matemáticas (a aritmética, o cálculo, a teoria dos ordinais infinitos etc.) à teoria das classes nos permite expressar os compromissos ontológicos dessas teorias em termos do número de níveis na hierarquia dos tipos que as suas reduções exigem. Em vez de afirmar, de modo tendencioso, que a matemática e a lógica são uma coisa só, a verdadeira conclusão a que Russell deveria ter chegado na sua *Introdução* (e pela qual seu trabalho na lógica matemática merece ser lembrado) é que a lógica (mais especificamente, a teoria dos tipos) proporciona uma escala comum com que as afirmações existenciais de qualquer teoria matemática podem ser medidas. Defender que a lógica pode, por si só, validar essas afirmações exigiria uma concepção de lógica bastante diferente da que Russell apresenta aqui.

Michael Potter, março de 2022

Referências bibliográficas

RUSSELL, B. The Philosophy of Logical Atomism. *The Monist*, v.29, n.1, p.32-63, 1919.
_____. The Philosophy of Logical Atomism. *The Monist*, v.29, n.2, p.190-222, 1919.

Bertrand Russell

RUSSELL, B. The Philosophy of Logical Atomism. *The Monist*, v.29, n.3, p.345-80, 1919.

_____. The Philosophy of Logical Atomism. *The Monist*, v.28, n.4, p.495-527, 1918.

_____. On Denoting. *Mind*, New Series, v.14, n.56, p.479-93, 1905.

_____. *The Principles of Mathematics*. v.1 Cambridge: Cambridge University Press, 1903.

WHITEHEAD, A. N.; RUSSELL, B. *Principia Mathematica*. 3v. Cambridge: Cambridge University Press, 1910-1913.

Agradecimento da editora[1]

A editora gostaria de agradecer a Kevin Klement pelas correções feitas no texto da edição George Allen & Unwin, que foram incorporadas aqui.

---

1 Esta nota de agradecimento consta na edição da Routledge Classics (2023), a partir da qual esta tradução foi feita. (N. E.)

Prefácio

Este livro destina-se essencialmente a ser uma "Introdução" e não tem o objetivo de oferecer uma discussão exaustiva sobre os problemas que aborda. Pareceu desejável apresentar certos resultados, disponíveis até aqui apenas para os que dominaram o simbolismo lógico, numa forma que ofereça o mínimo de dificuldade ao iniciante. Fez-se o máximo esforço para evitar o dogmatismo em questões que ainda geram dúvidas sérias, e esse esforço, em certa medida, dominou a escolha dos tópicos considerados. Os primórdios da lógica matemática são conhecidos de modo menos definitivo que suas partes posteriores, mas são de interesse filosófico pelo menos igual. Muito do que é apresentado nos capítulos a seguir não deve ser chamado propriamente de "filosofia", embora as questões pertinentes tenham sido incluídas na filosofia, já que não existia nenhuma ciência satisfatória que tratasse delas. A natureza da infinitude e da continuidade, por exemplo, pertencia, em tempos passados, à filosofia, mas hoje pertence à matemática. Talvez não se possa considerar que a *filosofia* matemática, no sentido estrito, inclua

Bertrand Russell

resultados científicos definitivos como os que têm sido obtidos nessa área; será esperado, naturalmente, que a filosofia da matemática lide com questões na fronteira do conhecimento, sobre as quais ainda não se obteve certeza comparativa. Mas é extremamente improvável que a especulação sobre essas questões seja frutífera, a não ser que as partes mais científicas dos princípios da matemática sejam conhecidas. Um livro que aborda essas partes pode, portanto, afirmar ser uma *introdução* à filosofia matemática, embora dificilmente possa afirmar, exceto onde pisa fora da sua província, que esteja de fato tratando de uma parte da filosofia. Trata, contudo, de um conjunto de conhecimentos que, para aqueles que o aceitarem, parece invalidar muito da filosofia tradicional e até uma boa parte do que é corrente nos dias de hoje. Por isso, e também pela sua relação com problemas ainda não solucionados, a lógica matemática é relevante para a filosofia. Por esse motivo, assim como por conta da importância intrínseca ao assunto, pode ter alguma utilidade uma descrição sucinta dos principais resultados da lógica matemática numa forma que não exija nem um conhecimento de matemática, nem uma aptidão para o simbolismo matemático. Aqui, contudo, como em qualquer outro lugar, o método é mais importante que os resultados, do ponto de vista de estudos futuros, e o método não pode ser bem explicado na estrutura de um livro como o que segue. Deve-se esperar que alguns leitores possam ficar interessados a ponto de avançar até o estudo do método por meio do qual a lógica matemática pode ser útil na investigação dos problemas tradicionais da filosofia. Mas esse é um tópico do qual as páginas a seguir não tentaram tratar.

Bertrand Russell

Nota do editor

[A nota abaixo foi escrita por J. H. Muirhead, doutor em direito e editor da série Library of Philosophy, na qual *Introduction to Mathematical Philosophy* foi originalmente publicado.]

Aqueles que, baseando-se na distinção entre filosofia matemática e filosofia da matemática, acharem que este livro está no lugar errado nesta biblioteca podem consultar o que o próprio autor disse sobre essa questão no Prefácio. Não é necessário concordar com o que ele sugere aqui quanto à readequação do campo da filosofia pela transferência dele para a matemática de problemas como os de classe, continuidade e infinitude, com a finalidade de perceber a relevância das definições e discussões que se seguem ao trabalho da "filosofia tradicional". Se os filósofos não conseguem consentir em relegar a crítica a essas categorias a nenhuma das ciências especiais, é essencial, em todo caso, que saibam o significado preciso que a ciência da matemática, na qual esses conceitos desempenham um papel muito importante, atribui a eles. Se, por outro lado, houver matemáticos para quem essas definições e discussões pareçam ser uma elaboração e uma complicação do simples, pode ser bom lembrá-los, usando o ponto de vista da filosofia, de que aqui, como em qualquer outro lugar, a simplicidade aparente pode esconder uma complexidade que cabe a alguém, seja o filósofo ou o matemático, ou, como o autor deste volume, os dois numa pessoa só, desvendar.

1
A série dos números naturais

A matemática é um estudo que, quando iniciado pelas suas porções mais conhecidas, pode ser aprofundado seguindo-se uma de duas direções opostas. A mais familiar das duas é construtiva, rumo a uma complexidade gradualmente maior: dos inteiros às frações, aos números reais, aos números complexos; da adição e da multiplicação à diferenciação e à integração, e depois à matemática avançada. A outra direção, que é menos conhecida, prossegue, por meio de análise, para uma abstração e uma simplicidade lógica cada vez maiores; em vez de começarmos perguntando o que pode ser definido e deduzido do que se pressupõe como ponto de partida, perguntamos quais ideias e princípios mais gerais podem ser encontrados, em termos dos quais o que foi nosso ponto de partida possa ser definido ou deduzido. É o fato de seguir essa direção oposta que caracteriza a filosofia matemática como contrária à matemática comum. Mas deve-se entender que a distinção ocorre não no assunto em questão, e sim no estado de espírito do pesquisador. Os geômetras da Grécia Antiga, passando das regras empíricas da agrimensura egípcia às proposições gerais por meio das quais se descobriu que tais regras eram justificáveis, e daí aos axiomas e aos postulados de Euclides, praticavam a filosofia matemática, de acordo com a definição anterior; mas, uma vez que os axiomas e os postulados foram alcançados, seu emprego dedutivo, tal como o vemos no trabalho de Euclides, pertencia à matemática no sentido comum da palavra. A distinção entre matemática e filosofia matemática depende do interesse que inspira a pesquisa e do estágio que esta atingiu; não das proposições de que trata a pesquisa.

Podemos enunciar a mesma distinção de outra maneira. As coisas mais óbvias e fáceis na matemática não são as que vêm de forma lógica no começo; são coisas que, do ponto de vista da dedução lógica, vêm de algum lugar intermediário. Assim como os corpos mais fáceis de ver são os que não estão nem muito perto, nem muito longe e não são nem muito pequenos, nem muito grandes, as concepções mais fáceis de compreender são as que não são nem muito complexas, nem muito simples ("simples" num sentido *lógico*). E, do mesmo jeito que precisamos de dois tipos de instrumento, o telescópio e o microscópio, para a magnificação dos nossos poderes visuais, precisamos de dois tipos de instrumento para a magnificação dos nossos poderes lógicos, um para nos levar adiante até a matemática avançada, e o outro para nos fazer retroceder até os fundamentos lógicos das coisas que tendemos a tomar como fatos consumados na matemática. Veremos que, analisando nossas noções matemáticas comuns, adquirimos uma visão renovada, novos poderes e os meios para chegar a tópicos em matemática inteiramente novos adotando linhas de avanço atualizadas após nossa jornada para trás. É o propósito deste livro explicar a filosofia matemática de

Introdução à filosofia matemática

forma simples e não técnica, sem se estender nessas porções que sejam duvidosas ou difíceis a ponto de tornar um tratamento elementar quase impossível. O tratamento completo é encontrado no *Principia Mathematica*;[1] o tratamento no presente volume pretende ser meramente uma introdução.

Para a pessoa com uma educação média nos dias de hoje, o ponto de partida óbvio da matemática seria a série de números inteiros,

$$1, 2, 3, 4, \ldots \text{etc.}$$

Provavelmente, apenas uma pessoa com algum conhecimento matemático pensaria em começar com 0 no lugar de 1, mas vamos supor tal nível de conhecimento; vamos usar como nosso ponto de partida a série:

$$0, 1, 2, 3, \ldots n, n + 1, \ldots$$

e é a essa série que vamos nos referir quando falarmos da "série dos números naturais".

É somente num estágio avançado de civilização que poderíamos usar essa série como nosso ponto de partida. Devem ter sido necessárias muitas eras para descobrir que uma dupla de faisões e um par de dias eram ambos exemplos do número 2: o grau de abstração envolvido está longe de ser simples. E a descoberta de que 1 é um número deve ter sido difícil. Quanto ao 0, trata-se de um acréscimo muito recente. Os gregos e romanos não tinham esse dígito. Se tivéssemos embarcado na filosofia matemática em tempos passados, teríamos precisado começar com algo menos abstrato que a série de números naturais, à qual deveríamos chegar como um estágio na nossa jornada para trás.

---

1 Whitehead; Russell, *Principia Mathematica*.

Quando os fundamentos lógicos da matemática tiverem se tornado mais conhecidos, poderemos começar mais atrás ainda, no que agora é um estágio avançado na nossa análise. Mas, por ora, os números naturais parecem representar o que é mais fácil e mais conhecido na matemática.

Porém, apesar de conhecidos, eles não são compreendidos. Muito poucas pessoas estão munidas de uma definição do que se entende por "número", ou por "0", ou por "1". Não é muito difícil ver que, começando do 0, pode-se chegar a qualquer outro número natural por meio de adições repetidas de 1, mas teremos que definir o que queremos dizer com "adicionar 1" e com "repetidas". Essas questões não são, de forma alguma, fáceis. Acreditava-se até recentemente que pelo menos algumas dessas primeiras noções de aritmética deveriam ser aceitas como simples e primitivas demais para serem definidas. Dado que todos os termos que são definidos o são por meio de outros termos, está claro que o conhecimento humano deve sempre se contentar em aceitar alguns termos como sendo inteligíveis sem uma definição, para ter um ponto de partida para as suas definições. Não está claro que deve haver termos que *não comportam* definição: é possível que, por mais que nos aprofundemos na definição, sempre *poderíamos* nos aprofundar ainda mais. Por outro lado, também é possível que, quando a análise tiver avançado o suficiente, possamos chegar a termos que de fato são simples, e, portanto, incapazes de ser alvo do tipo de definição que consiste em analisar. Essa é uma questão sobre a qual não precisamos decidir; para os nossos propósitos, é suficiente observar que, já que as competências humanas são finitas, as definições que conhecemos devem sempre começar em algum lugar, com termos por ora indefinidos, embora talvez não de maneira permanente.

Introdução à filosofia matemática

Pode-se considerar que toda a matemática pura tradicional, inclusive a geometria analítica, consiste inteiramente em proposições sobre os números naturais. Ou seja, os termos que ocorrem podem ser definidos por meio dos números naturais, e as proposições podem ser deduzidas a partir das propriedades dos números naturais – com o acréscimo, em cada caso, das ideias e das proposições da lógica pura.

O fato de toda a matemática pura tradicional poder ser derivada dos números naturais é uma descoberta relativamente recente, embora há muito se suspeitasse disso. Pitágoras, que acreditava que não apenas a matemática, mas tudo o mais pudesse ser deduzido dos números, foi quem descobriu o obstáculo mais sério no caminho do que é chamado de "aritmetização" da matemática. Foi ele quem descobriu a existência de incomensuráveis e, em específico, da incomensurabilidade do lado e da diagonal de um quadrado. Se o comprimento do lado é 1 centímetro, o número de centímetros na diagonal é a raiz quadrada de 2, que não parecia, de forma alguma, ser um número. O problema assim exposto foi solucionado apenas na época atual, e solucionado *por completo* apenas com a ajuda da redução da aritmética à lógica, que será explicada em capítulos posteriores. Por enquanto, vamos dar como certa a aritmetização da matemática, embora ela tenha sido um feito da maior importância.

Finda a redução de toda a matemática pura tradicional à teoria dos números naturais, o próximo passo na análise lógica foi reduzir essa teoria propriamente dita ao menor conjunto de premissas e termos indefinidos dos quais ela poderia ser derivada. Esse trabalho foi realizado por Peano. Ele mostrou que toda a teoria dos números naturais poderia ser derivada de três ideias primitivas e de cinco proposições primitivas além daquelas da lógica pura. Assim, essas três ideias e cinco proposições se tornaram, por assim dizer, garantias para a matemática pura tradicional como um todo. Se elas pudessem ser definidas e demonstradas em termos de outras, o mesmo valeria para toda a matemática pura. Seu "peso" lógico, se é que se pode usar tal expressão, é igual ao de toda uma série de ciências que foram deduzidas a partir da teoria dos números naturais; a verdade de toda essa série estará garantida se a verdade das cinco proposições primitivas estiver garantida, contanto que, claro, não haja nada incorreto no aparato puramente lógico que também está envolvido. A tarefa de analisar a matemática foi extraordinariamente facilitada por esse trabalho de Peano.

As três ideias primitivas da aritmética de Peano são:

$$0, \text{número, sucessor.}$$

Para ele, "sucessor" se refere ao próximo número na ordem natural. Isto é, o sucessor de 0 é 1, o sucessor de 1 é 2, e assim por diante. "Número", nesse contexto, se refere à classe dos números naturais.[2] Ele não está supondo que conheçamos todos os membros dessa classe, mas apenas que saibamos a que estamos nos referindo quando falamos "isso é um número", assim como sabemos a que estamos nos referindo quando falamos "Jones é um homem", apesar de não conhecermos todos os homens individualmente.

As cinco proposições primitivas que Peano pressupõe são:

(1) 0 é um número.

(2) O sucessor de qualquer número é um número.

---

2 Usaremos "número" nesse sentido neste capítulo. Depois, a palavra será usada num sentido mais geral.

Introdução à filosofia matemática

(3) Não há dois números que tenham o mesmo sucessor.

(4) 0 não é o sucessor de nenhum número.

(5) Qualquer propriedade que pertença a 0 e também ao sucessor de todo número que apresente essa propriedade pertence a todos os números.

A última proposição é o princípio da indução matemática. Teremos muito a dizer sobre ela mais adiante; por enquanto, nosso interesse por ela se limita à sua ocorrência na análise da aritmética feita por Peano.

Consideremos brevemente como a teoria dos números naturais resulta dessas três ideias e cinco proposições. Em primeiro lugar, definimos 1 como "o sucessor de 0", 2 como "o sucessor de 1", e assim por diante. Podemos, obviamente, continuar essas definições pelo tempo que quisermos, já que, em virtude de (2), todo número que obtivermos terá um sucessor, e, em virtude de (3), ele não pode ser nenhum dos números já definidos porque, se fosse, dois números diferentes teriam o mesmo sucessor; e, em virtude de (4), nenhum dos números que obtivermos na série de sucessores pode ser 0. Logo, a série de sucessores nos proporciona uma série interminável de números continuamente novos. Em virtude de (5), todos os números aparecem nessa série, que começa com 0 e percorre sucessores sucessivos: pois (*a*) 0 pertence a essa série; e (*b*) se um número *n* pertence a ela, o mesmo vale para o seu sucessor, do que se conclui, por indução matemática, que todo número pertence à série.

Suponha que queiramos definir a soma de dois números. Seja *m* um número qualquer. Definimos $m + 0$ como *m*, e $m + (n + 1)$ como o sucessor de $m + n$. Em virtude de (5), isso proporciona uma definição da soma de *m* e *n*, seja qual for o número *n*. Do mesmo modo, podemos definir o produto de quaisquer dois números. O leitor poderá facilmente se convencer de que qualquer proposição elementar comum da aritmética pode ser demonstrada por meio das nossas cinco premissas, e, se houver alguma dificuldade, pode-se encontrar a prova no trabalho de Peano.

Agora é o momento de voltar-se para as considerações que tornam necessário avançar além do ponto de vista de Peano, que representa o último aperfeiçoamento da "aritmetização" da matemática, até o de Frege, que foi o primeiro a conseguir "logicizar" a matemática, ou seja, a reduzir à lógica as noções aritméticas que seus antecessores tinham mostrado ser suficientes para a matemática. Neste capítulo, não vamos efetivamente dar a definição de Frege de números e de números específicos, mas mostraremos alguns dos motivos pelos quais o tratamento de Peano é menos definitivo do que parece ser.

Em primeiro lugar, as três ideias primitivas de Peano – a saber, "0", "número" e "sucessor" – comportam um número infinito de interpretações diferentes, todas as quais vão satisfazer as cinco proposições primitivas. Daremos alguns exemplos.

(1) Definamos "0" como 100 e "número" como os números maiores ou iguais a 100 na série dos números naturais. Logo, todas as nossas proposições primitivas são satisfeitas, inclusive a quarta, pois, embora 100 seja o sucessor de 99, 99 não é um "número" no sentido que agora estamos atribuindo à palavra "número". É claro que qualquer número pode substituir 100 neste exemplo.

(2) Definamos "0" como tendo o seu significado habitual, mas definamos "número" como se referindo ao que costumamos chamar de "números pares" e o "sucessor"

Introdução à filosofia matemática

de um número como o que resulta de somarmos 2 a ele. Logo, "1" vai indicar o número 2, "2" vai indicar o número 4, e assim por diante; a série de "números" agora será

$$0, 2, 4, 6, 8, \ldots$$

Todas as cinco premissas de Peano continuam satisfeitas.

(3) Definamos "0" como se referindo ao número 1, "número" como se referindo ao conjunto

$$1, \frac{1}{2}, \frac{1}{4}, \frac{1}{8}, \frac{1}{16}, \ldots$$

e "sucessor" como se referindo a "metade". Logo, todos os cinco axiomas de Peano serão verdadeiros para esse conjunto.

Está claro que esses exemplos poderiam ser multiplicados indefinidamente. Na verdade, dada qualquer série

$$x_0, x_1, x_2, x_3, \ldots x_n, \ldots$$

que seja infinita, não contenha nenhuma repetição, tenha um começo e não tenha nenhum termo que não possa ser obtido a partir do começo num número finito de passos, temos um conjunto de termos que confirma os axiomas de Peano. Isso é fácil de ver, embora a prova formal seja um tanto longa. Definamos "0" como se referindo a x_0, "número" como se referindo a todo o conjunto de termos e o "sucessor" de x_n como se referindo a x_{n+1}. Logo

(1) "0 é um número", isto é, x_0 é um membro do conjunto.

(2) "O sucessor de qualquer número é um número", isto é, dado qualquer termo x_n no conjunto, x_{n+1} também está no conjunto.

(3) "Não há dois números que tenham o mesmo sucessor", isto é, se x_m e x_n são dois números diferentes do conjunto, x_{m+1} e x_{n+1} são diferentes; isso resulta do fato de que (por hipótese) não há repetições no conjunto.

(4) "0 não é o sucessor de nenhum número", isto é, nenhum termo no conjunto vem antes de x_0.

(5) Este transforma-se em: qualquer propriedade que pertença a x_0 e a x_{n+1} pertence a todos os x's, contanto que pertença a x_n.

Isso decorre da propriedade correspondente para números.

Uma série na forma

$$x_0, x_1, x_2, \ldots x_n, \ldots$$

na qual há um primeiro termo, um sucessor de cada termo (de modo que não exista um último termo), sem repetições, e na qual qualquer termo pode ser obtido a partir do começo com um número finito de passos é chamada de *progressão*. Progressões são de grande importância nos princípios da matemática. Como acabamos de ver, toda progressão confirma os cinco axiomas de Peano. Pode-se provar, em contrapartida, que toda série que confirma os cinco axiomas de Peano é uma progressão. Logo, esses cinco axiomas podem ser usados para definir a classe de progressões: "progressões" são "as séries que verificam esses cinco axiomas". Toda progressão pode ser considerada a base da matemática pura: podemos chamar de "0" o seu primeiro termo, de "número" todo o conjunto dos seus termos, e de "sucessor" o termo seguinte na progressão. Ela não precisa ser composta de números: pode ser composta de pontos no espaço, ou de instantes no tempo, ou de quaisquer outros termos dos quais haja

Introdução à filosofia matemática

um estoque infinito. Cada progressão diferente vai originar uma interpretação diferente de todas as proposições da matemática pura tradicional; todas essas possíveis interpretações serão igualmente válidas.

No sistema de Peano, não há nada que nos permita distinguir entre essas diferentes interpretações das ideias primitivas dele. Presume-se que saibamos o que significa "0" e que não vamos supor que tal símbolo signifique "100", ou "a Agulha de Cleópatra", ou quaisquer outras coisas que poderia significar. Esta questão — a de que "0", "número" e "sucessor" não podem ser definidos por meio dos cinco axiomas de Peano e, em vez disso, devem ser compreendidos de maneira independente — é importante. Queremos que nossos números não apenas confirmem fórmulas matemáticas, mas que se apliquem do jeito certo a objetos comuns. Queremos ter dez dedos e dois olhos e um nariz. Um sistema em que "1" significa 100, "2" significa 101, e assim por diante pode ser aceitável na matemática pura, mas não é adequado na vida cotidiana. Queremos que "0", "número" e "sucessor" tenham significados que nos deem a quantia certa de dedos e de olhos e de narizes. Já temos algum conhecimento (embora ele ainda não seja suficientemente articulado e analítico) do que queremos dizer com "1", "2", e assim por diante, e nosso uso dos números na aritmética precisa estar em conformidade com esse conhecimento. Não conseguimos garantir que isso vá acontecer usando o método de Peano; tudo o que podemos fazer, se adotarmos o método dele, é falar que "sabemos a que estamos nos referindo ao dizermos '0', 'número' e 'sucessor', embora não saibamos explicar a que estamos nos referindo em termos de outros conceitos mais simples". É bastante legítimo dizer isso quando precisamos fazê-lo, e em *algum* momento todos nós precisamos fazê-lo; mas é a finalidade da filosofia matemática postergar dizer isso o máximo possível. Pela teoria lógica da aritmética, somos capazes de postergar por muito tempo.

Pode-se sugerir que, em vez de estabelecer "0", "número" e "sucessor" como termos cujo significado conhecemos apesar de não conseguirmos defini-los, poderíamos permitir que eles representassem *quaisquer* três termos que verifiquem os cinco axiomas de Peano. Então, eles não serão mais termos com um significado definido, e sim indefinido: serão "variáveis", termos sobre os quais propomos certas hipóteses, mais especificamente aquelas enunciadas nos cinco axiomas, mas que, fora isso, são indeterminados. Se adotarmos esse plano, nossos teoremas não serão demonstrados em relação a um conjunto estabelecido de termos chamado "os números naturais", e sim em relação a todos os conjuntos de termos que têm certas propriedades. Esse procedimento não é falacioso; na verdade, para certos propósitos, ele representa uma generalização muito útil. Mas, de dois pontos de vista, ele não consegue proporcionar uma base adequada à aritmética. Em primeiro lugar, não nos permite saber se há conjuntos de termos que verificam os axiomas de Peano; nem sequer oferece a mais remota sugestão de como descobrir se esses conjuntos existem. Em segundo lugar, como já foi observado, queremos que nossos números sejam tais que possam ser usados para contar objetos comuns, e isso exige que nossos números tenham um significado *definido*, e não meramente que tenham certas propriedades formais. Esse significado exato é definido pela teoria lógica da aritmética.

2
Definição de número

A pergunta "o que é um número?" foi feita muitas vezes, mas recebeu uma resposta correta somente no nosso tempo. Ela foi dada por Frege em 1884, no seu *Grundlagen der Arithmetik*.[1] Apesar de o livro ser bastante curto, descomplicado e da mais alta importância, não atraiu quase nenhuma atenção, e a definição de número que ele contém permaneceu praticamente desconhecida até ser redescoberta pelo presente autor em 1901.

Ao se procurar uma definição de número, a primeira coisa que se deve esclarecer é o que podemos chamar de gramática da nossa investigação. Muitos filósofos, ao tentarem definir número, estão na verdade se pondo a trabalhar para definir pluralidade, que é algo bem diferente. *Número* é o que é característico dos números, assim como *homem* é o que é característico dos homens. Uma pluralidade não é um exemplo de número, e

---

1 Tem-se a mesma resposta de forma mais completa e com um maior desenvolvimento em *Grundgesetze der Arithmetik*, v.1, do mesmo autor.

sim de um número particular. Um trio de homens, por exemplo, é um exemplo do número 3, e o número 3 é um exemplo de número; mas o trio não é um exemplo de número. Essa questão pode parecer elementar e quase indigna de nota; ainda assim, ela provou ser sutil demais para os filósofos, com poucas exceções.

Um número específico não é idêntico a nenhuma coleção de termos que tenha tal número: o número 3 não é idêntico ao trio formado por Brown, Jones e Robinson. O número 3 é algo que todos os trios têm em comum e que os distingue de outras coleções. Um número é algo que caracteriza certas coleções, a saber, aquelas que têm esse número.

Em vez de falarmos de uma "coleção", vamos, via de regra, falar de uma "classe", ou às vezes de um "conjunto". Outras palavras usadas na matemática para a mesma coisa são "agregado" e "multiplicidade". Teremos muito o que dizer mais adiante sobre as classes. Por ora, diremos o mínimo possível. Mas há alguns comentários que precisam ser feitos de imediato.

Uma classe ou coleção pode ser definida de duas formas que, à primeira vista, parecem bastante distintas. Podemos enumerar seus membros, como acontece quando falamos "a coleção a que me refiro é a de Brown, Jones e Robinson". Ou podemos mencionar uma propriedade definidora, como acontece quando falamos em "humanidade" ou "os moradores de Londres". A definição que enumera é chamada de definição por "extensão", e a que menciona uma propriedade definidora é chamada de definição por "intensão". Desses dois tipos de definição, o segundo é mais fundamental do ponto de vista lógico. Mostra-se isso por meio de duas considerações: (1) a de que a definição extensional sempre pode ser reduzida a uma intensional; e (2) a de que a intensional muitas vezes não pode ser reduzida à extensional,

Introdução à filosofia matemática

mesmo teoricamente. Cada uma dessas observações necessita de uma breve explicação.

(1) Brown, Jones e Robinson possuem, todos eles, uma certa propriedade que não é possuída por mais nada no universo inteiro, a saber, a propriedade de ser ou Brown, ou Jones, ou Robinson. Essa propriedade pode ser usada para fornecer uma definição por intensão da classe que consiste em Brown e Jones e Robinson. Considere a seguinte fórmula: "x é Brown ou x é Jones ou x é Robinson". Essa fórmula será verdadeira para apenas três x's, nomeadamente Brown e Jones e Robinson. Nesse aspecto, ela se parece com uma equação cúbica com suas três raízes. Pode-se considerar que ela atribui uma propriedade que é comum aos membros da classe que consiste nesses três homens e é peculiar a eles. Um tratamento semelhante pode, obviamente, ser aplicado a qualquer outra classe definida por extensão.

(2) É evidente que, na prática, muitas vezes podemos saber bastante sobre uma classe sem sermos capazes de enumerar seus membros. Nenhum homem conseguiria de fato enumerar todos os homens, nem mesmo todos os moradores de Londres, e ainda assim sabe-se bastante sobre cada uma dessas classes. Isso basta para mostrar que a definição por extensão não é *necessária* ao conhecimento sobre uma classe. Mas, quando passamos a considerar classes infinitas, percebemos que a enumeração não é sequer teoricamente possível para seres que vivem apenas durante um período finito. É impossível enumerarmos todos os números naturais: eles são 0, 1, 2, 3, *e assim por diante*. Em algum momento, precisamos nos contentar

Bertrand Russell

com o "e assim por diante". É impossível enumerarmos todas as frações, ou todos os números irracionais, ou todos os membros de qualquer outra coleção infinita. Logo, nosso conhecimento sobre todas essas coleções só pode derivar de uma definição por intensão.

Esses comentários são relevantes, de três maneiras diferentes, quando estamos buscando a definição de números. Em primeiro lugar, os próprios números formam uma coleção infinita e, portanto, não podem ser definidos por enumeração. Em segundo lugar, as próprias coleções que têm um dado número de termos presumivelmente formam uma coleção infinita: é de se supor, por exemplo, que haja uma coleção infinita de trios no mundo, pois, se não fosse esse o caso, o número total de coisas no mundo seria finito, o que, apesar de possível, parece improvável. Em terceiro lugar, queremos definir "número" de tal maneira que números infinitos sejam possíveis; logo, devemos ser capazes de falar no número de termos de uma coleção infinita, e tal coleção deve ser definida por intensão, ou seja, por uma propriedade comum a todos os seus membros e peculiar a eles.

Para muitos propósitos, uma classe e uma característica definidora dela são praticamente intercambiáveis. A diferença essencial entre as duas consiste no fato de que há apenas uma classe com um certo conjunto de membros, enquanto sempre há muitas características diferentes pelas quais uma certa classe pode ser definida. Os homens podem ser definidos como bípedes sem penas, ou como animais racionais, ou (mais corretamente) pelos traços com os quais Swift esboça os *yahoos*. É esse fato, o de que uma característica definidora jamais é única, que torna as classes úteis; caso contrário, poderíamos nos satisfazer com as

Introdução à filosofia matemática

propriedades comuns e peculiares aos seus membros.[2] Qualquer uma dessas propriedades pode ser usada no lugar da classe toda vez que a unicidade não for importante.

Voltando agora à definição de número, está claro que o número é uma forma de juntar certas coleções, nomeadamente as que têm um dado número de termos. Podemos imaginar todas as duplas num agrupamento, todos os trios em outro, e assim por diante. Desse modo, obtemos vários agrupamentos de coleções, com cada um consistindo em todas as coleções que têm um certo número de termos. Cada agrupamento é uma classe cujos membros são coleções, ou seja, classes; assim, cada um é uma classe de classes. O agrupamento que consiste em todas as duplas, por exemplo, é uma classe de classes; cada dupla é uma classe com dois membros, e o agrupamento inteiro de duplas é uma classe com um número infinito de membros, sendo cada um uma classe com dois membros.

Como vamos decidir se duas coleções devem pertencer ao mesmo agrupamento? A resposta que parece óbvia é: "descubra quantos membros cada uma tem e as coloque no mesmo agrupamento se tiverem o mesmo número de membros". Mas isso pressupõe que tenhamos definido os números e saibamos descobrir quantos termos uma coleção tem. Estamos tão acostumados à operação de contar que tal suposição pode facilmente passar despercebida. Mas, na realidade, contar, embora seja algo com que estamos acostumados, é uma operação muito complexa

---

2 Como será explicado mais adiante, as classes podem ser consideradas ficções lógicas, fabricadas a partir de características definidoras. Mas, por enquanto, tratar as classes como se elas fossem reais vai simplificar a nossa exposição.

do ponto de vista lógico; além disso, só está disponível, como uma forma de descobrir quantos termos tem uma coleção, quando esta é finita. Nossa definição de número não deve supor de antemão que todos os números sejam finitos; e, de qualquer modo, não podemos, sem incorrer num círculo vicioso, usar a contagem para definir os números, porque os números são usados na contagem. Portanto, precisamos de algum outro método para decidir quando duas coleções têm o mesmo número de termos.

Na verdade, da perspectiva lógica, é mais simples descobrir se duas coleções têm o mesmo número de termos do que definir qual é esse número. Um exemplo vai esclarecer isso. Se não houvesse poligamia nem poliandria em nenhum lugar do mundo, está claro que o número de maridos existentes em qualquer instante seria exatamente igual ao número de esposas. Não precisamos de um censo para nos certificarmos disso, nem precisamos saber qual é o número verdadeiro de maridos e de esposas. Sabemos que o número tem que ser o mesmo em ambas as coleções, porque cada marido tem uma esposa, e cada esposa tem um marido. A relação entre maridos e esposas é o que se chama de relação de "um-para-um".

Diz-se que uma relação é "um-para-um" quando, se x tem a relação em questão com y, nenhum outro termo x' tem a mesma relação com y, e x não tem a mesma relação com qualquer termo y' que não seja y. Quando apenas a primeira dessas condições é observada, a relação é chamada de "um-para-muitos"; quando apenas a segunda é observada, é chamada de "muitos-para-um". Deve-se mencionar que o número 1 não é usado nessas definições.

Nos países cristãos, a relação de maridos para mulheres é de um-para-uma; nos países maometanos, é de um-para-muitas; no Tibete, é de muitos-para-uma. A relação de pai para filho

Introdução à filosofia matemática

é de um-para-muitos; a de filho para pai é de muitos-para-um, mas a de filho mais velho para pai é de um-para-um. Se n é qualquer número, a relação de n com $n + 1$ é de um-para-um; assim como a relação de n com $2n$ ou com $3n$. Quando estamos considerando apenas números positivos, a relação de n com n^2 é um-para-um; mas, quando admitem-se números negativos, ela se torna dois-para-um, já que n e $-n$ ao quadrado resultam no mesmo número. Esses exemplos deveriam bastar para deixar claras as noções de relações um-para-um, um-para-muitos e muitos-para-um, que desempenham um papel significativo nos princípios da matemática, não apenas quanto à definição dos números, mas também sob muitos outros aspectos.

Diz-se que duas classes são "similares" quando há uma relação um-para-um correlacionando cada um dos termos de uma classe com um termo da outra classe, da mesma maneira que a relação do casamento correlaciona maridos com esposas. Algumas definições preliminares vão nos ajudar a enunciar essa definição de forma mais precisa. A classe dos termos que têm uma dada relação com algo é chamada de *domínio* dessa relação: assim, os pais são o domínio da relação pai-filho, as esposas são o domínio da relação esposa-marido e os maridos e as esposas, juntos, são o domínio da relação de casamento. A relação de esposa com marido é chamada de *inversa* da relação de marido com esposa. Do mesmo modo, *menos* é a inversa de *mais*, *depois* é a inversa de *antes*, e assim por diante. Em geral, a inversa de uma determinada relação é a relação que existe entre y e x sempre que essa relação existir entre x e y. O contradomínio de uma relação é o domínio da sua inversa: logo, a classe de esposas é o contradomínio da relação de marido com esposa. Agora, podemos enunciar nossa definição de similaridade como segue:

45

Diz-se que uma classe é "similar" a outra quando existe uma relação de um-para-um na qual uma classe é o domínio, enquanto a outra é o contradomínio.

É fácil provar (1) que toda classe é similar a si mesma; (2) que, se uma classe α é similar a uma classe β, então β é similar a α; e (3) que, se α é similar a β e β a γ, então α é similar a γ. Diz-se que uma relação é *reflexiva* quando ela possui a primeira dessas propriedades, *simétrica* quando possui a segunda e *transitiva* quando possui a terceira. É óbvio que uma relação simétrica e transitiva precisa ser reflexiva em todo o seu domínio. As relações que têm essas propriedades representam uma categoria importante de relações, e vale a pena mencionar que a similaridade está nessa categoria de relações.

É evidente para o senso comum que duas classes finitas têm o mesmo número de termos se forem similares, mas o contrário não é verdadeiro. O ato de contar consiste em estabelecer uma correlação um-para-um entre o conjunto de objetos contados e os números naturais (exceto o 0) usados no processo. Por conseguinte, o senso comum conclui que há tantos objetos no conjunto a ser contado quanto existem números, até o último número usado na contagem. E também sabemos que, desde que nos restrinjamos aos números finitos, há exatamente n números de 1 a n. Então, segue-se que o último número usado na contagem de uma coleção é o número de termos da coleção, contanto que ela seja finita. Mas esse resultado, além se ser aplicável somente a coleções finitas, depende do seguinte fato (e o pressupõe): o de que duas classes similares têm o mesmo número de termos; pois o que fazemos quando contamos, digamos, dez objetos é mostrar que o conjunto desses objetos é similar ao conjunto de números de 1 a 10. A noção de similaridade está

Introdução à filosofia matemática

pressuposta, do ponto de vista lógico, na operação de contar, e é mais simples desse ponto de vista, embora nos seja menos familiar. Na contagem, é necessário considerar os objetos contados numa certa ordem, como primeiro, segundo, terceiro etc., mas a ordem não faz parte da essência do número: é um acréscimo irrelevante, uma complicação desnecessária do ponto de vista lógico. A noção de similaridade não demanda uma ordem: vimos, por exemplo, que o número de maridos é igual ao número de esposas, sem que fosse necessário estabelecer uma ordem de precedência entre eles. A noção de similaridade também não requer que as classes similares sejam finitas. Um exemplo: considere, por um lado, os números naturais (exceto o 0) e, por outro, as frações que têm 1 como numerador. É óbvio que podemos correlacionar 2 com $\frac{1}{2}$, 3 com $\frac{1}{3}$, e assim por diante, o que prova que as duas classes são similares.

Podemos, então, usar a noção de "similaridade" para decidir quando duas coleções devem pertencer ao mesmo agrupamento, no sentido em que estávamos fazendo essa pergunta num ponto anterior deste capítulo. Queremos formar um agrupamento contendo a classe que não tenha membros: ela será a classe do número 0. Depois, queremos um agrupamento com todas as classes que têm um membro: ela será a classe do número 1. Depois, para o número 2, queremos um agrupamento que consista em todos os pares; depois, que consista em todos os trios, assim por diante. Dada qualquer coleção, podemos definir o agrupamento a que ela deve pertencer como sendo a classe de todas essas coleções que são "similares" a ela. É muito fácil ver que, se uma coleção tiver três números (por exemplo), a classe de todas as coleções que são similares a ela será a classe de trios. E qualquer que seja o número de termos que uma coleção possa ter, essas coleções que são "similares" a ela terão o mesmo número de termos. Podemos considerar isso como uma *definição* de "ter o mesmo número de termos". É óbvio que ela proporciona resultados concordantes com o uso, contanto que nos limitemos a coleções finitas.

Por enquanto, não sugerimos nada que fosse minimamente paradoxal. Mas, quando chegamos à definição real de número, é inevitável o que deve parecer, à primeira vista, um paradoxo, embora essa impressão se dissipe logo. Naturalmente, achamos que a classe de pares (por exemplo) é algo diferente do número 2. Mas não há dúvida quanto à classe de pares: ela é incontestável e fácil de definir, enquanto o número 2, em qualquer outro sentido, é uma entidade metafísica que sempre nos gera incerteza em relação à sua existência ou à possibilidade de se conseguir rastreá-la. Portanto, é mais prudente nos satisfazermos com a classe de pares, de cuja existência temos certeza, do que ir no encalço de um número 2 problemático que sempre deve permanecer elusivo. Por conseguinte, estabelecemos a seguinte definição:

O número de uma classe é a classe de todas as classes similares a ela.

Logo, o número de um par será a classe de todos os pares. Na verdade, a classe de todos os pares *será* o número 2, de acordo com a nossa definição. À custa de uma certa esquisitice, essa definição garante a exatidão e a certeza; e não é difícil provar que os números definidos de tal forma têm todas as propriedades que esperamos dos números.

Podemos agora passar a definir os números em geral como qualquer um dos agrupamentos nos quais a similaridade reúne classes. Um número será um conjunto de classes tais que quaisquer duas sejam similares uma à outra e nenhuma fora do conjunto

Introdução à filosofia matemática

seja similar a uma dentro do conjunto. Em outras palavras, um número (em geral) é qualquer coleção que seja o número de um de seus membros; ou, de forma ainda mais simples:

Um número é qualquer coisa que seja o número de uma classe.

Essa definição tem uma aparência verbal circular, mas na verdade não o é. Definimos o "número de uma determinada classe" sem usar a noção de número em geral; portanto, podemos definir número em geral em termos do "número de uma determinada classe" sem cometer nenhum erro lógico.

Definições desse tipo são, na verdade, muito comuns. A classe de pais, por exemplo, teria que ser definida definindo-se primeiro o que é ser pai de alguém; depois a classe de pais será formada por todos os que são pais de alguém. Do mesmo modo, se quisermos definir números quadrados (digamos), precisamos primeiro definir a que estamos nos referindo quando dizemos que um número é o quadrado de outro, para então definirmos os números quadrados como aqueles que são os quadrados de outros números. Esse tipo de procedimento é muito comum, e é importante perceber que ele é legítimo e, muitas vezes, até mesmo necessário.

Aqui oferecemos uma definição de número que servirá para coleções finitas. Resta ver como ela servirá para coleções infinitas. Mas primeiro precisamos decidir o que queremos dizer ao usarmos os termos "finito" e "infinito", o que não pode ser feito nos limites deste capítulo.

3
Finitude e indução matemática

A série dos números naturais, como vimos no Capítulo I, pode ser totalmente definida se soubermos o que queremos dizer com os três termos "0", "número" e "sucessor". Mas podemos dar um passo além: podemos definir todos os números naturais se soubermos o que queremos dizer por "0" e "sucessor". Vai nos ajudar a entender a diferença entre finito e infinito ver como isso pode ser feito e por que o método através do qual isso é feito não pode ser estendido além do finito. Ainda não vamos considerar como "0" e "sucessor" devem ser definidos: por ora, vamos pressupor que sabemos o que esses termos significam e mostrar como, a partir daí, todos os outros números naturais podem ser obtidos.

É fácil ver que podemos chegar a qualquer número estipulado, digamos, 30.000. Primeiro definimos "1" como "o sucessor de 0", depois definimos "2" como "o sucessor de 1", e assim por diante. No caso de um número estipulado, como 30.000, a prova de que conseguimos chegar a ele procedendo passo a passo dessa maneira, se tivermos paciência, com um experimento real: podemos prosseguir até realmente chegarmos a 30.000. Mas, embora o método do experimento esteja disponível para todo número natural específico, ele não está disponível para provar a proposição geral de que todos esses números podem ser obtidos dessa forma, ou seja, avançando passo a passo de todo número até seu sucessor, partindo de 0. Existe outra forma de provar isso?

Consideremos a pergunta ao contrário. Quais são os números que podem ser obtidos, dados os termos "0" e "sucessor"? Existe alguma forma através da qual podemos definir toda a classe desses números? Chegamos a 1 como o sucessor de 0; a 2 como o sucessor de 1; a 3 como o sucessor de 2, e assim por diante. É esse "e assim por diante" que queremos substituir por algo menos vago e indefinido. Podemos ficar tentados a dizer que "e assim por diante" significa que o processo de avançar para o sucessor pode ser repetido *qualquer número finito* de vezes; mas o problema no qual estamos interessados é o de definir "número finito" e, portanto, não devemos usar essa noção na nossa definição. Esta não deve pressupor que sabemos o que é um número finito.

O segredo para resolvermos o nosso problema está na *indução matemática*. Vamos lembrar que, no Capítulo 1, essa era a quinta das cinco proposições primitivas que estabelecemos para os números naturais. Ela enunciava que qualquer propriedade que pertence ao 0 e também ao sucessor de todo número que apresente essa propriedade pertence a todos os números naturais. Isso foi apresentado como um princípio no referido capítulo, mas agora será adotado como uma definição. Não é difícil ver que os termos que obedecem a ela são os mesmos que os números que podem ser obtidos a partir de 0 por meio de passos sucessivos

Introdução à filosofia matemática

passando de um número para o outro, mas, dada a importância da questão, vamos apresentar o assunto com mais pormenores.

Faremos bem em começar com algumas definições, que serão úteis também em outros pontos.

Diz-se que uma propriedade é "hereditária" na série dos números naturais se, quando ela pertencer a um número n, pertencer também a $n + 1$, o sucessor de n. Do mesmo modo, diz-se que uma classe é "hereditária" se, toda vez que n for um membro da classe, $n + 1$ o for também. É fácil *ver*, embora ainda não devamos saber, que dizer que uma propriedade é hereditária é equivalente a dizer que ela pertence a todos os números naturais que não sejam menores que algum desses números. Por exemplo: ela deve pertencer a todos que sejam não menos do que 100, ou a todos que não sejam menores do que 1.000, ou talvez ela pertença a todos que não sejam menores do que 0, isto é, a todos, sem exceção.

Diz-se que uma propriedade é "indutiva" quando ela for uma propriedade hereditária que pertença a 0. Do mesmo modo, uma classe é "indutiva" quando for uma classe hereditária da qual 0 seja um membro.

Dada uma classe hereditária da qual 0 é um membro, segue-se que 1 é membro dela, porque uma classe hereditária contém os sucessores dos seus membros e 1 é o sucessor de 0. Do mesmo modo, dada uma classe hereditária da qual 1 seja um membro, segue-se que 2 é um membro dela, e assim por diante. Logo, podemos provar, por meio de um procedimento passo a passo, que todo número natural estipulado, digamos, 30.000, é um membro de toda classe indutiva.

Vamos definir a "posteridade" de um certo número natural no que diz respeito à relação "predecessor imediato" (que é a inversa de "sucessor") como todos os termos que pertencem a toda

53

classe hereditária à qual pertence o número em questão. Mais uma vez, é fácil *ver* que a posteridade de um número natural consiste nele mesmo e em todos os números naturais maiores que ele; mas isso também, oficialmente, ainda não sabemos.

Pelas definições anteriores, a posteridade de 0 consistirá nos termos que pertencem a toda classe indutiva.

Agora não é difícil tornar óbvio que a posteridade de 0 é o mesmo conjunto que os termos que podem ser obtidos a partir de 0 através de passos sucessivos passando de um número a outro. Pois, em primeiro lugar, 0 pertence a ambos os conjuntos (no sentido em que definimos nossos termos); em segundo lugar, se n pertence a ambos os conjuntos, o mesmo vale para $n + 1$. Deve-se observar que estamos lidando aqui com o tipo de questão que não permite uma prova precisa, a saber, a comparação entre uma ideia relativamente vaga e uma relativamente precisa. A noção de "os termos que podem ser obtidos a partir de 0 através de passos sucessivos passando de um número a outro" é vaga, embora ela *pareça* transmitir um significado definido; por outro lado, a noção de "a posteridade de 0" é precisa e explícita justamente onde a outra ideia é obscura. Pode-se considerar que ela oferece o que *queríamos* dizer quando falamos nos termos que podem ser obtidos a partir de 0 através de passos sucessivos.

Estabelecemos agora a seguinte definição:

Os "números naturais" são a posteridade do 0 no que diz respeito à relação "predecessor imediato" (que é a inversa de "sucessor").

Chegamos assim a uma definição de uma das três ideias primitivas de Peano em termos das outras duas. Como consequência dessa definição, duas das suas proposições primitivas — nomeadamente, a que assevera que 0 é um número e a que assevera a indução matemática — tornam-se desnecessárias,

Introdução à filosofia matemática

já que resultam da definição. A que assevera que o sucessor de um número natural é um número natural é necessária apenas na forma atenuada "todo número natural tem um sucessor". Podemos, claro, definir de forma fácil "0" e "sucessor" por meio da definição de número em geral a que chegamos no Capítulo 2. O número 0 é o número de termos numa classe sem membros, ou seja, na classe que é chamada de "classe vazia". Pela definição geral de número, o número de termos da classe vazia é o conjunto de todas as classes similares à classe vazia, isto é (como pode-se provar facilmente), é o conjunto que consiste apenas na classe vazia, ou seja, a classe cujo único membro é a classe vazia. (Isso não é idêntico à classe vazia: ela tem um membro, que é a classe vazia, enquanto a classe vazia propriamente dita não tem membros. Uma classe que tem um membro nunca é idêntica a esse membro, como explicaremos quando chegarmos à teoria das classes.) Assim, temos a seguinte definição puramente lógica:

0 é a classe cujo único membro é a classe vazia.

Resta definir "sucessor". Dado qualquer número n, seja α uma classe com n membros, e seja x um termo que não é membro de α. Então, a classe que consiste em α com x adicionado a ela terá $n + 1$ membros. Assim, temos a seguinte definição:

O sucessor do número de termos da classe α é o número de termos da classe que consiste em α junto com x, em que x é qualquer termo que não pertença à classe.

São necessários certos refinamentos para deixar essa definição perfeita, mas não precisamos nos preocupar com eles.[1] Deve-se lembrar que já demos (no Capítulo 2) uma definição lógica do número de termos numa classe. Sendo específico, nós

---

1 Ver Whitehead; Russell, *Principia Mathematica*, v.2, *110.

55

o definimos como o conjunto de todas as classes que são similares à classe em questão.

Reduzimos, assim, as três ideias primitivas de Peano a ideias da lógica: demos a elas definições que as tornam claras, não mais capazes de comportar uma infinidade de significados diferentes, como eram quando estavam determinadas apenas até o ponto de obedecer aos cinco axiomas de Peano. Nós as tiramos do aparato fundamental de termos que precisam ser meramente apreendidos, e assim aumentamos a articulação dedutiva da matemática.

Quanto às cinco proposições primitivas, já conseguimos tornar duas delas demonstráveis pela nossa definição de "número natural". Como ela respalda as outras três? É muito fácil provar que 0 não é o sucessor de nenhum número e que o sucessor de qualquer número é um número. Mas há uma dificuldade quanto à proposição primitiva que sobra, a saber, "não há dois números que tenham o mesmo sucessor". A dificuldade não surge, a não ser que o número total de indivíduos no universo seja finito; pois, dados dois números m e n, nenhum dos quais é o número total de indivíduos no universo, é fácil provar que não podemos ter $m + 1 = n + 1$, exceto se tivermos $m = n$. Mas suponhamos que o número total de indivíduos no universo fosse, digamos, 10; então, não haveria uma classe de 11 indivíduos, e o número 11 seria a classe vazia. Assim como o número 12. Logo, teríamos $11 = 12$; portanto, o sucessor de 10 seria igual ao sucessor de 11, embora o 10 não fosse igual a 11. Assim, deveríamos ter dois números diferentes com o mesmo sucessor. Contudo, é impossível essa falha do terceiro axioma vir à tona se o número de indivíduos no mundo não for finito. Voltaremos a esse assunto num estágio mais adiante.[2]

---

2 Ver Capítulo 13.

Introdução à filosofia matemática

Supondo que o número de indivíduos no universo não é finito, agora conseguimos não somente definir as três ideias primitivas de Peano, mas também ver como provar suas cinco proposições primitivas por meio de ideias e proposições primitivas que pertencem à lógica. Segue-se que toda a matemática pura, na medida em que é dedutível da teoria dos números naturais, não passa de um prolongamento da lógica. A extensão desse resultado às áreas modernas da matemática que não são dedutíveis da teoria dos números naturais não oferece nenhum problema de princípio, como mostramos em outra publicação.[3]

O processo de indução matemática, por meio do qual definimos os números naturais, comporta generalização. Definimos os números naturais como a "posteridade" de 0 no que diz respeito à relação de um número com o seu sucessor imediato. Se chamarmos essa relação de N, todo número m terá essa relação com $m + 1$. Uma propriedade é "hereditária com respeito a N", ou simplesmente "N-hereditária", se, quando a propriedade pertencer a um número m, pertencer também a $m + 1$, ou seja, ao número com o qual m tem a relação N. E dir-se-á que um número n pertence à posteridade de m no que diz respeito à relação N se n tiver todas as propriedades N-hereditárias que pertencem a m. Todas essas definições podem ser aplicadas a qualquer outra relação assim como a N. Logo, se R for qualquer relação, poderemos estabelecer as seguintes definições:[4]

---

3 Para a geometria, na parte em que não é puramente analítica, ver Russell, *The Principles of Mathematics*, Parte 6; para a dinâmica racional, ibid., Parte 7.

4 Essas generalizações, assim como a teoria generalizada da indução, são atribuíveis a Frege e foram publicadas em 1879 no seu *Begriffsschrift*. Apesar do imenso valor dessa obra, fui, creio eu, a primeira pessoa que a leu – mais de vinte anos após sua publicação.

Uma propriedade é chamada de "R-hereditária" quando, se pertencer a um termo x, e x tiver a relação R com y, ela pertencer a y.

Uma classe é R-hereditária quando sua propriedade definidora é R-hereditária.

Diz-se que um termo x é um "R-ancestral" do termo y se y tem todas as propriedades R-hereditárias que x tem, contanto que x seja um termo que tenha a relação R com algo ou com o qual algo tenha a relação R. (Isso é apenas para excluir casos triviais.)

A "R-posteridade" de x são todos os termos dos quais x é um R-ancestral.

Elaboramos as definições anteriores de modo que, se um termo for um ancestral de qualquer coisa, ele é ancestral de si mesmo e pertence à própria posteridade. Isso foi feito apenas por conveniência.

Vale observar que, se considerarmos R como a relação "genitor", "ancestral" e "posteridade" terão os significados costumeiros, exceto pelo fato de que uma pessoa será incluída entre os próprios ancestrais e a própria posteridade. É óbvio de imediato, claro, que "ancestral" deve comportar uma definição em termos de "genitor", mas até Frege ter desenvolvido sua teoria generalizada da indução, ninguém poderia ter definido "ancestral" com precisão em termos de "genitor". Uma breve consideração desse aspecto servirá para mostrar a importância da teoria. Alguém que fosse confrontado pela primeira vez com o problema de definir "ancestral" em termos de "genitor" diria naturalmente que A é um ancestral de Z se entre A e Z existe um certo número de pessoas B, C, ..., em que B é filho(a) de A, e cada uma é genitora da seguinte, até a última, que é genitora de

Introdução à filosofia matemática

Z. Mas essa definição não é adequada, a não ser que acrescentemos a ela que o número de termos intermediários a ela deve ser finito. Considere, por exemplo, uma série como a seguinte:

$$-1, \ -\frac{1}{2}, \ -\frac{1}{4}, \ -\frac{1}{8}, \ \ldots, \ \frac{1}{8}, \ \frac{1}{4}, \ \frac{1}{2}, \ 1.$$

Aqui, temos primeiro uma série de frações negativas sem fim, e depois uma série de frações positivas sem começo. Podemos dizer que, nessa série, $-\frac{1}{8}$ é um ancestral de $\frac{1}{8}$? Ela o será de acordo com a definição para iniciantes sugerida anteriormente, mas não o será de acordo com qualquer definição que dará o tipo de ideia que queremos definir. Para tal propósito, é essencial que o número de intermediários seja finito. Porém, como vimos, "finito" deve ser definido através de indução matemática, e é mais simples definir a relação ancestral de forma geral de uma só vez do que defini-la primeiro apenas para o caso da relação de n com $n + 1$ e então estendê-la a outros casos. Constata-se aqui, como ocorre constantemente em outras situações, que a generalidade desde o princípio, embora possa exigir mais esforço mental no começo, vai, no longo prazo, economizar esse tipo de esforço e aumentar o poder lógico.

O uso da indução matemática em demonstrações foi, no passado, algo um tanto misterioso. Parecia não haver dúvida fundamentada de que ela fosse um método válido de prova, mas ninguém sabia exatamente por que ela era válida. Alguns acreditavam que ela de fato fosse um caso de indução, no sentido em que a palavra é usada na lógica. Poincaré[5] a considerava um

---

5 Poincaré, *Science et Méthode*, cap.4.

Bertrand Russell

princípio da máxima importância, através do qual um número infinito de silogismos podia ser condensado num argumento. Sabemos agora que todas essas opiniões são equivocadas e que a indução matemática é uma definição, não um princípio. Existem alguns números aos quais ela pode ser aplicada, e existem outros (como veremos no Capítulo 8) aos quais não pode. *Definimos* os "números naturais" como aqueles a que se podem aplicar provas por indução matemática, isto é, como aqueles que possuem todas as propriedades indutivas. Segue-se que essas provas podem ser aplicadas aos números naturais não em virtude de qualquer intuição, ou axioma, ou princípio misterioso, mas como uma proposição puramente verbal. Se os "quadrúpedes" são definidos como animais que têm quatro patas, segue-se que os animais com quatro patas são quadrúpedes; e o caso dos números que obedecem à indução matemática é exatamente similar.

Usaremos a expressão "números indutivos" para nos referirmos ao mesmo conjunto de que falamos até aqui como sendo os "números naturais". A expressão "números indutivos" é preferível por possibilitar um lembrete de que a definição desse conjunto de números é obtida a partir da indução matemática.

A indução matemática proporciona, sobretudo, a característica essencial que distingue o finito do infinito. O princípio da indução matemática pode ser enunciado de um jeito popular mais ou menos assim: "o que pode ser inferido passando-se de um termo para o próximo pode ser inferido passando-se do primeiro para o último". Isso é verdadeiro quando o número de passos intermediários entre o primeiro e o último é finito, e apenas nesse caso. Qualquer um que já tenha observado um trem de carga começando a se mover terá notado como o impulso é comunicado com um solavanco de um vagão para o vagão

Introdução à filosofia matemática

seguinte, até que, por fim, mesmo o último vagão esteja em movimento. Quando o trem é muito comprido, demora muito para o último vagão se mexer. Se o trem fosse infinitamente comprido, haveria uma sucessão infinita de solavancos, e o instante em que o trem inteiro estaria em movimento não chegaria nunca. Contudo, se houvesse uma série de vagões cujo comprimento não fosse superior ao da série de números indutivos (que, como veremos, é um exemplo do menor dos infinitos), todos os vagões começariam a se mexer mais cedo ou mais tarde se a locomotiva continuasse funcionando, embora sempre fosse haver outros vagões mais para trás que ainda não teriam entrado em movimento. Essa imagem vai ajudar a elucidar o argumento de passar de um termo ao próximo e a conexão dele com a finitude. Quando chegarmos aos números infinitos, para os quais os argumentos a partir da indução matemática deixarão de ser válidos, as propriedades desses números vão ajudar a esclarecer, por contraste, o uso quase inconsciente que se faz da indução matemática quando se trata de números finitos.

4
Definição de ordem

Fizemos a nossa análise da série dos números naturais e chegamos ao ponto em que obtivemos definições lógicas dos membros dessa série, de toda a classe dos seus membros e da relação de um número com seu sucessor imediato. Agora precisamos considerar a natureza *serial* dos números naturais na ordem 0, 1, 2, 3, ... Normalmente pensamos nos números nessa *ordem*, e é uma parte essencial do trabalho de analisar nossos dados buscar uma definição de "ordem" ou de "série" em termos lógicos. A noção de ordem tem uma enorme importância na matemática. Não apenas os inteiros, mas também as frações racionais e todos os números reais têm uma ordem de grandeza, e isso é fundamental para a maioria das suas propriedades matemáticas. A ordem dos pontos numa linha é essencial para a geometria; assim como o é a ordem ligeiramente mais complicada das linhas através de um ponto num plano, ou dos planos através de uma linha. As dimensões, na geometria, são um desenvolvimento da ordem. A ideia de *limite*, que está na base de toda a matemática avançada, é uma ideia serial. Há partes da matemática que não dependem da noção de ordem, mas são muito poucas em comparação com aquelas nas quais essa noção está envolvida.

Ao se buscar uma definição de ordem, a primeira coisa a se perceber é que nenhum conjunto de termos tem somente *uma* ordem, com a exclusão de outras. Um conjunto de termos tem todas as ordens de que é capaz. Às vezes, uma ordem é tão mais familiar e natural ao nosso pensamento que somos propensos a considerá-la *a* ordem desse conjunto de termos; mas isso é um erro. Os números naturais – ou os números "indutivos", como também vamos chamá-los – nos ocorrem mais prontamente em ordem de grandeza; mas comportam um número infinito de outros arranjos. Podemos, por exemplo, considerar primeiro todos os números ímpares e depois todos os números pares; ou primeiro 1, depois todos os números pares, depois todos os múltiplos ímpares de 3, depois todos os múltiplos de 5, mas não de 2 nem de 3, depois todos os múltiplos de 7, mas não de 2, nem de 3, nem de 5, e assim por diante em toda a série de números primos. Quando dizemos que "arranjamos" os números nessas diversas ordens, estamos usando uma expressão inacurada: o que de fato fazemos é voltar nossa atenção a certas relações entre os números naturais que geram este ou aquele arranjo. Somos tão capazes de "arranjar" os números naturais quanto somos capazes de arranjar o céu estrelado; mas, assim como podemos observar, entre as estrelas fixas, a ordem de luminosidade ou a distribuição no céu, há também várias relações entre os números que podem ser observadas e que originam várias ordens diferentes entre os números, todas igualmente legítimas. E o que acontece com os números acontece igualmente com os pontos numa linha e com os instantes de tempo: uma ordem é mais conhecida, mas outras são igualmente válidas. Podemos,

Introdução à filosofia matemática

por exemplo, considerar primeiro, numa linha, todos os pontos que têm como coordenadas números inteiros, depois todos os que têm como coordenadas números racionais não inteiros, depois todos os que têm coordenadas não racionais algébricas, e assim por diante, passando por qualquer conjunto de complicações que nos agrade. A ordem resultante será uma que os pontos da linha com certeza possuem, escolhamos notá-la ou não; a única coisa arbitrária nas múltiplas ordens de um conjunto de termos é a nossa atenção, pois os termos propriamente ditos sempre têm todas as ordens de que são capazes.

Um resultado importante dessa consideração é que não devemos procurar a definição de ordem na natureza do conjunto de termos a ser ordenados, dado que um conjunto de termos tem muitas ordens. A ordem está não na *classe* de termos, mas numa relação entre os membros da classe. E, no tocante a essa relação, alguns termos aparecem antes, outros depois. O fato de uma classe poder ter muitas ordens é devido à possibilidade de haver muitas relações entre os membros de uma única classe. Quais propriedades uma relação deve ter para originar uma ordem?

As características essenciais de uma relação que vai originar ordem podem ser descobertas considerando-se que, a respeito de tal relação, precisamos ser capazes de dizer, sobre quaisquer dois termos na classe que será ordenada, que um "precede" e que o outro "sucede". Mas, para que possamos usar essas palavras da maneira que deveríamos entendê-las naturalmente, é necessário que a relação de ordenamento tenha três propriedades:

(1) Se x precede y, y não deve preceder x. Trata-se de uma característica óbvia do tipo das relações que levam a séries. Se x for menor que y, y também não é menor que

x. Se *x* aparece antes de *y*, *y* também não aparece antes de *x*. Se *x* está à esquerda de *y*, *y* não está à esquerda de *x*. Por outro lado, as relações que não originam séries não costumam apresentar essa propriedade. Se *x* é irmão ou irmã de *y*, *y* é irmão ou irmã de *x*. Se *x* tem a mesma altura que *y*, *y* tem a mesma altura que *x*. Se *x* tem uma altura diferente da de *y*, *y* tem uma altura diferente da de *x*. Em todos esses casos, quando a relação é válida entre *x* e *y*, é válida também entre *y* e *x*. Mas, com relações seriais, isso não pode ocorrer. Uma relação que tenha essa primeira propriedade é chamada de *assimétrica*.

(2) Se *x* precede *y*, e *y* precede *z*, *x* tem que preceder *z*. Pode-se ilustrar isso pelos mesmos exemplos de antes: *menor, antes, à esquerda*. Mas, como exemplo de relações que *não* apresentam essa propriedade, servirão apenas dois dos nossos três exemplos anteriores. Se *x* é irmão ou irmã de *y*, e *y* de *z*, *x* talvez não seja irmão ou irmã de *z*, dado que *x* e *z* talvez sejam a mesma pessoa. O mesmo se aplica à diferença de altura, mas não a igualdade de altura, que apresenta a nossa segunda propriedade, mas não a primeira. A relação "pai", por outro lado, apresenta a nossa primeira propriedade, mas não a segunda. Uma relação que apresenta a nossa segunda propriedade é chamada de *transitiva*.

(3) Dados quaisquer dois termos da classe que será ordenada, deve haver um que preceda e outro que venha depois. Por exemplo: entre quaisquer dois inteiros, ou frações, ou números reais, um é menor, e o outro, maior; mas, entre dois números complexos quaisquer, isso não é verdadeiro. Entre quaisquer dois instantes, um deve vir

Introdução à filosofia matemática

antes que o outro; mas de eventos, que podem ser simultâneos, não se pode dizer isso. Entre dois pontos numa linha, um tem que estar à esquerda do outro. Uma relação que tenha essa terceira propriedade é chamada de *conexa*.

Quando uma relação apresenta essas três propriedades, ela é do tipo que origina uma ordem entre os termos para os quais ela é válida; e, onde houver uma ordem, pode-se encontrar uma relação com essas três propriedades originando tal ordem. Antes de ilustrar essa tese, vamos apresentar algumas definições.

(1) Diz-se que uma relação é irreflexiva,[1] ou que *está contida em diversidade* ou que *implica diversidade*, se nenhum termo tem essa relação consigo mesmo. Assim, por exemplo, "maior", "de tamanho diferente", "irmão", "marido" e "pai" são irreflexivas; mas "igual", "nascidos dos mesmos pais" e "caro amigo" não o são.

(2) A relação *quadrada* de uma relação é aquela relação que existe entre dois termos x e z quando há um termo intermediário y tal que a dada relação existe entre x e y e entre y e z. Assim, "avô paterno" é a quadrada de "pai", "dois a mais" é a quadrada de "um a mais", e assim por diante.

(3) O *domínio* de uma relação consiste em todos os termos que têm a relação com algo, e o *contradomínio* consiste em todos os termos com que algo tem a relação. Essas expressões já foram definidas, mas são lembradas aqui por causa da seguinte definição:

---

1 O termo em inglês, *aliorelative*, é atribuído a C. S. Peirce.

Bertrand Russell

(4) O *campo* de uma relação consiste no seu domínio combinado com o seu contradomínio.

(5) Diz-se que uma relação *contém* ou *é implicada por* outra se ela é válida sempre que a outra o for.

Constata-se que uma relação *assimétrica* é a mesma coisa que uma relação cuja quadrada é irreflexiva. É comum uma relação ser irreflexiva sem ser assimétrica, embora uma relação assimétrica seja sempre irreflexiva. Por exemplo: "cônjuge" é uma relação irreflexiva, mas é simétrica, já que, se x é o cônjuge de y, y é o cônjuge de x. Mas, entre as relações *transitivas*, todas as irreflexivas são assimétricas e vice-versa.

A partir das definições, pode-se constatar que uma relação *transitiva* é implicada pelo sua quadrada, ou, como também dizemos, que "contém" sua quadrada. Assim, "ancestral" é transitiva, porque o ancestral de um ancestral é um ancestral; mas "pai" não é transitiva, porque o pai de um pai não é um pai. Uma relação irreflexiva transitiva é uma que contém sua quadrada e está contida em diversidade; ou, o que vem a dar no mesmo, uma cuja quadrada implica a própria irreflexiva e a diversidade – porque, quando uma relação é transitiva, a assimetria é equivalente a ser irreflexiva.

Uma relação é *conexa* quando, dados quaisquer dois termos diferentes do seu campo, a relação é válida entre o primeiro e o segundo, ou entre o segundo e o primeiro (sem excluir a possibilidade de que as duas coisas possam acontecer, embora ambas não possam acontecer se a relação for assimétrica).

Constata-se que a relação "ancestral", por exemplo, é irreflexiva e transitiva, mas não é conexa; é pelo fato de não ser conexa que não basta para organizar a raça humana numa série.

68

Introdução à filosofia matemática

A relação entre números "menor ou igual a" é transitiva e conexa, mas não é assimétrica nem irreflexiva.

A relação entre números "maior ou menor" é irreflexiva e conexa, mas não é transitiva, pois se x é maior ou menor que y, e y é maior ou menor que z, pode ser que x e z sejam o mesmo número.

Assim, as três propriedades de ser (1) irreflexiva, (2) transitiva e (3) conexa são mutuamente independentes, já que uma relação pode apresentar quaisquer duas sem apresentar a terceira.

Estabelecemos agora a seguinte definição:

Uma relação é *serial* quando é irreflexiva, transitiva e conexa; ou, de forma equivalente, quando é assimétrica, transitiva e conexa.

Uma *série* é o mesmo que uma relação serial.

Talvez tenha se pensado que uma série deveria ser o *campo* de uma relação serial, e não tal relação propriamente dita. Mas isso seria um erro. Por exemplo,

$$1, 2, 3; 1, 3, 2; 2, 3, 1; 2, 1, 3; 3, 1, 2; 3, 2, 1$$

são seis séries diferentes que têm todas o mesmo campo. Se o campo *fosse* a série, só poderia existir uma série com um certo campo. O que distingue as seis séries anteriores são apenas as relações de ordenamento diferentes nos seis casos. Dada a relação de ordenamento, o campo e a ordem estão ambos determinados. Assim, a relação de ordenamento pode ser considerada como *sendo* a série, mas o campo, não.

Dada qualquer relação serial, por exemplo P, diremos que, no tocante a essa relação, x "precede" y se x tem a relação P com y, o que escreveremos como "xPy", para abreviar. As três características que P precisa ter para ser serial são:

(1) Nunca devemos ter xPx, ou seja, nenhum termo deve preceder a si mesmo.

(2) P^2 deve implicar P, ou seja, se x precede y, e y precede z, x deve preceder z.

(3) Se x e y são dois termos diferentes no campo de P, teremos xPy ou yPx, ou seja, um dos dois deve preceder o outro.

O leitor pode se convencer com facilidade de que, onde essas três propriedades existirem numa relação de ordenamento, as características que esperamos encontrar nas séries também existirão, e vice-versa. Temos, portanto, a justificativa para considerar o que foi exposto anteriormente como uma definição de ordem ou de série. E cabe mencionar que a definição é levada a cabo em termos puramente lógicos.

Embora uma relação transitiva, assimétrica e conexa sempre exista onde quer que haja uma série, ela nem sempre é a relação que se esperaria naturalmente que gerasse uma série. A série de números naturais pode servir como um exemplo. A relação que supusemos ao considerarmos os números naturais foi a de sucessão imediata, isto é, a relação entre inteiros consecutivos. Essa relação é assimétrica, mas nem transitiva, nem conexa. Podemos, contudo, derivar dela, usando o método da indução matemática, a relação "ancestral" que consideramos no capítulo anterior. Essa relação será a mesma que "menor ou igual a" entre os inteiros indutivos. Para o efeito de gerar a série dos números naturais, queremos a relação "menor", excluindo "ou igual a". Essa é a relação que m tem com n quando m é um ancestral de n, mas não é idêntico a n, ou (o que dá no mesmo) quando o sucessor de m é um ancestral de n, no sentido em que um número é

Introdução à filosofia matemática

seu próprio ancestral. Em outras palavras, podemos estabelecer a seguinte definição:

Diz-se que um número indutivo *m* é *menor que* outro número *n* quando *n* possui todas as propriedades hereditárias possuídas pelo sucessor de *m*.

É fácil ver, e não é difícil demonstrar, que a relação "menor que" definida dessa forma é assimétrica, transitiva e conexa, e tem como campo os números indutivos. Logo, por meio dessa relação, os números indutivos adquirem uma ordem no sentido em que definimos a palavra "ordem", e essa ordem é a chamada ordem "natural", ou ordem de grandeza.

A produção de séries por meio de relações que lembrem um pouco a que existe entre *n* e *n* + I é muito comum. A série de reis da Inglaterra, por exemplo, é gerada por relações entre cada rei e seu sucessor. Esse provavelmente é o jeito mais fácil, quando aplicável, de imaginar a geração de uma série. Nesse método, passamos de cada termo para o próximo, desde que haja um próximo, ou para o anterior, desde que haja um anterior. Esse método sempre requer a forma generalizada de indução matemática a fim de possibilitar que definamos "anterior" e "posterior" numa série gerada assim. Na analogia das "frações próprias", chamemos de "posteridade própria de *x* com respeito a R" a classe dos termos que pertencem à R-posteridade de algum termo com o qual *x* tem a relação R, no sentido que atribuímos antes a "posteridade", que inclui um termo na sua própria posteridade. Voltando às definições fundamentais, vemos que a "posteridade própria" pode ser definida como se segue:

A "posteridade própria" de *x* em relação a R consiste em todos os termos que possuem todas as propriedades R-hereditárias possuídas por todos os termos com os quais *x* tem a relação R.

71

Deve-se observar que essa definição tem que ser expressa assim para ser aplicável não apenas quando houver somente um termo com o qual x tenha a relação R, mas também em casos (como o do pai e do filho) em que possam existir muitos termos com os quais x tenha a relação R. Definimos ainda que:

Um termo x é um "ancestral próprio" de y em relação a R se y pertencer à posteridade própria de x em relação a R.

Para abreviar, vamos usar "R-posteridade" e "R-ancestrais", quando esses termos parecerem mais convenientes.

Voltando agora à geração de séries pela relação R entre termos consecutivos, vemos que, para esse método ser possível, a relação "R-ancestral próprio" deve ser irreflexiva, transitiva e conexa. Sob quais circunstâncias isso vai ocorrer? Ela sempre será transitiva: não importa qual tipo de relação R possa ser, "R-ancestral" e "R-ancestral próprio" são ambas transitivas, sempre. Mas é apenas sob certas circunstâncias que ela será irreflexiva ou conexa. Considere, por exemplo, a relação com o vizinho à esquerda numa mesa de jantar redonda à qual estão sentadas doze pessoas. Se chamarmos essa relação de R, a R-posteridade própria de uma pessoa consiste em todos a que se tem alcance contornando a mesa da direita para a esquerda. Isso inclui todos à mesa, até mesmo a própria pessoa, já que doze passos nos trazem de volta ao nosso ponto de partida. Logo, num caso como esse, embora a relação "R-ancestral próprio" seja conexa e R propriamente dita seja irreflexiva, não temos uma série, porque "R-ancestral próprio" não é irreflexiva. É por esse motivo que não podemos dizer que uma pessoa vem antes da outra no que diz respeito à relação "à direita de" ou ao seu derivado ancestral.

Essa situação é um exemplo em que a relação ancestral é conexa, mas não contida em diversidade. Um exemplo em que

Introdução à filosofia matemática

ela é contida em diversidade mas não é conexa provém do sentido comum da palavra "ancestral". Se x é um ancestral próprio de y, x e y não podem ser a mesma pessoa; mas não é verdade que, entre quaisquer duas pessoas, uma deva ser a ancestral da outra. A questão das circunstâncias sob as quais as séries podem ser geradas por relações ancestrais derivadas de relações de consecutividade costuma ser importante. Alguns dos casos mais relevantes são os seguintes: seja R uma relação de muitos-para-um, e confinemos nossa atenção à posteridade de algum termo x. Nessa situação, a relação "R-ancestral próprio" deve ser conexa; portanto, só o que falta para garantir que ela seja serial é que seja contida em diversidade. Isso é uma generalização do exemplo da mesa de jantar. Outra generalização consiste em considerar que R seja uma relação um-para-um e incluir a ancestralidade de x, bem como sua posteridade. Aqui, mais uma vez, a condição necessária para assegurar a geração de uma série é que a relação "R-ancestral próprio" esteja contida em diversidade.

A geração de ordem por meio de relações de consecutividade, apesar de importante no seu próprio âmbito, é menos geral que o método que usa uma relação transitiva para definir a ordem. É comum uma série ter um número infinito de termos intermediários entre quaisquer dois que possam ser selecionados, por mais próximos que estejam um do outro. Considere, por exemplo, as frações na ordem de grandeza. Entre quaisquer duas frações, existem outras – por exemplo, a média aritmética das duas. Portanto, não existe um par de frações consecutivas. Se dependêssemos da consecutividade para definir ordem, não deveríamos ser capazes de definir a ordem de grandeza entre as frações. Mas, na verdade, as relações de maior e menor entre as frações não exigem geração a partir de relações

73

de consecutividade, e as relações de maior e menor entre as frações têm as três características de que precisamos para definir relações seriais. Em todos esses casos, a ordem deve ser definida por meio de uma relação *transitiva*, já que apenas esse tipo de relação é capaz de saltar sobre um número infinito de termos intermediários. O método da consecutividade, como o de contar para descobrir o número de uma coleção, é apropriado para o que é finito; pode até ser estendido a certas séries infinitas, a saber, aquelas em que, embora o número total de termos seja infinito, o número de termos entre quaisquer dois deles é sempre finito; mas ele não pode ser considerado geral. Não é só isso: deve-se tomar o cuidado de erradicar da imaginação todos os hábitos de pensamento que resultam de supor que ele é geral. Se isso não é feito, as séries em que não há termos consecutivos continuarão sendo difíceis e enigmáticas. E tais séries são de importância vital para o entendimento da continuidade, do espaço, do tempo e do movimento.

Existem muitas maneiras pelas quais as séries podem ser geradas, mas todas dependem de encontrar ou construir uma relação assimétrica, transitiva e conexa. Algumas dessas maneiras têm importância considerável. Podemos tomar como ilustrativa a geração de séries por meio de uma relação de três termos que podemos chamar de "entre". Esse método é muito útil na geometria e talvez sirva como uma introdução às relações que têm mais que dois termos; ele é mais bem apresentado em ligação com a geometria elementar.

Dados quaisquer três pontos numa linha reta no espaço ordinário, deve haver um deles que esteja *entre* os outros dois. Isso não vai acontecer com os pontos de um círculo ou de qualquer outra curva fechada, porque, dados quaisquer três pontos

Introdução à filosofia matemática

num círculo, podemos passar de qualquer um a qualquer outro sem passar pelo terceiro. Na realidade, a noção de "entre" é característica de séries abertas – ou de séries no sentido estrito –, em contraposição às que podem ser chamadas de séries "cíclicas", nas quais, como ocorre com as pessoas à mesa de jantar, uma jornada suficiente nos traz de volta ao nosso ponto de partida. Essa noção de "entre" pode ser escolhida como a noção fundamental da geometria ordinária; mas, por ora, vamos considerar apenas sua aplicação a uma única linha reta e ao ordenamento dos pontos numa linha reta.[2] Considerando-se quaisquer dois pontos a e b, a linha (ab) consiste em três partes (além de a e de b propriamente ditos):

(1) Pontos entre a e b.

(2) Pontos x tais que a esteja entre x e b.

(3) Pontos y tais que b esteja entre y e a.

Assim, a linha (ab) pode ser definida em termos da relação "entre".

Para que essa relação "entre" consiga arranjar os pontos da linha numa ordem da esquerda para a direita, precisamos de certos pressupostos, mais especificamente os seguintes:

(1) Se há algo entre a e b, a e b não são idênticos.

(2) O que há entre a e b há também entre b e a.

(3) O que há entre a e b não é idêntico a a (consequentemente, nem a b, em razão de (2)).

---

2 Cf. Peano, *Rivista di Matematica*, v.4, p.55 ss.; Russell, *The Principles of Mathematics*, op. cit., p.394, §375.

(4) Se x está entre a e b, o que houver entre a e x está também entre a e b.

(5) Se x está entre a e b, e b estiver entre x e y, então b está entre a e y.

(6) Se x e y estão entre a e b, então ou x e y são idênticos, ou x está entre a e y, ou x está entre y e b.

(7) Se b está entre a e x e também entre a e y, então ou x e y são idênticos, ou x está entre b e y, ou y está entre b e x.

Essas sete propriedades obviamente são satisfeitas no caso dos pontos numa linha reta no espaço ordinário. Qualquer relação de três termos que as satisfaça origina uma série, como pode ser verificado a partir das definições a seguir. Em prol da exatidão, vamos supor que a esteja à esquerda de b. Então, os pontos da linha (ab) são (1) aqueles entre os quais e b se encontra a — vamos chamá-los de pontos à esquerda de a; (2) o próprio ponto a; (3) aqueles entre a e b; (4) o próprio b; e (5) aqueles entre os quais e a se encontra b — esses vamos chamar de pontos à direita de b. Podemos agora definir de forma geral que, em relação a dois pontos x e y na linha (ab), diremos que x está "à esquerda de" y em qualquer um destes casos:

(1) Quando x e y estão ambos à esquerda de a e y está entre x e a;

(2) Quando x está à esquerda de a e y é a ou b ou está entre a e b ou à direita de b;

(3) Quando x é a e y está entre a e b ou é b ou está à direita de b;

(4) Quando x e y estão ambos entre a e b, e y está entre x e b;

(5) Quando x está entre a e b, e y é b ou está à direita de b;

Introdução à filosofia matemática

(6) Quando x é b e y está à direita de b;
(7) Quando x e y estão ambos à direita de b e x está entre b e y.

Verifica-se que, a partir das sete propriedades que atribuímos à relação "entre", pode-se deduzir que a relação "à esquerda de", como definida anteriormente, é uma relação *serial*, de acordo com a definição que demos a esse termo. É importante mencionar que nada nas definições nem no argumento depende do fato de usarmos "entre" para nos referirmos à verdadeira relação desse nome que ocorre no espaço empírico: qualquer relação com três termos que tenha as sete propriedades puramente formais servirá ao propósito do argumento igualmente bem.

A ordem cíclica, como a dos pontos num círculo, não pode ser gerada por meio de relações com três termos do tipo "entre". Precisamos de uma relação com quatro termos, que pode ser chamada de "separação de pares". Esse caso pode ser ilustrado considerando-se uma viagem ao redor do mundo. Pode-se ir da Inglaterra à Nova Zelândia passando-se por Suez ou por São Francisco; não podemos dizer com certeza que qualquer um desses dois lugares está "entre" a Inglaterra e a Nova Zelândia. Mas se alguém escolhe essa rota para dar a volta ao mundo, não importa o sentido escolhido: suas estadias na Inglaterra e na Nova Zelândia serão separadas uma da outra por suas estadias em Suez e em São Francisco, e vice-versa. Generalizando, se considerarmos quaisquer quatro pontos num círculo, podemos separá-los em dois pares, a e b e depois x e y, digamos, de modo que, para ir de a a b deve-se passar por x ou por y, e para ir de x a y, deve-se passar por a ou por b. Sob tais circunstâncias, dizemos que o par (a, b) está "separado" pelo par (x, y). A partir dessa relação, pode-se produzir uma ordem cíclica, de uma maneira que lembra aquela por meio da qual produzimos uma ordem aberta a partir do "entre", porém um tanto mais complicada.[3]

O propósito da segunda metade deste capítulo foi sugerir o assunto que se pode chamar de "geração de relações seriais". Quando essas relações tiverem sido definidas, a geração delas a partir de outras relações que tenham apenas algumas das propriedades necessárias às séries se torna muito importante, especialmente na filosofia da geometria e da física. Mas não podemos, dentro dos limites do presente volume, ir além de conscientizar o leitor de que tal assunto existe.

---

3 Cf. Russell, *The Principles of Mathematics*, op. cit., p.205, §194; e referências aí fornecidas.

5
Espécies de relações

Uma boa parte da filosofia da matemática se ocupa de *relações*, e muitas espécies diferentes de relações têm tipos diferentes de uso. É comum uma propriedade pertencente a *todas* as relações ser importante apenas em relações de certos tipos; nesses casos, o leitor não verá a relevância da proposição que assegura tal propriedade, a não ser que tenha em mente os tipos de relações para os quais ela é útil. Em virtude dessa descrição, bem como em razão do interesse intrínseco que o assunto desperta, é bom deixar a postos uma lista aproximada das variedades de relações matematicamente mais aproveitáveis.

No capítulo anterior, lidamos com uma classe de suprema importância, a saber, as relações *seriais*. Cada uma das três propriedades que reunimos ao definir as séries — *assimetria, transitividade* e *conexidade* — tem sua importância própria. Começaremos dizendo algo sobre cada uma delas.

A *assimetria*, isto é, a propriedade de ser incompatível com a inversa, é uma característica de sumo interesse e relevância. Para desenvolver as suas funções, vamos considerar vários exemplos.

Bertrand Russell

A relação *marido* é assimétrica, assim como a relação *esposa*; ou seja, se *a* for o marido de *b*, *b* não pode ser o marido de *a*, e o mesmo vale para o caso da *esposa*. Por outro lado, a relação "cônjuge" é simétrica: se *a* for o cônjuge de *b*, então *b* é o cônjuge de *a*. Suponha agora que recebamos a relação *cônjuge* e que queiramos derivar a relação *marido*. *Marido* é o mesmo que *cônjuge homem* ou que *cônjuge de uma mulher*; assim, a relação *marido* pode ser derivada da relação *cônjuge* limitando-se o domínio a homens ou limitando-se o contradomínio a mulheres. Vemos com esse exemplo que, quando é dada uma relação simétrica, às vezes é possível, sem o auxílio de nenhuma relação adicional, separá-la em duas relações assimétricas. Mas os casos em que isso é possível são raros e excepcionais: são casos em que há duas classes mutuamente excludentes, digamos α e β, tais que, sempre que a relação for válida entre dois termos, um deles é um membro de α, e o outro, de β — como, no caso de *cônjuge*, um termo da relação pertence à classe de homens e um à classe de mulheres. Numa situação assim, a relação cujo domínio for confinado a α será assimétrica, e o mesmo ocorrerá com a relação cujo domínio for confinado a β. Mas esses casos não são do tipo que acontecem quando estamos lidando com séries com mais de dois termos; pois, numa série, todos os termos, exceto o primeiro e o último (se eles existirem), pertencem tanto ao domínio quanto ao contradomínio da relação geradora, de modo que uma relação como *marido*, na qual o domínio e o contradomínio não se sobrepõem, é excluída.

A pergunta "como *construir* relações que tenham uma propriedade útil por meio de operações aplicadas a relações que tenham apenas rudimentos da propriedade?" tem importância considerável. A transitividade e a conexidade são facilmente construídas

Introdução à filosofia matemática

em muitos casos em que a relação original não as apresenta: por exemplo, se R for qualquer relação, a relação ancestral derivada de R por indução generalizada é transitiva; e se R for uma relação de muitos-para-um, a relação ancestral será conexa se estiver confinada à posteridade de um dado termo. Mas a assimetria é uma propriedade muito mais difícil de se garantir por meio de construção. O método pelo qual derivamos *marido* de *cônjuge*, como vimos, não está disponível nos casos mais importantes, como *maior, antes, à direita de*, nos quais o domínio e o contradomínio se sobrepõem. Em todos esses casos, podemos, claro, obter uma relação simétrica somando a relação dada e a relação inversa, mas não podemos retornar dessa relação simétrica à relação assimétrica original, exceto com o auxílio de uma relação assimétrica. Considere, por exemplo, a relação *maior*: a relação *maior ou menor* — ou seja, *desigual* — é simétrica, mas não há nada nessa relação que mostre que ela é a soma de duas relações assimétricas. Considere uma relação tal como "diferente em termos de formato". Não se trata da soma de uma relação assimétrica e sua relação inversa, já que formatos não formam uma série; mas não há nada para mostrar que ela difere de "diferente em grandeza" se já não soubéssemos que as grandezas têm relações de maior e menor. Isso ilustra a natureza fundamental da assimetria como uma propriedade das relações.

Do ponto de vista da classificação das relações, ser assimétrico é uma característica muito mais importante do que implicar diversidade. Relações assimétricas implicam diversidade, mas o inverso não é verdadeiro. "Desigual", por exemplo, implica diversidade, mas é simétrica. De forma geral, podemos dizer que, se quiséssemos tanto quanto possível prescindir de proposições relacionais e substituí-las por predicados

Bertrand Russell

atribuídos a sujeitos, como feito aqui, poderíamos ter êxito, desde que nos limitássemos a relações *simétricas*: é possível ver aquelas que não implicam diversidade, se forem transitivas, como algo que afirma um predicado comum, enquanto é possível ver aquelas que implicam diversidade como algo que afirma predicados incompatíveis. Por exemplo: considere a relação de *similaridade entre classes*, por meio da qual definimos os números. Essa relação é simétrica, transitiva e não implica diversidade. Seria possível, embora menos simples do que o procedimento que adotamos, considerar o número de uma coleção como um predicado da coleção: então, duas classes similares serão duas que têm o mesmo predicado numérico, enquanto duas que não são similares serão duas que têm predicados numéricos diferentes. Esse método de substituir relações por predicados é formalmente possível (apesar de ser, muitas vezes, bastante inconveniente), desde que as relações em questão sejam simétricas; mas é formalmente impossível quando as relações são assimétricas, porque tanto a igualdade quanto a diferença de predicados são simétricas. As relações assimétricas são, podemos dizer, as mais caracteristicamente relacionais das relações, assim como as mais importantes para o filósofo que deseja estudar a natureza lógica última das relações.

Outra classe de relações extremamente útil é a classe de relações um-para-muitos, isto é, relações que no máximo um termo pode ter com um dado termo. Essas são pai, mãe, marido (exceto no Tibete), quadrado (de um número), seno, e assim por diante. Mas genitor, raiz quadrada etc. não são do tipo um-para-muitos. É possível, formalmente, substituir todas as relações por relações um-para-muitos por meio de um artifício. Considere (digamos) a relação *menor* entre os números

Introdução à filosofia matemática

indutivos. Dado qualquer número *n* maior que 1, não haverá apenas um número que tenha a relação *menor* com *n*, mas podemos formar toda a classe de números que são menores que *n*. Trata-se de uma classe, e sua relação com *n* não é compartilhada por nenhuma outra classe. Podemos chamar a classe de números menores que *n* de "ancestralidade própria" de *n*, no sentido em que falamos em ancestralidade e em posteridade em relação à indução matemática. Então, a "ancestralidade própria" é uma relação um-para-muitos (*um-para-muitos* sempre será usada de modo a incluir *um-para-um*), já que cada número determina uma única classe de números que constituem sua própria ancestralidade. Assim, a relação *menor que* pode ser substituída por *ser um membro da ancestralidade própria de*. Dessa forma, uma relação um-para-muitos em que um é uma classe, junto com os membros dessa classe, sempre pode formalmente substituir uma relação que não é um-para-muitos. Peano, que, por algum motivo, sempre imagina instintivamente uma relação como sendo do tipo um-para-muitos, lida dessa maneira com as que naturalmente não o são. Contudo, a redução das relações um-para-muitos por esse método, embora possível como uma questão de forma, não representa uma simplificação técnica, e não faltam motivos para pensar que ela não representa uma análise filosófica, mesmo que seja apenas porque classes devem ser vistas como "ficções lógicas". Portanto, continuaremos a considerar as relações um-para--muitos como um tipo especial de relação.

As relações um-para-muitos estão envolvidas em todas as expressões da forma "o tal-e-tal do qual-e-qual". "O rei da Inglaterra", "a esposa de Sócrates", "o pai de John Stuart Mill", e assim por diante: todos descrevem alguém por meio de uma relação um-para-muitos com um dado termo. É impossível alguém ter mais que um pai; logo, "o pai de John Stuart Mill" descreveu uma única pessoa, mesmo se não soubéssemos quem. Há muito que se dizer sobre o tema das descrições, mas por ora é das relações que estamos tratando, e as descrições são relevantes apenas na exemplificação dos usos de relações um-para-muitos. Deve-se observar que todas as funções matemáticas resultam de relações um-para-muitos: o logaritmo de x, o cosseno de x etc. são, como o pai de x, termos descritos por meio de uma relação um-para-muitos (logaritmo, cosseno etc.) com um certo termo (x). A noção de *função* não precisa ficar confinada aos números nem aos usos a que os matemáticos nos deixaram acostumados; ela pode ser estendida a todos os casos de relações um-para-muitos, e "o pai de x" é uma função da qual x é o argumento tão legitimamente quanto "o logaritmo de x". Funções com essas características são funções *descritivas*. Como veremos mais adiante, existem funções de um tipo ainda mais geral e fundamental, a saber, as funções *proposicionais*; mas, por enquanto, restringiremos nossa atenção às funções descritivas, ou seja, "o termo que tem a relação R com x", ou, para abreviar, "o(a) R de x", em que R é qualquer relação um-para-muitos.

Vale observar que, se "o(a) R de x" deve descrever um termo exato, x deve ser um termo com o qual algo tem a relação R, e não deve haver mais de um termo que tenha a relação R com x, já que "o(a)" em "o(a) R de x", quando usado corretamente, deve implicar unicidade. Assim, podemos falar em "o pai de x" se x for qualquer ser humano, exceto Adão e Eva; mas não podemos falar em "o pai de x" se x for uma mesa, ou uma cadeira, ou qualquer outra coisa que não tem pai. Podemos dizer que o(a) R de x "existe" quando houver apenas um termo, e nenhum outro, que tenha a relação R com x. Logo, se R for uma relação um-para-muitos,

Introdução à filosofia matemática

o(a) R de x existe sempre que x pertencer ao contradomínio de R, e não de outro modo. Sobre "o(a) R de x" como função no sentido matemático, dizemos que x é o "argumento" da função e, se y for o termo que tem a relação R com x, ou seja, se y for o(a) R de x, então y é o "valor" da função para o argumento x. Se R for uma relação um-para-muitos, o intervalo de possíveis argumentos da função é o contradomínio de R, e o intervalo de valores é o domínio. Assim, o intervalo de possíveis argumentos da função "o pai de x" são todos aqueles que têm um pai, isto é, o contradomínio da relação *pai*, enquanto o intervalo de possíveis valores para a função são todos os pais, isto é, o domínio da relação.

Muitas das noções mais importantes na lógica das relações são funções descritivas, por exemplo *inverso, domínio, contradomínio, campo*. Outros exemplos ocorrerão à medida que seguirmos.

Entre as relações um-para-muitos, as relações *um-para-um* são uma classe especialmente importante. Já tivemos ocasião de falar de relações um-para-um no que dizia respeito à definição de número, mas é necessário ter familiaridade com elas, e não apenas conhecer sua definição formal. Esta pode ser derivada da definição formal das relações um-para-muitos: elas podem ser definidas como relações um-para-muitos que também são o inverso de relações desse tipo, ou seja, como relações que são um-para-muitos e muitos-para-um. As relações um-para-muitos podem ser definidas como relações tais que, se x tem a relação em questão com y, não há nenhum outro termo x' que tenha essa relação com y. Ou, mais uma vez, elas podem ser definidas como se segue: dados dois termos x e x', os termos com os quais x tem a dada relação e aqueles com os quais x' tem a mesma relação não têm nenhum membro em comum. Ou, mais uma vez, elas podem ser definidas como relações tais

85

Bertrand Russell

que o produto relativo de uma delas e da sua inversa implique identidade, em que o "produto relativo" de duas relações R e S é a relação válida entre x e z quando há um termo intermediário y tal que x tenha a relação R com y e y tenha a relação S com z. Assim, por exemplo, se R for a relação de pai com filho, o produto relativo de R e sua inversa será a relação existente entre x e um homem z quando houver uma pessoa y tal que x seja o pai de y e y seja o filho de z. É óbvio que x e z devem ser a mesma pessoa. Se, por outro lado, considerarmos a relação entre genitor e descendência, que não é do tipo um-para-muitos, não podemos mais argumentar que, se x é um genitor de y e y é uma descendência de z, x e z devem ser a mesma pessoa, porque um pode ser o pai de y e o outro pode ser a mãe. Isso ilustra que é característico das relações um-para-muitos que o produto relativo de uma relação e sua inversa implique identidade. No caso das relações um-para-um, isso acontece, e também o produto relativo da inversa e da relação implica identidade. Dada uma relação R, é conveniente, se x tem a relação R com y, pensar em y como sendo obtido a partir de x por meio de um "passo-R" ou de um "vetor-R". Nesse mesmo caso, x será obtido a partir de y por meio de um "passo-R reverso". Assim, podemos enunciar a característica das relações um-para-muitos de que temos tratado dizendo que um passo-R seguido de um passo-R reverso deve nos trazer de volta ao nosso ponto de partida. Com outras relações, isso não ocorre de forma alguma; por exemplo, se R for a relação entre prole e genitor, o produto relativo de R e da sua inversa é a relação "si mesmo, ou irmão, ou irmã", e se R for a relação entre neto(a) e avô(ó), o produto relativo de R e da sua inversa é "si mesmo, ou irmão, ou irmã, ou primo(a) de primeiro grau". Observa-se que o produto relativo de duas relações

Introdução à filosofia matemática

não é, em geral, comutativo, ou seja, o produto relativo de R e S não é, em geral, a mesma relação que o produto relativo de S e R. Por exemplo: o produto relativo de genitor e irmão é tio, mas o produto relativo de irmão e genitor é genitor.

As relações um-para-um proporcionam uma correlação entre duas classes, termo a termo, de modo que cada termo em cada classe tenha o seu correlato na outra. A situação em que é mais fácil entender tais correlações é quando as duas classes não têm nenhum membro em comum, como a classe de maridos e a classe de esposas; pois, nesse caso, sabemos de imediato se um termo deve ser considerado um *do qual* a relação de correlação R vai ou um *para o qual* ela vai. Convém usar a palavra "originário" para o termo *do qual* a relação vai e a palavra "destinatário" para o termo *para o qual* a relação vai. Assim, se x e y forem marido e esposa, então, no que diz respeito à relação "marido", x é o originário e y é o destinatário, mas, no que diz respeito à relação "esposa", y é o originário e x é o destinatário. Dizemos que uma relação e sua inversa têm "sentidos" opostos; assim, o "sentido" de uma relação que vai de x para y é o oposto daquele da relação correspondente de y para x. O fato de uma relação ter um "sentido" é fundamental, e é parte do motivo pelo qual pode-se gerar ordem por meio de relações apropriadas. Deve-se apontar que a classe de todos os possíveis originários de uma dada relação é o seu domínio, e que a classe de todos os possíveis *destinatários* é o seu contradomínio.

Mas é muito comum o domínio e o contradomínio de uma relação um-para-um se sobreporem. Considere, por exemplo, os dez primeiros inteiros (excluindo-se 0) e some 1 a cada um deles; assim, em vez dos dez primeiros inteiros, temos agora os inteiros

$$2, 3, 4, 5, 6, 7, 8, 9, 10, 11.$$

São os mesmos inteiros que tínhamos antes, exceto pelo fato de 1 ter sido removido no começo e de 11 ter sido incluído no final. Ainda há dez inteiros: eles estão correlacionados com os dez anteriores pela relação entre n e $n + 1$, que é uma relação um-para-um. Ou, em vez de somar 1 a cada um dos nossos dez inteiros originais, poderíamos igualmente tê-los dobrado, obtendo assim os inteiros

$$2, 4, 6, 8, 10, 12, 14, 16, 18, 20.$$

Aqui, ainda temos cinco itens do nosso conjunto anterior de inteiros, a saber, 2, 4, 6, 8 e 10. A relação de correlação nesse caso é a relação de um número com o seu dobro, que é, mais uma vez, uma relação um-para-um. Ou poderíamos ter substituído cada número pelo seu quadrado, obtendo assim o conjunto

$$1, 4, 9, 16, 25, 36, 49, 64, 81, 100.$$

Nessa situação, restam apenas três números do nosso conjunto original, a saber, 1, 4 e 9. Esses processos de correlação podem ser variados infinitamente.

O caso mais interessante do tipo explorado nas linhas anteriores é aquele em que a nossa relação um-para-um tem um contradomínio que é uma parte, mas não a totalidade, do domínio. Se, em vez de termos confinado o domínio aos dez primeiros inteiros, tivéssemos considerado todos os números indutivos, os exemplos anteriores teriam ilustrado esse caso. Podemos posicionar os números em questão em duas fileiras, colocando cada correlato diretamente embaixo do número que o origina. Logo, quando o correlacionador for a relação de n com $n + 1$, teremos as duas linhas:

Introdução à filosofia matemática

$$1, 2, 3, 4, 5, \ldots n \ldots$$
$$2, 3, 4, 5, 6, \ldots n + 1 \ldots$$

Quando o correlacionador for a relação de um número com o seu dobro, teremos as duas linhas:

$$1, 2, 3, 4, 5, \ldots n \ldots$$
$$2, 4, 6, 8, 10, \ldots 2n \ldots$$

Quando o correlacionador for a relação de um número com o seu quadrado, as linhas serão:

$$1, 2, 3, 4, 5, \ldots n \ldots$$
$$1, 4, 9, 16, 25, \ldots n^2 \ldots$$

Em todos esses casos, todos os números indutivos ocorrem na linha de cima, e apenas alguns na linha de baixo.

Casos desse tipo, em que o contradomínio é uma "parte própria" do domínio (isto é, uma parte, e não todo ele), vão nos ocupar de novo quando passarmos a tratar da infinitude. Por ora, queremos apenas observar que eles existem e demandam consideração.

Outra classe de correlações que costumam ser importantes é a classe denominada "permutações", em que o domínio e o contradomínio são idênticos. Considere, por exemplo, os seis arranjos possíveis de três letras:

$$a, b, c$$
$$a, c, b$$
$$b, c, a$$
$$b, a, c$$
$$c, a, b$$
$$c, b, a.$$

Bertrand Russell

Cada um deles pode ser obtido a partir de qualquer um dos outros por meio de uma correlação. Considere, por exemplo, o primeiro e o último, (a, b, c) e (c, b, a). Aqui, a está correlacionado com c, b consigo mesmo, e c com a. É óbvio que a combinação de duas permutações é também uma permutação, ou seja, as permutações de uma dada classe formam o que se chama de "grupo".

Esses vários tipos de correlações são importantes em várias circunstâncias, algumas para certo propósito, algumas para outro. A noção geral de correlação um-para-um tem uma importância imensa na filosofia da matemática, como já vimos, em parte, mas veremos de maneira muito mais completa à medida que prosseguirmos. Um dos seus usos vai nos ocupar no nosso próximo capítulo.

6
Similaridade de relações

Vimos no Capítulo 2 que duas classes têm o mesmo número de termos quando são "similares", isto é, quando existe uma relação um-para-um cujo domínio é uma das classes e cujo contradomínio é a outra. Nesse caso, dizemos que há uma "correlação um-para-um" entre as duas classes.

Neste capítulo, precisamos definir uma relação entre relações que vai desempenhar o mesmo papel para elas que a similaridade de classes desempenha para as classes. Chamaremos essa relação de "similaridade de relações", ou de "similitude", quando parecer desejável usar uma palavra diferente da que usamos para as classes. Como a similitude deveria ser definida?

Ainda vamos usar a noção de correlação: suporemos que o domínio de uma relação possa ser correlacionado com o domínio da outra, e o contradomínio de uma com o contradomínio da outra; mas isso não basta para o tipo de semelhança que desejamos ter entre as nossas duas relações. O que desejamos é que, toda vez que uma das relações for válida entre dois termos, a outra seja válida entre os correlatos desses dois termos.

O exemplo mais simples do tipo de coisa que queremos é um mapa. Quando um lugar está ao norte de outro, o local no mapa que corresponde ao lugar ao norte está acima do local no mapa que corresponde ao outro lugar; quando um lugar está a oeste de outro, o local no mapa que corresponde ao lugar a oeste está à esquerda do local no mapa que corresponde ao outro lugar, e assim por diante. A estrutura do mapa corresponde à do país do qual ele é mapa. As relações espaciais no mapa têm "similitude" com as relações espaciais no país mapeado. É esse tipo de conexão entre relações que queremos definir.

Antes de tudo, podemos introduzir, de forma proveitosa, uma certa restrição. Vamos nos limitar, ao definirmos similitude, às relações que têm "campos", isto é, às que permitem a formação de uma única classe a partir do domínio e do contradomínio. Isso nem sempre acontece. Considere, por exemplo, a relação "domínio", ou seja, a relação que o domínio de uma relação tem com a relação. Essa relação tem todas as classes como seu domínio, já que toda classe é o domínio de uma relação; e ela tem todas as relações como contradomínio, já que toda relação tem um domínio. Mas classes e relações não podem ser somadas para formar uma classe única nova, porque são de "tipos" lógicos diferentes. Não precisamos enveredar pela difícil doutrina dos tipos, mas é bom saber quando estamos nos abstendo de enveredar por ela. Podemos dizer, sem enveredarmos pelos fundamentos que embasam a afirmação, que uma relação tem um "campo" apenas quando é o que chamamos de "homogênea", ou seja, quando seu domínio e contradomínio são do mesmo tipo lógico; e como uma indicação rudimentar do que queremos dizer com "tipo", podemos dizer que indivíduos, classes de indivíduos, relações entre indivíduos, relações entre classes, relações entre classes e indivíduos, e assim por diante, são tipos diferentes. Mas a noção de similitude não é muito útil quando aplicada a relações que não são homogêneas; portanto, ao definirmos similitude, vamos simplificar nosso problema falando no "campo" de uma das relações em questão. Isso limita um pouco a generalidade da nossa definição, mas a limitação não tem importância prática nenhuma. E, uma vez enunciada, não precisa mais ser lembrada.

Podemos definir duas relações P e Q como "similares", ou como tendo "similitude", quando há uma relação um-para-um S cujo domínio é o campo de P e cujo contradomínio é o campo de Q, e tal que, se um termo tem a relação P com outro, o correlato do termo tem a relação Q com o correlato do outro e vice-versa. Uma figura vai deixar isso mais claro.

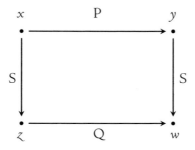

Sejam x e y dois termos que tenham a relação P. Então, deve haver dois termos z e w tais que x tenha a relação S com z, y tenha a relação S com w, e z tenha a relação Q com w. Se isso acontecer com todo par de termos como x e y, e se o inverso acontecer com todo par de termos como z e w, está claro que, para cada exemplo em que a relação P for válida, existe um exemplo correspondente em que a relação Q é válida e vice-versa; e isso é o que desejamos garantir com a nossa definição. Podemos eliminar algumas redundâncias no esboço anterior de definição observando que, quando as

Bertrand Russell

condições anteriores são cumpridas, a relação P é o mesmo que o produto relativo de S e Q e a inversa de S, ou seja, o passo P de x para y pode ser substituído pela sucessão do passo S de x para z, do passo Q de z para w e do passo S reverso de w para y. Assim, podemos propor as seguintes definições:

Diz-se que uma relação S é um "correlacionador" ou um "correlacionador ordinal" de duas relações P e Q se S é um-para-um, tem o campo de Q como seu contradomínio e é tal que P é o produto relativo de S e Q e a inversa de S.

Diz-se que duas relações P e Q são "similares" ou apresentam "similitude" quando existe pelo menos um correlacionador de P e Q.

Verifica-se que essas definições vão gerar o que decidimos ser necessário anteriormente.

Observa-se que, quando duas relações são similares, elas compartilham todas as propriedades que não dependem dos termos que de fato existem nos seus campos. Por exemplo: se uma implica diversidade, a outra também; se uma é transitiva, a outra também; se uma é conexa, a outra também. Sendo assim, se uma é serial, a outra também é. Igualmente, se uma é um-para-muitos ou um-para-um, a outra é um-para-muitos ou um-para-um; e assim por diante, englobando todas as propriedades gerais das relações. Até as afirmações envolvendo os termos que de fato existem no campo de uma relação, embora possam não ser verdadeiras como se apresentam quando aplicadas a uma relação similar, sempre vão comportar uma tradução para afirmações análogas. Somos levados por tais considerações a um problema que tem, na filosofia matemática, uma importância que, de maneira alguma, foi reconhecida adequadamente até aqui. Nosso problema pode ser enunciado como se segue:

Introdução à filosofia matemática

Dada uma afirmação em uma linguagem na qual conhecemos a gramática e a sintaxe, mas não o vocabulário, quais são os possíveis significados dessa afirmação e quais são os significados das palavras desconhecidas que a tornariam verdadeira? O motivo pelo qual essa pergunta é importante é que ela representa, com muito mais acurácia do que se poderia supor, o estado do nosso conhecimento sobre a natureza. Sabemos que certas proposições científicas — que, nas ciências mais avançadas, são expressas em símbolos matemáticos — são mais ou menos verdadeiras em relação ao mundo, mas estamos muito confusos no tocante à interpretação a ser dada aos termos que ocorrem nessas proposições. Sabemos muito mais (para usar, por um instante, um par de termos à moda antiga) sobre a *forma* da natureza do que sobre seu *conteúdo*. Por conseguinte, o que de fato sabemos quando enunciamos uma lei da natureza é apenas que provavelmente há *alguma* interpretação dos nossos termos que tornará a lei aproximadamente verdadeira. Logo, considera-se de grande importância a pergunta: quais são os possíveis significados de uma lei expressa em termos daquilo de que conhecemos apenas a gramática e sintaxe, e não o significado real? E essa é a pergunta que foi sugerida anteriormente.

Por enquanto, vamos ignorar a pergunta geral, que vai nos ocupar de novo mais adiante. A questão da similitude propriamente dita precisa ser investigada mais a fundo primeiro.

Em razão de que, quando duas relações são similares, suas propriedades são as mesmas, exceto quando elas dependem do fato de os campos serem compostos apenas dos termos dos quais eles são compostos, é desejável ter uma nomenclatura que reúna todas as relações que são similares a uma dada relação. Assim como chamamos o conjunto das classes que são similares a uma dada classe do "número" dessa classe, podemos chamar o conjunto de todas as relações que são similares a uma dada relação do "número" dessa relação. Mas, para evitar confusão com os números apropriados às classes, vamos falar, nesse caso, em "número-relação". Temos, assim, as seguintes definições:

O "número-relação" de uma dada relação é a classe de todas as relações que são similares à dada relação.

Os "números-relação" são o conjunto de todas as classes de relações que são números-relação de várias relações; ou, o que dá no mesmo, um número-relação é uma classe de relações que consiste em todas as relações que são similares a um membro da classe.

Quando é necessário falar nos números de classes de uma forma que torne impossível confundi-los com os números-relação, vamos chamá-los de "números cardinais". Assim, os números cardinais são os números apropriados às classes. Eles incluem os inteiros comuns da vida cotidiana e também certos números infinitos, dos quais falaremos depois. Quando falarmos em "números", sem uma qualificação, deve-se entender que estamos nos referindo aos números *cardinais*. A definição de um número cardinal, será lembrado, é a que se segue:

O "número cardinal" de uma dada classe é o conjunto de todas as classes que são similares à classe dada.

A aplicação mais óbvia dos números-relação é nas *séries*. Duas séries podem ser consideradas como sendo igualmente longas quando têm o mesmo número-relação. Duas séries *finitas* terão o mesmo número-relação quando, e somente quando, seus campos tiverem o mesmo número cardinal de membros – ou seja, uma série de (digamos) 15 termos terá o mesmo número-relação que qualquer outra série de 15 termos, mas não terá o mesmo número-relação que uma série de 14 ou de 16 termos,

Introdução à filosofia matemática

nem, claro, o mesmo número-relação que uma relação que não é serial. Logo, no caso bastante especial das séries finitas, existe um paralelismo entre os números cardinais e os números-relação. Os números-relação aplicáveis a séries são chamados de "números seriais" (o que se costuma chamar de "números ordinais" são uma subclasse deles); logo, um número serial finito é determinado quando sabemos o número cardinal de termos no campo de uma série que tem o número serial em questão. Se n é um número cardinal finito, o número-relação de uma série com n termos é chamado de número "ordinal" n. (Também existem números ordinais infinitos, mas deles falaremos num capítulo mais adiante.) Quando o número cardinal de termos no campo de uma série é infinito, o número-relação da série não é determinado meramente pelo número cardinal; na verdade, existe um número infinito de números-relação para um número cardinal infinito, como veremos quando começarmos a considerar séries infinitas. Quando uma série é infinita, o que podemos chamar do "comprimento" dela, ou seja, seu número-relação, pode variar sem uma mudança no número cardinal; porém, quando uma série é finita, isso não pode ocorrer.

Podemos definir a adição e a multiplicação para números-relação assim como o fazemos para números cardinais, e toda uma aritmética de números-relação pode ser desenvolvida. Pode-se ver facilmente a maneira como isso deve ser feito considerando-se o caso das séries. Suponha, por exemplo, que queiramos definir a soma de duas séries que não se sobrepõem, de modo que o número-relação da soma comporte a definição de ser a soma dos números-relação das duas séries. Em primeiro lugar, está claro que existe uma *ordem* envolvida entre as duas séries: uma delas deve ser posicionada antes da outra. Assim, se P e Q

Bertrand Russell

são as relações geradoras das duas séries, na série que é a soma delas, com P colocada antes de Q, todo membro do campo de P vai preceder todo membro do campo de Q. Logo, a relação serial que deve ser definida como a soma de P e Q não é simplesmente "P ou Q", e sim "P ou Q ou a relação entre qualquer membro do campo de P com qualquer membro do campo de Q". Supondo que P e Q não se sobreponham, essa relação é serial, mas "P ou Q" não é serial, pois não é conexa, dado que não é válida entre um membro do campo de P e um membro do campo de Q. Sendo assim, a soma de P e Q, tal como definida anteriormente, é do que precisamos para definir a soma de dois números-relação. São necessárias modificações semelhantes para produtos e potências. A aritmética resultante não obedece à lei comutativa: a soma ou o produto de dois números-relação em geral depende da ordem em que são considerados. Mas obedece à lei associativa, uma das formas da lei distributiva, e a duas das leis formais para potências, não apenas quando aplicadas a números seriais, mas quando aplicadas a números-relação de maneira geral. A aritmética--relação, na realidade, apesar de recente, é uma área da matemática totalmente respeitável.

Não se deve supor, apenas porque as séries proporcionam a aplicação mais óbvia da ideia de similitude, que não existem outras aplicações importantes. Já mencionamos os mapas e poderíamos estender nossas ideias a partir desse exemplo para a geometria em geral. Se o sistema de relações por meio do qual se aplica uma geometria a um certo conjunto de termos pode ser plenamente expresso na forma de relações de similitude com um sistema que se aplica a outro conjunto de termos, então a geometria dos dois conjuntos é indistinguível do ponto de vista matemático, ou seja, todas as proposições são as mesmas, exceto

Introdução à filosofia matemática

pelo fato de serem aplicadas, num caso, a um conjunto de termos, e, no outro, a outro conjunto de termos. Podemos ilustrar isso usando as relações do tipo que pode ser chamado de "entre", que consideramos no Capítulo 4. Nele, vimos que, contanto que uma relação de três termos tenha certas propriedades lógicas formais, ela vai originar séries e pode ser chamada de "relação-entre". Dados quaisquer dois pontos, podemos usar a relação-entre para definir a linha reta determinada por esses dois pontos; ela consiste em a e b, junto com todos os pontos x, tais que a relação entre seja válida entre os três pontos a, b e x, em alguma ordem. O. Veblen mostrou que podemos considerar todo o nosso espaço como o campo de uma relação-entre de três termos e definir nossa geometria com as propriedades que atribuímos à nossa relação-entre.[1] Agora, a similitude é tão fácil de se definir entre relações de três termos quanto entre relações de dois termos. Se B e B' são duas relações entre, de modo que "xB(y, z)" signifique "x está entre y e z no que diz respeito a B", chamamos S de um correlacionador de B e B' se, e se somente se, ela tiver o campo de B' como contradomínio e é tal que a relação B seja válida entre três termos quando B' é válida entre seus S-correlatos. E diremos que B é como B' quando houver pelo menos um correlacionador de B com B'. O leitor pode se convencer com facilidade de que, se B é como B' nesse sentido, não pode haver diferença entre a geometria gerada por B e a gerada por B'.

Segue-se disso que o matemático não precisa se preocupar com a essência particular nem com a natureza intrínseca dos seus

---

1 Isso não se aplica ao espaço elíptico, mas apenas a espaços em que a linha reta é uma série aberta. Veblen, "The Foundations of Geometry", em Young (org.), *Monographys on Topics of Modern Mathematics*, p.3-51.

pontos, linhas e planos, mesmo quando estiver especulando como profissional da matemática *aplicada*. Podemos dizer que existem evidências empíricas da verdade aproximada dessas partes da geometria que não são objeto de definição. Mas não existem evidências empíricas do que deveria ser um "ponto". Ele tem que ser algo que satisfaça aos nossos axiomas o máximo possível, mas não tem que ser "muito pequeno" nem "sem partes". Se ele é ou não tais coisas não faz diferença, desde que satisfaça aos axiomas. Caso consigamos, a partir de material empírico, construir uma estrutura lógica, por mais complicada que seja, que satisfaça aos nossos axiomas geométricos, tal estrutura pode, de forma legítima, ser chamada de "ponto". Não devemos dizer que não existe mais nada que poderia, de forma legítima, ser chamada de "ponto"; devemos dizer apenas: "este objeto que construímos é suficiente para o geômetra; ele pode ser um de muitos objetos, com qualquer um deles sendo suficiente, mas isso não nos interessa, dado que esse objeto basta para justificar a verdade empírica da geometria, na medida em que a geometria não seja uma questão de definição". Isso é somente uma ilustração do princípio geral de que o que importa na matemática, e em grande medida na ciência física, não é a natureza intrínseca dos nossos objetos, e sim a natureza lógica das suas inter-relações.

Podemos dizer, sobre duas relações similares, que elas têm a mesma "estrutura". Para fins matemáticos (embora não para fins de filosofia pura), a única coisa que importa no tocante a uma relação são os casos em que ela é válida, e não a sua natureza intrínseca. Assim como uma classe pode ser definida por vários conceitos diferentes, mas coextensivos – por exemplo, "homem" e "bípede sem penas" –, duas relações conceitualmente diferentes podem ser válidas no mesmo conjunto de casos. Um "caso" em que uma

Introdução à filosofia matemática

relação é válida deve ser entendido como um par de termos com uma ordem, de modo que um dos termos venha primeiro, e o outro, em segundo; o par deve ser, claro, tal que seu primeiro termo tenha a relação em questão com o segundo. Considere (digamos) a relação "pai": podemos definir o que se pode chamar de "extensão" dessa relação como a classe de todos os pares ordenados (x, y) tais que x seja o pai de y. Do ponto de vista matemático, a única coisa importante na relação "pai" é que ela define esse conjunto de pares ordenados. De forma geral, dizemos:

A "extensão" de uma relação é a classe dos pares ordenados (x, y) tais que x tenha a relação em questão com y.

Agora podemos dar um passo além no processo de abstração e considerar a que nos referimos quando falamos em "estrutura". Dada qualquer relação, podemos, se ela for suficientemente simples, construir um mapa dela. Em prol da exatidão, vamos considerar uma relação cuja extensão são os seguintes pares: *ab, ac, ad, bc, ce, dc* e *de*, onde *a, b, c, d* e *e* são cinco termos, não importa quais. Podemos fazer um "mapa" dessa relação escolhendo cinco pontos num plano e os conectando com setas, como na figura correspondente. O que o mapa revela é o que chamamos de "estrutura" da relação.

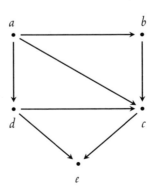

Bertrand Russell

Está claro que a "estrutura" não depende dos termos específicos que compõem o campo da relação. O campo pode ser modificado sem que se modifique a estrutura, e a estrutura pode ser modificada sem que se modifique o campo — por exemplo, se fôssemos acrescentar o par *ae* à ilustração anterior, deveríamos alterar a estrutura, mas não o campo. Diremos que duas relações têm a mesma estrutura quando o mesmo mapa servir para as duas — ou (o que vem a dar no mesmo) quando uma puder ser um mapa para a outra (já que toda relação pode ser seu próprio mapa). E isso, como mostra um instante de reflexão, é a mesmíssima coisa que aquilo que chamamos de "similitude". Ou seja, duas relações têm a mesma estrutura quando têm similitude, isto é, quando têm o mesmo número-relação. Logo, o que definimos como "número-relação" é a mesmíssima coisa que se deseja expressar vagamente com a palavra "estrutura" — uma palavra que, por mais importante que seja, nunca é definida (até onde sabemos) com termos precisos pelos que a usam.

Tem havido muita especulação na filosofia tradicional que poderia ter sido evitada se a importância da estrutura, e a dificuldade de entendê-la, tivessem sido percebidas. Por exemplo: muitas vezes, diz-se que o espaço e o tempo são subjetivos, mas que têm equivalentes objetivos; ou que os fenômenos são subjetivos, mas são causados pelas coisas em si, que devem apresentar diferenças *entre si* correspondentes às diferenças nos fenômenos que elas originam. Nas circunstâncias em que tais hipóteses são elaboradas, supõe-se, em geral, que consigamos saber muito pouco sobre os equivalentes objetivos. Contudo, na verdade, se as hipóteses tais quais foram enunciadas estivessem corretas, os equivalentes objetivos formariam um mundo que teria a mesma estrutura que o mundo fenomenal e que nos permitiria inferir,

Introdução à filosofia matemática

a partir dos fenômenos, a verdade de todas as proposições que podem ser enunciadas em termos abstratos e que se sabe que são verdadeiras para os fenômenos. Se o mundo fenomenal tem três dimensões, o mundo por trás dos fenômenos também deve ter; se o mundo fenomenal é euclidiano, o outro também deve ser, e assim por diante. Resumindo: toda proposição que tem um sentido comunicável deve ser verdadeira nos dois mundos ou em nenhum deles: a única diferença deve residir exatamente naquela essência de individualidade que sempre escapa às palavras e frustra a descrição, mas que, justamente por isso, é irrelevante para a ciência. Mas o único propósito que os filósofos têm em vista ao condenar os fenômenos é persuadir a si mesmos e aos outros de que o mundo real é muito diferente do mundo das aparências. Todos podemos nos solidarizar com o desejo deles de demonstrar de uma proposição tão desejável quanto essa, mas não podemos parabenizá-los por ter tido êxito em fazê-lo. É bem verdade que muitos deles não postulam a existência de equivalentes objetivos aos fenômenos, e esses escapam do debate anterior. Os que postulam a existência de equivalentes são, via de regra, muito reticentes quanto a tal assunto, provavelmente porque seu instinto lhes diz que se ele for investigado a fundo ocasionará uma *aproximação* demasiada entre os mundos real e fenomenal. Se eles fossem investigar o assunto, mal conseguiriam evitar as conclusões que temos sugerido. Nessa perspectiva, assim como em muitas outras, a noção de estrutura ou de número--relação é importante.

7
Números racionais, reais e complexos

Vimos agora como definir os números cardinais e também os números-relação, dos quais o que se chama comumente de números ordinais é uma espécie particular. Será verificado que cada um desses tipos de número pode ser infinito, assim como finito. Mas nenhum comporta, tal como se apresenta, as extensões mais conhecidas da ideia de número, a saber, as extensões para números negativos, fracionários, irracionais e complexos. Neste capítulo, vamos fornecer breves definições lógicas dessas várias extensões.

Um dos erros que atrasaram a descoberta das definições corretas nessa área é a ideia comum de que toda extensão dos números incluía os tipos anteriores como casos especiais. Pensava-se que, quando se abordavam inteiros positivos e negativos, os positivos poderiam ser identificados com os inteiros sem sinal originais. Também se pensava que uma fração cujo denominador é 1 poderia ser identificada com o número natural que é o seu numerador. E se supunha que o lugar certo para os números irracionais, como a raiz quadrada de 2, era entre as frações racionais, como sendo maior que algumas e menor que outras, de modo que os números racionais e irracionais pudessem ser agrupados como uma única classe, denominada "números reais". E quando a ideia de número foi ainda mais estendida a fim de incluir os números "complexos", ou seja, os números entre os quais está a raiz quadrada de -1, pensava-se que os números reais poderiam ser considerados como sendo parte do conjunto dos números complexos nos quais a parte imaginária (ou seja, a parte que é múltipla da raiz quadrada de -1) era igual a zero. Todas essas suposições estavam erradas e têm que ser descartadas, como veremos, para se darem definições corretas.

Comecemos com os *inteiros positivos e negativos*. Um instante de reflexão deixa evidente que -1 e $+1$ devem ser ambos relações e que, na verdade, devem ser o inverso um do outro. A definição óbvia e suficiente é que $+1$ é a relação de $n + 1$ com n, e -1 é a relação de n com $n + 1$. De forma geral, se m é qualquer número indutivo, $+m$ é a relação de $n + m$ com n (para qualquer n), e $-m$ é a relação de n com $n + m$. De acordo com essa definição, $+m$ é uma relação um-para-um, desde que n seja um número cardinal (finito ou infinito) e m seja um número cardinal indutivo. Porém, $+m$ não pode, sob nenhuma circunstância, ser identificado com m, que não é uma relação, e sim uma classe de classes. Na realidade, $+m$ é tão distinto de m como o é $-m$.

As *frações* são mais interessantes que os inteiros positivos ou negativos. Precisamos das frações para muitos fins, mas talvez os mais óbvios sejam os fins de medição. Meu amigo e colaborador dr. A. N. Whitehead desenvolveu uma teoria das frações especialmente adaptada à aplicação delas na medição, que é apresentada no *Principia Mathematica*.[1] Mas se tudo que se precisa

---

1 Whitehead; Russell, *Principia Mathematica*, 2.ed., v.3, *300 ss., esp. 303.

Introdução à filosofia matemática

fazer é definir objetos que tenham as propriedades puramente matemáticas necessárias, pode-se atingir tal propósito com um método mais simples, que adotaremos aqui. Vamos definir a fração m/n como sendo a relação válida entre dois números indutivos x e y quando $xn = ym$. Essa definição nos permite demonstrar que m/n é uma relação um-para-um, contanto que nem m nem n sejam iguais a zero. E, claro, n/m é a relação inversa a m/n.

A partir dessa definição, está claro que a fração $m/1$ é a relação entre dois inteiros x e y que consiste no fato de que $x = my$. Essa relação, como a relação $+m$, não comporta, de forma alguma, uma identificação com o número cardinal indutivo m, porque uma relação e uma classe de classes são objetos de tipos completamente diferentes.[2] Verifica-se que $0/n$ é sempre a mesma relação, qualquer número indutivo que n possa ser; ela é, em suma, a relação entre 0 e qualquer outro cardinal indutivo. Podemos denominar isso o zero dos números racionais; ele, claro, não é idêntico ao número cardinal 0. Quanto ao inverso, a relação $m/0$ é sempre a mesma, qualquer número indutivo que m possa ser. Não existe nenhum cardinal indutivo que corresponda a $m/0$. Podemos denominar isso "o infinito dos racionais". É um exemplo do tipo de infinito que é tradicional na matemática e que é representado por "∞". Trata-se de um tipo totalmente diferente do verdadeiro infinito cantoriano, que vamos considerar no nosso próximo capítulo. O infinito dos racionais não demanda, para a sua definição ou o seu

---

2 É claro que, na prática, vamos continuar a falar numa fração como (digamos) maior ou menor que 1, o que significa maior ou menor que a razão $1/1$. Desde que se entenda que a razão $1/1$ e o número cardinal 1 são diferentes, não é necessário ser sempre pedante enfatizando a diferença.

uso, quaisquer classes infinitas ou inteiros finitos. Na verdade, ele não é uma noção muito importante, e poderíamos prescindir dele totalmente se houvesse algum propósito em fazê-lo. O infinito cantoriano, por outro lado, é da maior e mais fundamental importância; compreendê-lo abre caminho para áreas inteiramente novas da matemática e da filosofia.

Deve-se observar que somente o zero e o infinito, entre as razões, não são um-para-um. O zero é um-para-muitos, e o infinito é muitos-para-um.

Não há dificuldade alguma em definir *maior* e *menor* para razões (ou frações). Dadas duas razões m/n e p/q, diremos que m/n é *menor* que p/q se mq for menor que pn. Não é difícil provar que a relação "menor que", tal como definida, é serial, de modo que as razões formam uma série em ordem de grandeza. Nessa série, o zero é o menor termo, e o infinito é o maior. Se omitirmos o zero e o infinito da nossa série, deixa de haver a maior ou a menor razão; é óbvio que, se m/n for qualquer razão diferente de zero ou do infinito, $m/2n$ é menor e $2m/n$ é maior, embora nenhuma seja igual a zero ou ao infinito, de modo que m/n não é nem a menor nem a maior razão e, portanto (quando o zero e o infinito são omitidos), não há a maior nem a menor, já que m/n foi escolhida de forma arbitrária. Do mesmo modo, podemos provar que, por mais próximos que sejam os valores de duas frações, sempre existem outras frações entre elas. Sejam m/n e p/q duas frações, das quais p/q é a maior. Então, é fácil ver (ou provar) que $(m+p)/(n+q)$ será maior que m/n e menor que p/q. Assim, a série de razões é uma na qual não há dois termos consecutivos: sempre existem outros termos entre dois quaisquer. Dado que existem outros termos entre esses dois, e assim por diante *ad infinitum*, é óbvio que há um número infinito de

Introdução à filosofia matemática

razões entre duas quaisquer, por mais próximas que elas estejam.[3] Uma série em que sempre existem outros termos entre dois quaisquer, de modo que não haja dois termos consecutivos, é denominada "densa". Logo, as razões em ordem de grandeza formam uma série "densa". Essas séries têm muitas propriedades importantes, e deve-se observar que as razões oferecem um exemplo de uma série densa gerada de maneira puramente lógica, sem qualquer apelo ao espaço, ao tempo ou a qualquer outro dado empírico.

As razões positivas e negativas podem ser definidas de uma forma análoga à que se usou para definir os inteiros positivos e negativos. Tendo definido primeiro a soma de duas razões m/n e p/q como $(mq + pn)/(nq)$, definimos $+p/q$ como a relação entre $m/n + p/q$ e m/n, onde m/n é qualquer razão; e $-p/q$ é, claro, a inversa de $+p/q$. Essa não é a única maneira possível de definir as razões positivas e negativas, mas é uma maneira que, para o nosso propósito, tem o mérito de ser uma adaptação óbvia da maneira que adotamos no caso dos inteiros.

Passamos agora a uma extensão mais interessante da ideia de número: a extensão aos números que são chamados de "reais", que são o tipo que engloba os irracionais. No Capítulo I, tivemos ocasião de mencionar os "incomensuráveis" e a descoberta deles por Pitágoras. Foi por meio deles, ou seja, da geometria, que se pensou nos números irracionais pela primeira vez. Um quadrado cujo lado tem um centímetro de comprimento terá uma diagonal cujo comprimento será, em centímetros, a raiz

---

3 Rigorosamente falando, essa afirmação, assim como as que se seguem até o fim do parágrafo, envolve o que é chamado de "axioma do infinito", que será discutido num capítulo posterior.

109

Bertrand Russell

quadrada de 2. Mas, como descoberto pelos antigos, não existe fração cujo quadrado seja igual a 2. Essa proposição é demonstrada no décimo livro de Euclides [*Os elementos*], que é um daqueles livros que os estudantes achavam que (felizmente) tinha sido esquecido e enterrado num passado em que Euclides ainda era usado como material didático. A prova é extraordinariamente simples. Se possível, seja m/n a raiz quadrada de 2, de modo que $m^2/n^2 = 2$, ou seja, $m^2 = 2n^2$. Logo, m^2 é um número par e, portanto, m precisa ser um número par, porque o quadrado de um número ímpar é ímpar. Mas, se m é par, m^2 precisa ser divisível por 4, pois, se $m = 2p$, então $m^2 = 4p^2$. Assim, teremos $4p^2 = 2n^2$, onde p é a metade de m. Logo, $2p^2 = n^2$ e, portanto, n/p será também a raiz quadrada de 2. Mas aí podemos repetir o raciocínio: se $n = 2q$, p/q será também a raiz quadrada de 2, e assim por diante, passando por uma série interminável de números que são, cada qual, metade do seu antecessor. Mas isso é impossível; se dividirmos um número por 2, e depois dividirmos essa metade por 2, e assim sucessivamente, devemos obter um número ímpar após um número finito de passos. Ou podemos apresentar o raciocínio de forma ainda mais simples supondo que a fração m/n de que partimos já se encontre em seus termos mais simples; nesse caso, m e n não podem ser ambos pares; ainda assim, vimos que, se $m^2/n^2 = 2$, eles devem sê-lo. Logo, não pode existir nenhuma fração m/n cujo quadrado seja 2.

Sendo assim, nenhuma fração expressará exatamente o comprimento da diagonal de um quadrado cujo lado tenha um centímetro. Isso parece ser um desafio proposto pela natureza à aritmética. Por mais que o aritmético possa se gabar (como o fazia Pitágoras) do poder dos números, a natureza parece capaz de desconcertá-lo ao exibir comprimentos que número nenhum

Introdução à filosofia matemática

consegue estimar em termos da unidade. Mas o problema não persistiu apenas nessa modalidade geométrica. Logo que se inventou a álgebra, a mesma questão surgiu no que diz respeito à resolução de equações, embora aqui ela tenha assumido uma forma mais ampla, já que também envolvia números complexos. Está claro que podem ser encontradas frações cujo quadrado tem um valor que se aproxima cada vez mais de 2. Podemos formar uma série crescente de frações de modo que todas tenham um quadrado menor que 2, mas diferente de 2 nos seus últimos membros por menos de qualquer quantia designada. Em outras palavras: suponha que eu designe uma quantia pequena de antemão, digamos, um bilionésimo. Constata-se que todos os termos da nossa série depois de um determinado termo, o décimo, digamos, têm quadrados que diferem de 2 por menos que essa quantia. E se eu tivesse designado uma quantia ainda menor, talvez tivesse sido necessário ir mais adiante nos termos da série, mas deveríamos ter chegado, mais cedo ou mais tarde, a um termo na série, digamos, o vigésimo, após o qual todos os termos teriam tido quadrados que difeririam de 2 por menos que essa quantia ainda menor. Se nos pusermos a trabalhar para extrair a raiz quadrada de 2 usando a regra aritmética comum, vamos obter uma dízima interminável que, considerada até um determinado número de casas decimais, satisfaz exatamente às condições anteriores. Podemos igualmente formar uma série decrescente de frações cujos quadrados são todos maiores que 2, só que maiores por quantias continuamente menores à medida que chegamos a termos mais adiante na série, e que diferem, mais cedo ou mais tarde, por menos que qualquer quantia designada. Dessa forma, parece que estamos cercando a raiz quadrada de 2, e talvez seja difícil acreditar que ela

Bertrand Russell

consiga escapar de nós o tempo todo. No entanto, não é por esse método que vamos de fato chegar à raiz quadrada de 2.

Se dividirmos *todas* as razões em duas classes, de acordo com o critério de o quadrado delas ser menor que 2 ou não, verificamos que, entre aquelas cujo quadrado *não é* menor que 2, todas têm um quadrado maior que 2. Não existe um máximo para as razões cujo quadrado é menor que 2, e não existe um mínimo para aquelas cujo quadrado é maior que 2. Não há um limite inferior, exceto o zero, para a diferença entre os números cujo quadrado é um pouco menor que 2 e os números cujo quadrado é um pouco maior que 2. Podemos, em suma, dividir todas as razões em duas classes de modo que todos os termos numa classe sejam menores que todos na outra e que não haja um máximo numa classe nem um mínimo na outra. Entre essas duas classes, onde deveria estar $\sqrt{2}$, não há nada. Logo, nosso cerco, embora tenha sido o mais fechado possível, foi feito no lugar errado e não capturou $\sqrt{2}$.

Esse método de dividir todos os termos de uma série em duas classes, das quais uma precede totalmente a outra, ganhou destaque graças a Dedekind,[4] e é por isso chamado de "corte de Dedekind". Quanto ao que acontece no ponto de secção, existem quatro possibilidades: (1) pode haver um máximo na seção inferior e um mínimo na superior; (2) pode haver um máximo numa e não haver mínimo na outra; (3) pode não haver um máximo numa, mas haver um mínimo na outra; e (4) pode não haver nem um máximo numa e nem um mínimo na outra. Desses quatro casos, o primeiro é ilustrado por qualquer série em que haja termos consecutivos: na série de inteiros, por exemplo,

---

4 Dedekind, *Stetigkeit und irrationale Zahlen*.

Introdução à filosofia matemática

a seção inferior precisa terminar com um número *n*, e a seção superior precisa então começar com *n* + 1. O segundo caso será ilustrado pela série de razões, se considerarmos como nossa seção inferior todas as razões até 1 (inclusive), e como nossa seção superior todas as razões maiores que 1. O terceiro caso é ilustrado se considerarmos, como nossa seção inferior, todas as razões menores que 1, e como nossa seção superior, todas as razões acima de 1 (incluindo o próprio 1). O quarto caso, como vimos, é ilustrado se colocarmos na nossa seção inferior todas as razões cujo quadrado é menor que 2, e na nossa seção superior todas as razões cujo quadrado é maior que 2.

Podemos ignorar o primeiro dos nossos quatro casos, já que ele só acontece em séries em que existem termos consecutivos. No segundo dos nossos quatro casos, dizemos que o máximo da seção inferior é o *limite inferior* da seção superior ou de qualquer conjunto de termos escolhidos da seção superior, de modo que nenhum termo da seção superior venha antes de todos eles. No terceiro dos nossos casos, dizemos que o mínimo da seção superior é o *limite superior* da seção inferior ou de qualquer conjunto de termos escolhidos da seção inferior, de modo que nenhum termo da seção inferior venha depois de todos eles. No quarto caso, dizemos que há uma "lacuna": nem a seção superior nem a inferior têm um limite ou um último termo. Nesse caso, também podemos dizer que temos uma "seção irracional", dado que as seções das séries de razões têm "lacunas" quando correspondem a irracionais.

O que atrasou a verdadeira teoria dos números irracionais foi uma crença equivocada de que deve haver "limites" de séries de razões. A noção de "limite" é de extrema importância e, antes de avançarmos, convém defini-la.

113

Diz-se que um termo x é um "limite superior" de uma classe α no que diz respeito a uma relação P se (1) α não tem um máximo em P; (2) todo membro de α que pertencer ao campo de P precede x; e (3) todo membro do campo de P que preceder x precede algum membro de α. ("Preceder" significa "ter a relação P com".)

Isso pressupõe a seguinte definição de "máximo":

Diz-se que um termo x é um "máximo" de uma classe α no que diz respeito a uma relação P se x é um membro de α e do campo de P e não tem a relação P com nenhum outro membro de α.

Essas definições não exigem que os termos aos quais são aplicadas sejam quantitativos. Por exemplo: dada uma série de instantes de tempo arranjados como "antes" e "depois", seu "máximo" (se houver) será o último instante; mas, se eles forem arranjados na ordem "depois" e "antes", seu "máximo" (se houver) será o primeiro instante.

O "mínimo" de uma classe no que diz respeito a P é seu máximo em relação à inversa de P; e o "limite inferior" no que diz respeito a P é o limite superior em relação à inversa de P.

As noções de limite e de máximo não exigem essencialmente que a relação com respeito à qual elas são definidas seja serial, mas elas têm poucas aplicações importantes, exceto em casos em que a relação é serial ou quase serial. Uma noção que costuma ser importante é a de "limite superior ou máximo", à qual podemos dar o nome de "fronteira superior". Assim, a "fronteira superior" de um conjunto de termos escolhidos de uma série é seu último membro, se houver um; caso contrário, é o primeiro termo depois de todos eles, se tal termo existir. Se não houver nem um máximo nem um limite, não existe fronteira superior. A "fronteira inferior" é o limite inferior ou o mínimo.

Introdução à filosofia matemática

Voltando aos quatro tipos de corte de Dedekind, vemos que, no caso dos três primeiros tipos, cada seção tem uma fronteira (superior ou inferior, dependendo do caso), enquanto no quarto tipo nenhuma seção tem uma fronteira. Também está claro que, sempre que a seção inferior tiver uma fronteira superior, a seção superior tem uma fronteira inferior. No segundo e no terceiro casos, as duas fronteiras são idênticas; no primeiro, elas são termos consecutivos da série.

Uma série é chamada de "dedekindiana" quando toda seção dela tem uma fronteira, superior ou inferior, dependendo do caso.

Vimos que a série de razões em ordem de grandeza não é dedekindiana.

Graças ao hábito de ser influenciadas pela imaginação espacial, as pessoas supuseram que as séries *precisam* ter limites em casos em que parece estranho elas não os terem. Logo, percebendo que não existia um limite *racional* para as razões cujo quadrado é menor que 2, elas se permitiram "postular" um limite *irracional*, que deveria preencher a lacuna de Dedekind. O matemático, na obra já citada, estabeleceu o axioma segundo o qual a lacuna deve ser sempre preenchida, ou seja, toda seção deve ter uma fronteira. É por esse motivo que as séries em que se verifica seu axioma são chamadas "dedekindianas". Mas existe um número infinito de séries em que isso não se verifica.

O método de "postular" o que queremos tem muitas vantagens; elas são as mesmas que as vantagens do furto em relação às da labuta honesta. Vamos deixá-las para os outros e continuar com a nossa labuta honesta.

Está claro que um corte de Dedekind irracional de alguma forma "representa" um irracional. Com o objetivo de fazer uso disso, que, para começo de conversa, não passa de uma sensação vaga, precisamos encontrar uma maneira de extrair dele uma definição precisa; e, para fazê-lo, precisamos desiludir nossa mente da noção de que um irracional tem que ser o limite de um conjunto de razões. Assim como as razões cujo denominador é 1 não são idênticas aos inteiros, os números racionais que podem ser maiores ou menores que os irracionais, ou que podem ter irracionais como seu limite, não devem ser associados a razões. Temos que definir um novo tipo de número, denominado "números reais", dos quais alguns serão racionais e, alguns, irracionais. Os que são racionais "correspondem" às razões, do mesmo jeito que a razão $n/1$ corresponde ao inteiro n; mas eles não são a mesma coisa que as razões. Para decidir o que deveriam ser, vamos observar que um irracional é representado por um corte irracional, e que um corte é representado pela sua seção inferior. Vamos nos limitar aos cortes nos quais a seção inferior não tem um máximo; nesse caso, chamaremos a seção inferior de "segmento". Então, os segmentos que correspondem às razões são os que consistem em todas as razões menores que a razão a que correspondem, que é a sua fronteira, enquanto os que representam os irracionais são os que não têm fronteira. Os segmentos, tanto os que têm fronteira quanto os que não têm, são tais que, entre quaisquer dois que pertençam a uma série, um deve ser parte do outro; logo, todos eles podem ser arranjados numa série pela relação de todo e de parte. A série em que existem lacunas de Dedekind, isto é, em que existem segmentos sem fronteiras, vai originar uma quantidade de segmentos maior do que a de termos, já que cada termo vai definir um segmento que tem esse termo como fronteira, e então os segmentos sem fronteira serão extras.

Agora somos capazes de definir um número real e um número irracional.

Introdução à filosofia matemática

Um "número real" é um segmento da série de razões em ordem de grandeza.

Um "número irracional" é um segmento da série de razões que não tem fronteira.

Um "número real racional" é um segmento da série de razões que tem fronteira.

Assim, um número real racional consiste em todas as razões menores que uma certa razão e é o número real racional correspondente a essa razão. O número real 1, por exemplo, é a classe de frações próprias.

Nos casos em que naturalmente supusemos que um irracional deve ser o limite de um conjunto de razões, a verdade é que ele é o limite do conjunto correspondente de números reais racionais na série de segmentos ordenados pela relação de todo e parte. Por exemplo: $\sqrt{2}$ é o limite superior de todos os segmentos da série de razões que correspondem às razões cujo quadrado é menor que 2. De forma ainda mais simples, $\sqrt{2}$ é o segmento *que consiste* em todas as razões cujo quadrado é menor que 2.

É fácil demonstrar que a série de segmentos de qualquer série é dedekindiana. Pois, dado qualquer conjunto de segmentos, a fronteira dele será sua soma lógica, isto é, a classe de todos os termos que pertencem a pelo menos um segmento do conjunto.[5]

A definição anterior de números reais é um exemplo de "construção", em contraste com "postulação", de que tivemos

---

5 Para um tratamento mais completo da questão dos segmentos e das relações dedekindianas, ver Whitehead; Russell, *Principia Mathematica*, 2.ed., v.2, *210-4. Para um tratamento mais completo dos números reais, ver ibid., v.3, *310 ss.; e Russell, *The Principles of Mathematics*, cap.33 e 34.

outro exemplo na definição de números cardinais. A grande vantagem desse método é que ele não requer nenhuma suposição nova, mas nos permite prosseguir de maneira dedutiva a partir do aparato original da lógica.

Não há dificuldade em definir a adição e a multiplicação para os números reais tais como definidos anteriormente. Dados dois números reais μ e v, sendo cada um uma classe de razões, considere qualquer membro de μ e qualquer membro de v e some-os de acordo com a regra para a adição de razões. Forme a classe de todas essas somas obteníveis variando os membros selecionados de μ de v. Isso origina uma nova classe de razões, e é fácil provar que essa nova classe é um segmento da série de razões. Nós o definimos como a soma de μ e de v. Podemos enunciar a definição de forma mais concisa como se segue:

A soma aritmética de dois números reais é a classe das somas aritméticas de um membro de uma e de um membro da outra escolhidos de todos os modos possíveis.

Podemos definir o produto aritmético de dois números reais exatamente da mesma forma, multiplicando um membro de uma por um membro da outra de todos os modos possíveis. A classe de razões gerada assim é definida como o produto dos dois números reais. (Em todas essas definições, a série de razões deve ser definida de modo a excluir o 0 e o infinito.)

Não há dificuldade em estender as nossas definições aos números reais positivos e negativos, bem como à sua adição e multiplicação.

Falta dar a definição de números complexos.

Os números complexos, apesar de comportarem uma interpretação geométrica, não são exigidos pela geometria da mesma maneira imperativa que o são os irracionais. Número

Introdução à filosofia matemática

"complexo" significa um número que envolva a raiz quadrada de um número negativo, seja ele um inteiro, uma fração ou um número real. Como o quadrado de um número negativo é positivo, um número cujo quadrado deve ser negativo precisa ser um novo tipo de número. Usando-se a letra i para indicar a raiz quadrada de -1, qualquer número que envolva a raiz quadrada de um número negativo pode ser expresso na forma $x + yi$, onde x e y são reais. A parte yi é chamada de parte "imaginária" desse número, sendo x a parte "real". (O motivo da expressão "números reais" é que eles são contrastados com os que são "imaginários".) Por muito tempo, os números complexos têm sido usados de forma habitual pelos matemáticos, apesar da ausência de qualquer definição precisa. Assumiu-se simplesmente que eles obedeceriam às regras comuns da aritmética e, partindo-se dessa suposição, descobriu-se que seu emprego era vantajoso. Eles são menos necessários à geometria do que à álgebra e à análise. Queremos, por exemplo, poder dizer que toda equação quadrática tem duas raízes, e que toda equação cúbica tem três raízes, e por aí vai. Mas, se nos limitarmos aos números reais, uma equação como $x^2 + 1 = 0$ não tem raízes, e uma equação como $x^3 - 1 = 0$ tem apenas uma. Toda generalização de número se apresentou primeiro como necessária à solução de um problema simples: os números negativos foram necessários para que a subtração pudesse ser sempre possível, já que, se não fosse assim, $a - b$ não faria sentido se a fosse menor que b; as frações foram necessárias para que a divisão pudesse ser sempre possível; e os números complexos são necessários para que a extração de raízes e a solução de equações possa ser sempre possível. Mas as extensões dos números não são *criadas* pela mera necessidade delas: são criadas pela definição, e é à definição dos números complexos que precisamos voltar a nossa atenção agora.

Um número complexo pode ser considerado e definido simplesmente como um par ordenado de números reais. Aqui, como em todo lugar, são possíveis muitas definições. Basta que as definições adotadas levem a certas propriedades. No caso dos números complexos, se eles forem definidos como pares ordenados de números reais, garantimos, de uma só vez, algumas das propriedades exigidas, mais especificamente: que dois números reais sejam necessários para determinar um número complexo; que, entre eles, consigamos distinguir um primeiro e um segundo; e que dois números complexos sejam idênticos apenas quando o primeiro número real envolvido em um for igual ao primeiro envolvido no outro, e o segundo igual ao segundo. As necessidades adicionais podem ser garantidas definindo-se as regras de adição e de multiplicação. Devemos ter

$$(x+yi) + (x'+y'i) = (x+x') + (y+y')i$$
$$(x+yi)\,(x'+y'i) = (xx'-yy') + (xy'+x'y)i.$$

Logo, definiremos que, dados dois pares ordenados de números reais (x,y) e (x',y'), a soma deles deve ser o par $(x+x', y+y')$, e que o produto deles deve ser o par $(xx'-yy', xy'+x'y)$. Com essas definições, vamos garantir que nossos pares ordenados tenham as propriedades que desejamos. Por exemplo: considere o produto dos dois pares $(0,y)$ e $(0,y')$. Ele será, pela regra anterior, o par $(-yy', 0)$. Assim, o quadrado do par $(0, 1)$ será o par $(-1, 0)$. Mas os pares em que o segundo termo é 0 são os que, de acordo com a nomenclatura usual, têm sua parte imaginária igual a zero; na notação $x+yi$, eles são $x + 0i$, que é natural escrevermos simplesmente x. Assim como é natural (porém errado)

Introdução à filosofia matemática

associar as razões cujo denominador é a unidade aos inteiros, é natural (porém errado) associar os números complexos cuja parte imaginária é zero aos números reais. Embora isso seja um erro na teoria, é uma conveniência na prática; "$x + 0i$" pode ser substituído simplesmente por "x", e "$0 + yi$", por "yi", contanto que lembremos que "x" não é um número real de verdade, e sim um caso especial de um número complexo. E quando y é 1, "yi" pode, claro, ser substituído por "i". Logo, o par $(0, 1)$ é representado por i, e o par $(-1, 0)$ é representado por -1. Acontece que nossa regra de multiplicação faz o quadrado de $(0, 1)$ ser igual a $(-1, 0)$, ou seja, o quadrado de i é -1. Isso é o que queríamos garantir. Assim, as nossas definições servem a todos os propósitos necessários.

É fácil oferecer uma interpretação geométrica dos números complexos na geometria do plano. Esse tópico foi explicado de forma agradável por W. K. Clifford no seu *The Common Sense of the Exact Sciences*, um livro de grande mérito, mas que foi escrito antes da importância de as definições puramente lógicas ter sido percebida.

Os números complexos de ordem superior, apesar de serem muito menos úteis e importantes do que os que definimos, apresentam certos usos que não são desprovidos de relevância na geometria, como pode ser visto, por exemplo, no *A Treatise on Universal Algebra*, do dr. Whitehead. Obtém-se a definição de números complexos de ordem n por meio de uma extensão óbvia da definição que demos. Definimos um número complexo de ordem n como uma relação um-para-muitos cujo domínio consiste em certos números reais e cujo contradomínio consiste nos inteiros de 1 a n.[6] Isso é o que seria normalmente indicado pela

---

6 Cf. Russell, *The Principles of Mathematics*, op. cit., §360, p.379.

121

notação $(x_1, x_2, x_3, \ldots x_n)$, em que os subscritos denotam uma correlação com os inteiros usados como subscritos, e a correlação é do tipo um-para-muitos, não necessariamente um-para-um, porque x_r e x_s podem ser iguais quando r e s não forem iguais. A definição anterior, com uma regra de multiplicação adequada, servirá a todos os propósitos aos quais os números complexos de ordens superiores são necessários.

Completamos agora nossa revisão das extensões de número que não envolvem o infinito. A aplicação de número às coleções infinitas deve ser nosso próximo tópico.

8
Números cardinais infinitos

A definição de número cardinal que demos no Capítulo 2 foi aplicada no Capítulo 3 a números finitos, isto é, aos números naturais comuns. A esses demos o nome "números indutivos", porque vimos que eles devem ser definidos como números que obedecem à indução matemática, começando pelo 0. Mas ainda não consideramos as coleções que não têm um número indutivo de termos, nem indagamos se é possível dizer que essas coleções ao menos têm um número. Esse é um problema muito antigo, que foi solucionado na nossa própria era, sobretudo por Georg Cantor. Neste capítulo, tentaremos explicar a teoria dos números cardinais transfinitos ou infinitos como resultado de uma combinação das descobertas dele com as de Frege sobre a teoria lógica dos números.

Não se pode dizer que é *certa* a existência de alguma coleção infinita no mundo. A suposição de que existem é o que chamamos de "axioma do infinito". Embora tenham parecido óbvias várias maneiras pelas quais pudemos esperar demonstrar esse axioma, há motivo para temer que eles sejam todos falaciosos e que não exista uma razão lógica conclusiva para acreditar que ele seja verdadeiro. Ao mesmo tempo, decididamente não há nenhuma razão lógica *contrária* à existência de coleções infinitas e, portanto, temos uma justificativa na lógica para investigar a hipótese de que essas coleções existam. A forma prática dessa hipótese, para os nossos propósitos atuais, é a suposição de que, se n é qualquer número indutivo, n não é igual a $n + 1$. Surgem várias sutilezas ao equipararmos essa forma da nossa suposição com a forma que afirma a existência de coleções infinitas; mas vamos ignorá-las, até passarmos a considerar, num capítulo posterior, o axioma do infinito propriamente dito. Por ora, vamos apenas supor que, se n é um número indutivo, n não é igual a $n + 1$. Isso faz parte da suposição de Peano de que não existem dois números indutivos com o mesmo sucessor, pois, se $n = n + 1$, então $n - 1$ e n têm o mesmo sucessor, a saber, n. Assim, não estamos supondo nada que não fizesse parte das proposições primitivas de Peano.

Vamos considerar agora a coleção dos números indutivos propriamente ditos. Trata-se de uma classe perfeitamente bem definida. Em primeiro lugar, um número cardinal é um conjunto de classes que são todas similares umas às outras e não são similares a nada, exceto a elas mesmas. Definimos, então, como "números indutivos" aqueles entre os cardinais que pertencem à posteridade de 0 no que diz respeito à relação de n com $n + 1$, ou seja, aqueles que têm todas as propriedades apresentadas por 0 e pelos sucessores dos possuidores de tais propriedades (aqui, o "sucessor" de n se refere ao número $n + 1$). Logo, a classe de "números indutivos" é perfeitamente definida. Pela nossa definição geral de número cardinal, o número de termos na classe dos números indutivos deve ser definido como "todas as classes

Introdução à filosofia matemática

que são similares à classe dos números indutivos" – ou seja, esse conjunto de classes é o número dos números indutivos, de acordo com as nossas definições. Mas é fácil ver que esse número não é um dos números indutivos. Se n for qualquer número indutivo, o número de números de 0 a n (inclusive esses dois) é $n + 1$; portanto, o número total de números indutivos é maior que n, não importando qual dos números indutivos n possa ser. Se arranjarmos os números indutivos numa série em ordem de grandeza, essa série não terá um termo final; mas, se n for um número indutivo, toda série cujo campo tem n termos terá um termo final, como é fácil de se provar. Essas diferenças poderiam ser multiplicadas à vontade. Assim, o número de números indutivos é um novo número, diferente de todos eles, e que não possui todas as propriedades indutivas. Pode ocorrer de 0 ter uma certa propriedade e de, se n a tiver, $n + 1$ também tê-la, e, ainda assim, de esse novo número não a apresentar. As dificuldades que, por muito tempo, atrasaram o desenvolvimento da teoria dos números infinitos foram, em grande medida, devidas ao fato de que se considerava que pelo menos algumas das propriedades indutivas eram tais que *deveriam* pertencer a todos os números; pensava-se, com efeito, que elas não poderiam ser rejeitadas sem contradição. O primeiro passo para entender os números infinitos consiste em perceber o equívoco dessa visão.

A diferença mais notável e impressionante entre um número indutivo e esse novo número é que o último se mantém o mesmo quando se soma ou se subtrai 1, ou quando ele é multiplicado ou dividido por 2, ou é submetido a qualquer uma entre uma variedade de outras operações que consideramos que necessariamente aumenta ou diminui um número. O fato de

Bertrand Russell

não ser alterado pela adição de 1 é usado por Cantor para a definição do que ele chama de números cardinais "transfinitos"; mas, por vários motivos, alguns dos quais vão aparecer à medida que prosseguirmos, é melhor definir um número cardinal infinito como um que não possui todas as propriedades indutivas, ou seja, apenas como um que não é um número indutivo. No entanto, a propriedade de se manter inalterado pela adição de 1 é muito importante, e precisamos nos deter nela por um tempo.

Dizer que uma classe tem um número que não é alterado pela adição de 1 é o mesmo que dizer que, se considerarmos x, que não pertence à classe, podemos encontrar uma relação um-para--um cujo domínio é a classe e cujo contradomínio é obtido adicionando-se x à classe. Pois, nessa situação, a classe é similar à soma dela mesma com o termo x, ou seja, com uma classe com um termo a mais; sendo assim, ela tem o mesmo número que uma classe com um termo a mais, de modo que, se esse número for n, $n = n + 1$. Nesse caso, também teremos $n = n - 1$, isto é, haverá relações um-para-um cujos domínios consistem na classe como um todo e cujos contradomínios consistem em apenas um termo, excluindo-se a classe como um todo. Pode-se mostrar que os casos em que isso acontece são os mesmos que aqueles casos aparentemente mais gerais em que *alguma* parte (menor do que o todo) pode ser colocada numa relação um-para-um com o todo. Quando se pode fazer isso, é possível dizer que o correlacionador por meio do qual isso é feito "reflete" a classe como um todo numa parte de si mesma; por esse motivo, essas classes serão denominadas "reflexivas". Assim,

Uma classe "reflexiva" é uma que é similar a uma parte própria de si mesma. (Uma "parte própria" é uma parte que não inclui o todo.)

Introdução à filosofia matemática

Um número cardinal "reflexivo" é o número cardinal de uma classe reflexiva.

Precisamos agora considerar essa propriedade da reflexividade. Um dos exemplos mais impressionantes de uma "reflexão" é o exemplo do mapa de Royce: ele imagina que tenham decidido fazer um mapa da Inglaterra numa parte da superfície da Inglaterra. Um mapa, se for acurado, tem uma correspondência um-para-um perfeita com o seu original; assim, nosso mapa, que é uma parte, está tendo uma relação um-para-um com o todo, e precisa conter o mesmo número de pontos que o todo, que precisa, portanto, ser um número reflexivo. Royce está interessado no fato de que o mapa, se estiver correto, precisa conter um mapa do mapa, que precisa, por sua vez, conter um mapa do mapa do mapa, e assim por diante, *ad infinitum*. Essa questão é interessante, mas não é necessário que ela nos ocupe agora. Na verdade, faremos bem em passar de exemplos pitorescos aos que são definidos de forma mais completa, e para tal propósito não há nada melhor do que considerarmos a série dos números propriamente dita.

A relação entre n e $n + 1$, limitada aos números indutivos, é um-para-um, e tem todos os números indutivos como domínio e todos eles, exceto 0, como contradomínio. Logo, toda a classe dos números indutivos é similar ao que se torna a mesma classe quando omitimos 0. Consequentemente, ela é uma classe "reflexiva", de acordo com a definição, e o número dos seus termos é um número "reflexivo". Além disso, a relação entre n e $2n$, limitada aos números indutivos, é um-para-um, e tem todos os números indutivos como domínio e apenas os números indutivos pares como contradomínio. Assim, o número total de números indutivos é igual ao número de números indutivos pares.

127

Bertrand Russell

Essa propriedade foi usada por Leibniz (e por muitos outros) como uma prova de que os números infinitos são impossíveis; considerava-se autocontraditório "a parte ter que ser igual ao todo". Mas essa é uma daquelas expressões cuja plausibilidade depende de uma falta de exatidão despercebida: a palavra "igual" tem muitos significados, mas, se for considerado que ela se refere ao que chamamos de "similar", não há contradição, já que uma coleção infinita pode perfeitamente ter partes similares a si própria. Os que veem isso como sendo impossível atribuíram aos números em geral, via de regra de maneira inconsciente, propriedades que só é possível demonstrar usando-se indução matemática e que, apenas pelo fato de nos serem familiares, nos fazem considerá-las verdadeiras, erroneamente, além da região do finito.

Toda vez que conseguimos "refletir" uma classe numa parte dela própria, a mesma relação vai necessariamente refletir essa parte numa parte menor, e assim por diante, *ad infinitum*. Por exemplo: conseguimos refletir, como acabamos de ver, todos os números indutivos nos números pares; conseguimos refletir, usando a mesma relação (a de n com $2n$), os números pares nos múltiplos de 4, esses nos múltiplos de 8, e por aí vai. Isso é um análogo abstrato do problema do mapa de Royce. Os números "pares" são um mapa de todos os números indutivos; os múltiplos de 4 são um mapa do mapa; os múltiplos de 8 são um mapa do mapa do mapa, e assim por diante. Se tivéssemos aplicado o mesmo processo à relação de n com $n + 1$, nosso "mapa" teria consistido em todos os números indutivos, exceto 0; o mapa do mapa teria consistido em todos eles, a partir de 2; o mapa do mapa do mapa, em todos eles, a partir de 3; e assim sucessivamente. O principal uso desses exemplos é se familiarizar com a ideia de classes reflexivas, de modo que proposições aritméticas

Introdução à filosofia matemática

aparentemente paradoxais possam ser prontamente traduzidas para a linguagem das reflexões e das classes, na qual a aura de paradoxo é muito menor.

Será útil dar uma definição do número que é o número dos cardinais indutivos. Para esse fim, vamos primeiro definir o tipo de série exemplificado pelos cardinais indutivos em ordem de magnitude. O tipo de série denominado "progressão" já foi considerado no Capítulo I. Trata-se de uma série que pode ser gerada por uma relação de consecutividade: todo número da série deve ter um sucessor, mas deve haver apenas um que não tenha um predecessor, e todo membro da série deve fazer parte da posteridade desse termo no que diz respeito à relação "predecessor imediato". Essas características podem ser resumidas na seguinte definição:[1]

Uma "progressão" é uma relação um-para-um tal que existe apenas um termo que pertence ao domínio, mas não ao contradomínio, e o domínio é idêntico à posteridade desse termo.

É fácil ver que uma progressão definida dessa forma satisfaz os cinco axiomas de Peano. O termo que pertence ao domínio, mas não ao contradomínio, será o que ele chama de "0"; o termo com o qual um termo tem a relação um-para-um será o "sucessor"; e o domínio da relação um-para-um será o que ele chama de "número". Considerando-se os cinco axiomas dele, um por um, temos as seguintes traduções:

(1) "0 é um número" se torna: "o membro do domínio que não é membro do contradomínio é membro do domínio". Isso equivale à existência desse membro, o que é

---

1 Cf. Whitehead; Russell, *Principia Mathematica*, 2.ed., v.2, *123.

fornecido na nossa definição. Chamaremos esse membro de "primeiro termo".

(2) "O sucessor de qualquer número é um número" se torna: "o termo com o qual um dado número do domínio tem a relação em questão é também um membro do domínio". Prova-se isso da seguinte maneira: pela definição, todo membro do domínio é um membro da posteridade do primeiro termo; assim, o sucessor de um membro do domínio deve ser um membro da posteridade do primeiro termo (porque a posteridade de um termo sempre contém seus próprios sucessores, pela definição geral de posteridade) e, portanto, um membro do domínio, já que, pela definição, a posteridade do primeiro termo é igual ao domínio.

(3) "Não há dois números que tenham o mesmo sucessor." Isso serve apenas para dizer que a relação é um-para-muitos, o que ela já é pela definição (por ser um-para-um).

(4) "O não é o sucessor de nenhum número" se torna: "o primeiro termo não é membro do contradomínio", o que é, também, um resultado imediato da definição.

(5) Isso é a indução matemática e se torna: "todo membro do domínio pertence à posteridade do primeiro termo", o que foi parte da nossa definição.

Assim, as progressões, tais quais as definimos, têm as cinco propriedades formais a partir das quais Peano deduz a aritmética. É fácil mostrar que duas progressões são "similares" no sentido definido para a similaridade de relações no Capítulo 6. Podemos, claro, derivar uma relação serial a partir da relação um-para-um pela qual definimos uma progressão: o método

Introdução à filosofia matemática

usado é o que foi explicado no Capítulo 4, e a relação é a que existe entre um termo e um membro da sua posteridade própria no que diz respeito à relação um-para-um original.

Duas relações assimétricas transitivas que originam progressões são similares, pelos mesmos motivos pelos quais as relações um-para-um correspondentes são similares. A classe de todos esses geradores transitivos de progressões é um "número serial", no sentido usado no Capítulo 6; é, com efeito, o menor dos números seriais infinitos, o número a que Cantor deu o nome de ω, pelo qual o matemático o tornou famoso.

Mas estamos tratando, por ora, de números *cardinais*. Como duas progressões são relações similares, segue-se que seus domínios (ou seus campos, que são iguais aos seus domínios) são classes similares. Os domínios das progressões formam um número cardinal, já que, como se pode mostrar com facilidade, toda classe similar ao domínio de uma progressão é, ela própria, o domínio de uma progressão. Esse número cardinal é o menor dos números cardinais infinitos; é aquele ao qual Cantor atribuiu o álefe hebreu com o subscrito 0, para distingui-lo dos cardinais infinitos maiores, que têm outros subscritos. Assim, o nome do menor cardinal infinito é $\aleph_0$.

Dizer que uma classe tem $\aleph_0$ termos é o mesmo que dizer que ela é membro de $\aleph_0$, e isso é o mesmo que dizer que os membros da classe podem ser arranjados numa progressão. É óbvio que qualquer progressão permanece como tal se omitirmos dela um número finito de termos, ou um termo sim, outro não, ou todos, exceto cada décimo ou centésimo termo. Esses métodos para podar uma progressão não fazem que ela deixe de ser uma e, portanto, não diminuem o número de termos, que continua sendo $\aleph_0$. Na verdade, qualquer seleção de uma progressão é uma

131

progressão se não tiver um termo final, por mais esparsamente que ela possa ser distribuída. Considere (digamos) os números indutivos da forma n^n, ou n^{n^n}. Tais números têm valores muito diferentes uns dos outros nas partes mais avançadas da série numérica e, mesmo assim, há tantos deles quanto há números indutivos no total, a saber, $\aleph_0$.

De modo oposto, podemos acrescentar termos aos números indutivos sem aumentar seu número. Considere, por exemplo, as frações. Alguém poderia se sentir propenso a achar que deve haver muito mais razões do que inteiros, já que as razões cujo denominador é igual a 1 correspondem aos inteiros e parecem ser apenas uma proporção infinitesimal das razões. Mas, na realidade, o número de razões (ou de frações) é exatamente o mesmo que o número de números indutivos, ou seja, $\aleph_0$. Isso pode ser visto de forma fácil arranjando-se as razões numa série seguindo-se este esquema: se a soma do numerador e do denominador numa for menor que na outra, coloque aquela antes desta; se a soma for igual nas duas, coloque antes a que tem o numerador menor. A série resultante é

$$1, \ \frac{1}{2}, \ 2, \ \frac{1}{3} \ 3, \ \frac{1}{4}, \ \frac{2}{3}, \ \frac{3}{2} \ 4, \ \frac{1}{5}, \ \ldots$$

Essa série é uma progressão, e todas as razões ocorrem nela, mais cedo ou mais tarde. Assim, podemos arranjar todas as razões numa progressão, e seu número é, portanto, $\aleph_0$.

Contudo, nem *todas* as coleções infinitas têm $\aleph_0$ termos. O número de números reais, por exemplo, é maior que $\aleph_0$; é, na verdade, $2^{\aleph_0}$, e não é difícil provar que 2^n é maior que n mesmo quando n é infinito. A forma mais fácil de provar isso é provar,

Introdução à filosofia matemática

em primeiro lugar, que, se uma classe tem n membros, contém 2^n subclasses – em outras palavras, que existem 2^n maneiras de selecionar alguns de seus membros (incluindo os casos extremos em que selecionamos todos ou nenhum); e, em segundo lugar, que o número de subclasses contido numa classe é sempre maior do que o número de membros da classe. A primeira dessas duas proposições é conhecida no caso dos números finitos, e não é difícil estendê-la aos números infinitos. A prova da segunda é tão simples e instrutiva que vamos mostrá-la aqui:

Primeiro: está claro que o número de subclasses de uma dada classe (digamos, α) é pelo menos igual ao número de membros, já que cada membro constitui uma subclasse, e temos assim uma correlação de todos os membros com algumas das subclasses. Logo, segue-se que, se o número de subclasses não é *igual* ao número de membros, ele deve ser *maior*. Mas é fácil provar que o número não é igual mostrando que, dada qualquer relação um-para-um cujo domínio são os membros e cujo contradomínio está contido no conjunto de subclasses, deve haver pelo menos uma subclasse que não pertence ao contradomínio. A prova é a que se segue:[2] quando se estabelece uma correlação um-para-um R entre todos os membros de α e algumas das subclasses, pode acontecer de um dado número x ser correlacionado com uma subclasse da qual ele é membro; ou também pode acontecer de x ser correlacionado com uma subclasse da qual não é membro. Formemos toda a classe, β, digamos, dos membros x que são correlacionados com subclasses das quais eles

---

2 Essa prova foi extraída da obra de Cantor, com algumas simplificações: ver Cantor; Dyck; Lampe, *Jahresbericht der Deutschen Mathematiker-Vereinigung*, v. I, p. 77.

não são membros. Essa é uma subclasse de α e não é correlacionada com nenhum membro de α. Pois, considerando primeiro os membros de β, cada um deles (pela definição de β) é correlacionado com alguma subclasse da qual ele é membro e, portanto, de novo, não é correlacionado com β. Assim, nenhum membro de α é correlacionado com β. Como R era *qualquer* correlação um-para-um de todos os membros com algumas subclasses, segue-se que não há correlação de todos os membros com *todas* as subclasses. Não tem relevância para a prova o fato de β não ter membros: tudo o que ocorre nesse caso é que a subclasse que se apresenta omitida é a classe vazia. Logo, em qualquer caso, o número de subclasses não é igual ao número de membros e, portanto, de acordo com o que foi dito antes, é maior. Juntando isso com a proposição de que, se n for o número de membros, 2^n é o número de subclasses, temos o teorema de que 2^n é sempre maior que n, mesmo quando n for infinito.

Segue-se, a partir dessa proposição, que não existe um máximo para os números cardinais infinitos. Por maior que possa ser um número infinito n, 2^n será ainda maior. A aritmética dos números infinitos é um tanto surpreendente até que se acostume com ela. Temos, por exemplo,

$$\aleph_0 + 1 = \aleph_0,$$

$$\aleph_0 + n = \aleph_0, \quad \text{onde } n \text{ é qualquer número indutivo, e}$$

$$\aleph_0{}^2 = \aleph_0.$$

(Isso decorre do caso das razões, pois, como uma razão é determinada por um par de números indutivos, é fácil ver que o número de razões é o quadrado do número de números indutivos, ou seja, é $\aleph_0{}^2$; mas vimos que também é $\aleph_0$.)

Introdução à filosofia matemática

$$\aleph_0{}^n = \aleph_0, \text{ onde } n \text{ é qualquer número indutivo.}$$

(Isso decorre de $\aleph_0{}^2 = \aleph_0$, por indução; pois, se $\aleph_0{}^n = \aleph_0$, então $\aleph_0{}^{n+1} = \aleph_0{}^2 = \aleph_0$.)

Mas $2^{\aleph_0} > \aleph_0$.

Na verdade, como veremos mais adiante, $2^{\aleph_0}$ é um número muito importante, a saber, o número de termos numa série que tem "continuidade", no sentido em que Cantor usa a palavra. Supondo que o espaço e o tempo sejam contínuos nesse sentido (como normalmente fazemos na geometria analítica e na cinemática), esse será o número de pontos no espaço ou de instantes no tempo; também será o número de pontos em qualquer porção finita do espaço, seja ela uma linha, uma área ou um volume. Depois de $\aleph_0$, $2^{\aleph_0}$ é o número cardinal infinito mais importante e mais interessante que há.

Embora a adição e a multiplicação sejam sempre possíveis com os cardinais infinitos, a subtração e a divisão deixam de proporcionar resultados definidos e, por isso, não podem ser usadas como na aritmética elementar. Para começar, considere a subtração: desde que o número subtraído seja finito, tudo corre bem; se o outro número for reflexivo, ele permanece inalterado. Assim, $\aleph_0 - n = \aleph_0$, se n for finito; até aqui, a subtração proporciona um resultado perfeitamente definido. Mas é diferente quando subtraímos $\aleph_0$ dele mesmo; nessa situação, podemos obter qualquer resultado, de 0 a $\aleph_0$. Isso é fácil de se ver com exemplos. Partindo dos números indutivos, subtraia as seguintes coleções de $\aleph_0$ termos:

(1) Todos os números indutivos – o resto é zero.

(2) Todos os números indutivos do n para a frente – o resto são os números de 0 a $n - 1$, totalizando n termos.

135

Bertrand Russell

(3) Todos os números ímpares – o resto são todos os números pares, totalizando $\aleph_0$.

Todas essas são formas diferentes de subtrair $\aleph_0$ de $\aleph_0$, e todas proporcionam resultados diferentes.

Quanto à divisão, resultados muito parecidos decorrem do fato de que $\aleph_0$ permanece inalterado quando multiplicado por 2, por 3, por qualquer número finito n ou por $\aleph_0$. Segue-se que $\aleph_0$ dividido por $\aleph_0$ pode ter qualquer valor entre 1 e $\aleph_0$.

Da ambiguidade da subtração e da divisão resulta que os números negativos e as razões não podem ser estendidos aos números infinitos. A adição, a multiplicação e a exponenciação se desenvolvem de forma bastante satisfatória, mas as operações inversas – subtração, divisão e extração de raízes – são ambíguas, e as noções que dependem delas deixam de funcionar quando se trata dos números infinitos.

A característica por meio da qual definimos finitude foi a indução matemática, isto é, definimos um número como finito quando ele obedece à indução matemática, começando pelo 0, e uma classe como finita quando seu número é finito. Essa definição produz o tipo de resultado que uma definição deveria produzir, mais especificamente, que os números finitos são os que ocorrem na série de números comum: 0, 1, 2, 3, ... Mas, neste capítulo, os números infinitos que discutimos não foram meramente não indutivos: eles foram também *reflexivos*. Cantor usa a reflexividade como a *definição* do infinito e a considera equivalente à não indutividade; ou seja, ele acha que toda classe e todo cardinal é ou indutivo ou reflexivo. Isso pode ser verdade, e muito possivelmente pode ser provado; mas as provas oferecidas até este ponto por Cantor e por outros (incluindo o autor

Introdução à filosofia matemática

deste livro em épocas passadas) são falaciosas, por motivos que serão explicados quando passarmos a considerar o "axioma multiplicativo". Hoje, não se sabe se existem classes e cardinais que não são nem reflexivos nem indutivos. Se n fosse esse cardinal, não deveríamos ter $n = n + 1$, mas n não seria um dos "números naturais" e não teria algumas das propriedades indutivas. Todas as classes e cardinais infinitos *conhecidos* são reflexivos; mas, por ora, é bom preservar uma mente aberta quanto à possibilidade de haver exemplos, até aqui desconhecidos, de classes e cardinais que não são nem reflexivos nem indutivos. Enquanto isso, adotamos as seguintes definições:

Uma classe ou cardinal *finito* é um (a) que é *indutivo(a)*.

Uma classe ou cardinal *infinito* é um (a) que *não é indutivo(a)*.

Todas as classes e cardinais *reflexivos* são infinitos; mas não se sabe atualmente se todas as classes e os cardinais infinitos são reflexivos. Voltaremos a esse assunto no Capítulo 12.

9
Séries infinitas e ordinais

Uma "série infinita" pode ser definida como uma série cujo campo é uma classe infinita. Já tivemos ocasião de considerar um tipo de série infinita, a saber, as progressões. Neste capítulo, vamos considerar o assunto de uma forma mais geral.

A característica mais notável de uma série infinita é que seu número serial pode ser alterado simplesmente rearranjando-se seus termos. Em relação a isso, existe uma certa divergência entre os números cardinais e os seriais. É possível manter o número cardinal de uma classe reflexiva inalterado mesmo acrescentando termos a ele; por outro lado, é possível mudar o número serial de uma série sem acrescentar ou remover quaisquer termos, apenas com um rearranjo. Ao mesmo tempo, no caso de qualquer série infinita, também é possível, assim como com os cardinais, acrescentar termos sem modificar o número serial: tudo depende da forma como eles são acrescentados.

Para tornar as coisas mais claras, será melhor começar com exemplos. Consideremos primeiro vários tipos diferentes de série que podem ser feitas a partir dos números indutivos arranjados em várias disposições. Começamos com a série

$$1, 2, 3, 4, \ldots n, \ldots,$$

que, como já vimos, representa o menor dos números seriais infinitos, o tipo que Cantor chama de ω. Vamos agora diminuir essa série executando repetidamente a operação de deslocar para o fim o primeiro número par que aparecer. Assim, obtemos, em sucessão, as várias séries:

$$1, 3, 4, 5, \ldots n, \ldots 2,$$
$$1, 3, 5, 6, \ldots n + 1, \ldots 2, 4,$$
$$1, 3, 5, 7, \ldots n + 2, \ldots 2, 4, 6,$$

e assim por diante. Se imaginarmos que esse processo é continuado o tanto quanto possível, obtemos, enfim, a série

$$1, 3, 5, 7, \ldots 2n + 1, \ldots 2, 4, 6, 8, \ldots 2n, \ldots,$$

na qual temos primeiro todos os números ímpares e depois todos os números pares.

Os números seriais dessas diferentes séries são $\omega + 1$, $\omega + 2$, $\omega + 3$, ... 2ω. Cada um desses números é "maior" que qualquer um dos seus predecessores, no seguinte sentido:

Diz-se que um número serial é "maior" que outro se qualquer série que tenha o primeiro número contém uma parte que tem o segundo número, mas nenhuma série que tenha o segundo número contém uma parte que tem o primeiro número.

Se compararmos as duas séries

$$1, 2, 3, 4, \ldots n, \ldots$$
$$1, 3, 4, 5, \ldots n + 1, \ldots 2,$$

Introdução à filosofia matemática

veremos que a primeira é similar à parte da segunda que omite o último termo, a saber, o número 2, mas a segunda não é similar a qualquer parte da primeira. (Isso é óbvio, porém fácil de demonstrar.) Logo, a segunda série tem um número serial maior que a primeira, de acordo com a definição — ou seja, $\omega + 1$ é maior que ω. Mas, se acrescentarmos um termo no começo, e não no fim, de uma progressão, ainda temos uma progressão. Assim, $1 + \omega = \omega$. Logo, $1 + \omega$ não é igual a $\omega + 1$. Isso é característico da aritmética relacional em geral: se μ e ν são dois números-relação, a regra geral é que $\mu + \nu$ não é igual a $\nu + \mu$. O caso dos ordinais finitos, em que há igualdade, é bastante excepcional.

A série que finalmente obtivemos agora consistia, primeiro, em todos os números ímpares, e depois, em todos os números pares, e seu número serial é 2ω. Esse número é maior que ω ou $\omega + n$, onde n é finito. Deve-se observar que, de acordo com a definição geral de ordem, cada um desses arranjos de inteiros deve ser considerado como o resultado de uma relação definida. Por exemplo: a que simplesmente desloca o 2 para o final será definida pela seguinte relação: "x e y são inteiros finitos e ou y é 2 e x não é 2, ou nenhum dos dois é 2 e x é menor que y". A que dispõe primeiro todos os números ímpares e então todos os pares será definida como: "x e y são inteiros finitos e ou x é ímpar e y é par, ou x é menor que y e ambos são ímpares ou ambos são pares". Não nos preocuparemos, via de regra, em dar essas fórmulas no futuro; mas o fato de que elas *poderiam* ser dadas é essencial.

O número que denominamos 2ω, isto é, o número de uma série que consiste em duas progressões, é chamado às vezes de $\omega \cdot 2$. A multiplicação, como a adição, depende da ordem dos fatores: uma progressão de pares origina uma série como

$$x_1, y_1, x_2, y_2, x_3, y_3, \ldots x_n, y_n, \ldots,$$

que é, ela própria, uma progressão; mas um par de progressões origina uma série que tem o dobro de tamanho de uma progressão. Logo, é necessário distinguir entre 2ω e ω. 2. O uso é variável; usaremos 2ω para um par de progressões e para uma progressão de pares, e essa decisão, claro, rege a nossa interpretação geral de "α. β" quando α e β são números-relação: "α. β" terá que representar uma soma apropriadamente construída de α relações, cada uma tendo β termos.

Podemos continuar indefinidamente o processo de rarefazer os números indutivos. Por exemplo: podemos posicionar primeiro os números ímpares, depois aqueles que são seu dobro, depois aqueles que são o dobro destes, e por aí vai. Dessa forma, obtemos a série

$$1, 3, 5, 7, \ldots; 2, 6, 10, 14, \ldots; 4, 12, 20, 28, \ldots; 8, 24, 40, 56, \ldots,$$

cujo número é ω^2, já que ela é uma progressão de progressões. Qualquer uma dessas progressões nessa nova série pode, claro, ser rarefeita como rarefizemos nossa progressão original. Podemos prosseguir até ω^3, ω^4, $\ldots \omega^\omega$, e assim por diante; por mais longe que tenhamos chegado, sempre podemos ir mais além.

A série de todos os ordinais que podem ser obtidos dessa forma, ou seja, de todos que podem ser obtidos rarefazendo-se uma progressão, é mais longa que qualquer série que possa ser obtida rearranjando-se os termos de uma progressão. (Isso não é difícil de provar.) Pode-se mostrar que o número cardinal da classe desses ordinais é maior que $\aleph_0$; é o número que Cantor chama de $\aleph_1$. O número ordinal da série de todos os ordinais que pode ser produzido a partir de um $\aleph_0$, considerado em ordem de

Introdução à filosofia matemática

grandeza, é chamado de ω_1. Assim, uma série cujo número ordinal é ω_1 tem um campo cujo número cardinal é $\aleph_1$.

Podemos prosseguir de ω_1 e $\aleph_1$ até ω_2 e $\aleph_2$ usando um processo exatamente análogo ao que usamos para avançar de ω e $\aleph_0$ até ω_1 e $\aleph_1$. E não há nada que nos impeça de continuar indefinidamente dessa forma para obtermos novos cardinais e novos ordinais. Não se sabe se $2^{\aleph_0}$ é igual a qualquer um dos cardinais na série dos álefes. Não se sabe sequer se ele é comparável a eles em grandeza; até onde sabemos, pode não ser nem igual, nem maior, nem menor que qualquer um dos álefes. Essa questão está relacionada ao axioma multiplicativo, que abordaremos mais adiante.

Todas as séries que consideramos até agora neste capítulo são o que se denomina "bem ordenadas". Uma série bem ordenada é uma que tem começo, termos consecutivos e um termo que vem *imediatamente* depois de qualquer seleção dos seus termos, contanto que haja algum termo após a seleção. Isso exclui, por um lado, as séries densas, em que existem termos entre quaisquer dois termos, e, por outro lado, as séries que não têm começo, ou em que não há partes subordinadas que não têm começo. A série de inteiros negativos em ordem de grandeza que não tem começo, mas que termina com -1, não é bem ordenada; mas, se considerada na ordem inversa, começando com -1, é bem ordenada, e é, na verdade, uma progressão. A definição é:

Uma série "bem ordenada" é uma em que toda subclasse (exceto, claro, a classe vazia) tem um primeiro termo.

Um número "ordinal" significa o número-relação de uma série bem ordenada. É, logo, uma espécie de número serial.

Entre as séries bem ordenadas, aplica-se uma forma generalizada de indução matemática. Pode-se dizer que uma

Bertrand Russell

propriedade é "transfinitamente hereditária" se, quando pertencer a uma certa seleção dos termos numa série, pertencer ao seu sucessor imediato, dado que haja um. Numa série bem ordenada, uma propriedade transfinitamente hereditária que pertence ao primeiro termo da série pertence à série como um todo. Isso possibilita provar muitas proposições relativas a séries bem ordenadas que não são verdadeiras para todas as séries.

É fácil arranjar os números indutivos em séries que não são bem ordenadas, e até mesmo arranjá-los em séries densas. Por exemplo, podemos adotar o seguinte esquema: considere os decimais de 0,1 a 1, incluindo-se 0,1 e excluindo-se 1, dispostos em ordem de grandeza. Eles formam uma série densa; entre quaisquer dois, sempre há um número infinito de outros deles. Agora omita o ponto no começo de cada um, e temos uma série densa que consiste em todos os inteiros finitos, exceto os que são divisíveis por 10. Se quisermos incluir os que são divisíveis por 10, não há dificuldade; em vez de começar com 1, vamos incluir todos os decimais menores que 1, mas, quando removermos o ponto, vamos transferir para a direita quaisquer 0's que existam no começo do nosso decimal. Omitindo esses e voltando aos que não têm 0's no começo, podemos enunciar a regra para o arranjo dos nossos inteiros como se segue: entre dois inteiros que não começam com o mesmo dígito, o que começa com o menor dígito vem primeiro. Entre dois que começam com o mesmo dígito, porém diferem quanto ao segundo dígito, o que tiver o menor segundo dígito vem primeiro, mas antes de todos vem o que não tem o segundo dígito. E assim sucessivamente. De forma geral, se dois inteiros apresentam os mesmos n primeiros dígitos, mas não os mesmos $(n + 1)$-ésimos dígitos, vem primeiro o que não tem o $(n + 1)$-ésimo dígito ou

Introdução à filosofia matemática

o que tem o menor deles. Como o leitor pode constatar, essa regra para o arranjo origina uma série densa que contém todos os inteiros que não são divisíveis por 10; e, como vimos, não há nenhuma dificuldade em incluir os que são divisíveis por 10. Segue-se, desse exemplo, que é possível construir séries densas que tenham $\aleph_0$ termos. Na verdade, já vimos que existem $\aleph_0$ razões, e razões em ordem de grandeza formam uma série densa; logo, temos aqui outro exemplo. Vamos retomar esse assunto no próximo capítulo.

Quanto às leis formais usuais da adição, da multiplicação e da exponenciação, todas são observadas pelos cardinais transfinitos, mas apenas algumas são observadas pelos ordinais transfinitos, e as que são observadas por eles são observadas por todos os números-relação. Para nós, "leis formais usuais" se referem a isto:

I. A lei comutativa:

$$\alpha + \beta = \beta + \alpha \text{ e } \alpha \times \beta = \beta \times \alpha.$$

II. A lei associativa:

$$(\alpha + \beta) + \gamma = \alpha + (\beta + \gamma) \text{ e } (\alpha \times \beta) \times \gamma = \alpha \times (\beta \times \gamma).$$

III. A lei distributiva:

$$\alpha(\beta + \gamma) = \alpha\beta + \alpha\gamma.$$

Quando a lei comutativa não é válida, a forma anterior da lei distributiva deve ser distinguida disto:

$$(\beta + \gamma)\alpha = \beta\alpha + \gamma\alpha.$$

Como veremos logo a seguir, uma forma pode ser verdadeira, e a outra, falsa.

IV. As leis da exponenciação:

$$\alpha^{\beta} \cdot \alpha^{\gamma} = \alpha^{\beta + \gamma},\ \alpha^{\gamma} \cdot \beta^{\gamma} = (\alpha^{\beta})^{\gamma},\ (\alpha^{\beta})^{\gamma} = \alpha^{\beta\gamma}.$$

Todas essas leis se aplicam aos cardinais, finitos ou infinitos, e aos ordinais *finitos*. Mas, quando passamos aos ordinais infinitos, ou de fato aos números-relação em geral, algumas são válidas, e outras, não. A lei comutativa não se aplica; a associativa, sim; a distributiva (adotando-se a convenção que adotamos anteriormente no que diz respeito à ordem dos fatores num produto) se aplica na forma

$$(\beta + \gamma)\alpha = \beta\alpha + \gamma\alpha,$$

mas não na forma

$$\alpha(\beta + \gamma) = \alpha\beta + \alpha\gamma;$$

as leis da exponenciação

$$\alpha^{\beta} \cdot \alpha^{\gamma} = \alpha^{\beta + \gamma} \text{ e } (\alpha^{\beta})^{\gamma} = \alpha^{\beta\gamma}$$

ainda se aplicam, mas não se aplica a lei

$$\alpha^{\gamma} \cdot \beta^{\gamma} = (\alpha\beta)^{\gamma},$$

que, claro, está relacionada à lei comutativa para a multiplicação.

As definições de multiplicação e de exponenciação pressupostas nas proposições anteriores são um tanto complicadas. O leitor que quiser saber o que elas são e como provar as leis anteriores deve consultar o segundo volume de *Principia Mathematica*, *172-6.

A aritmética transfinita ordinal foi desenvolvida por Cantor numa fase anterior à do desenvolvimento da aritmética transfinita cardinal, porque tem vários usos matemáticos técnicos que

Introdução à filosofia matemática

o conduziram a ela. Mas, do ponto de vista da filosofia matemática, ela é menos importante e menos fundamental que a teoria dos cardinais transfinitos. Os cardinais são essencialmente mais simples que os ordinais, e é um acidente histórico curioso que eles tenham surgido pela primeira vez como uma abstração, a partir dos ordinais, e só gradualmente passado a ser estudados pelo interesse que despertavam por si próprios. Isso não vale para o trabalho de Frege, no qual os cardinais, finitos e transfinitos, foram tratados de forma totalmente independente dos ordinais; mas foi o trabalho de Cantor que fez o mundo conhecer o assunto, enquanto o de Frege permaneceu quase desconhecido, provavelmente, em grande medida, em razão da dificuldade do seu simbolismo. E os matemáticos, como outras pessoas, têm mais dificuldade de entender e usar noções comparativamente "simples" do ponto de vista lógico do que de manipular noções mais complexas que são mais parecidas com a sua prática ordinária. Por esses motivos, foi só gradualmente que a verdadeira importância dos cardinais na filosofia matemática foi reconhecida. A importância dos ordinais, embora não seja, de forma alguma, pequena, é nitidamente menor que a dos cardinais, e está bastante entremeada à do conceito mais geral de números-relação.

10
Limites e continuidade

O conceito de "limite" tem mostrado uma importância na matemática cada vez maior do que se imaginara. Todo o cálculo diferencial e integral, e na verdade quase tudo na matemática avançada, depende dos limites. Anteriormente, supunha-se que os infinitesimais estivessem envolvidos nos fundamentos desses objetos, mas Weierstrass mostrou que isso era um erro: toda vez que se pensava haver um infinitesimal, o que havia de fato era um conjunto de quantidades finitas cujo limite inferior era o zero. Costumava-se achar que o "limite" era essencialmente uma noção quantitativa, isto é, a noção de uma quantidade da qual outras quantidades se aproximavam cada vez mais, de modo que entre essas outras haveria algumas diferindo dela por uma quantia menor do que qualquer quantia designada. Mas, na realidade, a noção de "limite" é puramente ordinal, e não envolve, de forma alguma, uma quantidade (exceto por mero acaso, quando calha de a série em questão ser quantitativa). Um dado ponto numa linha pode ser o limite de um conjunto de pontos na linha, sem que seja necessário introduzir coordenadas, medição ou qualquer coisa que seja quantitativa. O número cardinal $\aleph_0$ é o limite (em ordem de grandeza) dos números cardinais 1, 2, 3, ... *n*, ..., embora a diferença numérica entre $\aleph_0$ e um cardinal finito seja constante e infinita: de um ponto de vista quantitativo, os números finitos não chegam mais perto de $\aleph_0$ à medida que ficam maiores. O que faz que $\aleph_0$ seja o limite dos números finitos é o fato de, na série, ele vir imediatamente depois deles, o que é um fato *ordinal*, e não quantitativo.

Existem várias formas da noção de "limite", e elas têm complexidade crescente. A mais simples e fundamental, da qual deriva o resto, já foi definida, mas vamos repetir aqui as definições que levam a ela numa forma geral, na qual elas não exigem que a relação em questão seja serial. As definições são as seguintes:

Os "mínimos" de uma classe *α* no que diz respeito a uma relação P são os membros de *α* e do campo de P (se houver) com os quais nenhum membro de *α* tem a relação P.

Os "máximos" no que diz respeito a P são os mínimos no que diz respeito à inversa de P.

Os "sequentes" de uma classe *α* no que diz respeito a uma relação P são os mínimos dos "sucessores" de *α*, e os "sucessores" de *α* são os membros do campo de P com os quais todo membro da parte comum de *α* e do campo de P tem a relação P.

Os "precedentes" no que diz respeito a P são os sequentes no que diz respeito à inversa de P.

Os "limites superiores" de *α* no que diz respeito a P são os sequentes, contanto que *α* não tenha um máximo; mas, se *α* tem um máximo, ela não tem limites superiores.

Os "limites inferiores" no que diz respeito a P são os limites superiores no que diz respeito à inversa de P.

Introdução à filosofia matemática

Sempre que P é conexa, uma classe não pode ter mais do que um máximo, um mínimo, um sequente etc. Assim, nos casos que nos interessam na prática, podemos falar de "*o* limite" (se houver um). Quando P é uma relação serial, podemos simplificar enormemente a definição anterior de limite. Podemos, nesse caso, definir primeiro a "fronteira" de uma classe α, ou seja, seu limite ou máximo, e depois passar a distinguir o caso em que a fronteira é o limite daquele em que ela é um máximo. Para esse fim, é melhor usar a noção de "segmento".

Vamos falar no "segmento de P definido por uma classe α" para nos referirmos a todos os termos que têm a relação P com um ou mais membros de α. Esse será um segmento no sentido definido no Capítulo 7; na verdade, todo segmento no sentido definido nesse capítulo é o segmento definido por *alguma* classe α. Se P é serial, o segmento definido por α consiste em todos os termos que precedem algum termo de α. Se α tiver um máximo, o segmento serão todos os predecessores do máximo. Mas se α não tiver um máximo, todo membro de α precederá algum outro membro de α, e toda α está, portanto, incluída no segmento definido por α. Considere, por exemplo, a classe que consiste nas frações

$$\frac{1}{2}, \frac{3}{4}, \frac{7}{8}, \frac{15}{16}, \ldots,$$

ou seja, em todas as frações com a forma $1 - \frac{1}{2^n}$ para diferentes valores finitos de n. Essa série de frações não tem um máximo, e está claro que o segmento que ela define (em toda a série de frações em ordem de grandeza) é a classe de todas as frações próprias. Ou, ainda, considere os números primos, tidos como uma

151

seleção dos cardinais (finitos e infinitos) em ordem de grandeza. Nesse caso, o segmento definido consiste em todos os inteiros finitos.

Supondo que P seja serial, a "fronteira" de uma classe α será o termo x (se ele existir) cujos predecessores são o segmento definido por α.

Um "máximo" de α é uma fronteira que é um membro de α.

Um "limite superior" de α é uma fronteira que não é um membro de α.

Se uma classe não tem fronteira, não tem nem máximo nem limite. Esse é o caso de um corte de Dedekind "irracional", ou do que é denominado "lacuna".

Assim, o "limite superior" de um conjunto de termos α no que diz respeito a uma série P é o termo x (se ele existir) que vem depois de todos os α's, mas tal que todo termo anterior a ele venha antes de alguns α's.

Podemos definir todos os "pontos-limite superiores" de um conjunto de termos β como todos os que são os limites superiores de conjuntos de termos escolhidos de β. Teremos, claro, que distinguir os pontos-limite superiores dos pontos-limite inferiores. Se considerarmos, por exemplo, a série de números ordinais:

$$1, 2, 3, \ldots \omega, \omega + 1, \ldots 2\omega, 2\omega + 1, \ldots 3\omega, \ldots \omega^2, \ldots \omega^3, \ldots,$$

os pontos-limite superiores do campo dessa série são os que não têm predecessores imediatos, ou seja,

$$1, \omega, 2\omega, 3\omega, \ldots \omega^2, \omega^2 + \omega, \ldots 2\omega^2, \ldots \omega^3 \ldots$$

Os pontos-limite superiores do campo dessa nova série serão

$$1, \omega^2, 2\omega^2, \ldots \omega^3, \omega^3 + \omega^2 \ldots$$

Introdução à filosofia matemática

Por outro lado, a série dos ordinais — e, na verdade, toda série bem ordenada — não tem pontos-limite inferiores, porque não há termos, exceto o último, que não têm sucessores imediatos. Mas se considerarmos tal série como a série das razões, todo membro dela é, ao mesmo tempo, um ponto-limite inferior e superior para conjuntos apropriadamente escolhidos. Se considerarmos a série de números reais e selecionarmos dela os números reais racionais, esse conjunto (os racionais) terá todos os números reais como pontos-limite superiores e inferiores. Os pontos-limite de um conjunto são denominados sua "primeira derivada", e os pontos-limite da primeira derivada são denominados a segunda derivada, e assim por diante.

Quanto aos limites, podemos distinguir vários graus do que pode ser chamado de "continuidade" numa série. A palavra "continuidade" tinha sido usada durante muito tempo, mas permanecido sem nenhuma definição exata até a época de Dedekind e de Cantor. Cada um deles conferiu um significado preciso ao termo, mas a definição de Cantor é mais restrita que a de Dedekind: uma série que tem continuidade cantoriana deve ter continuidade dedekindiana, mas o inverso não é verdadeiro.

A primeira definição que viria à mente, de maneira natural, de alguém em busca de um significado preciso para a continuidade das séries seria defini-la como consistindo naquilo que chamamos de "densidade", isto é, no fato de que entre quaisquer dois termos da série existem outros termos. Mas essa seria uma definição inadequada, em razão da existência de "lacunas" em séries como a de razões. Vimos no Capítulo 7 que existem incontáveis maneiras de dividir a série de razões em duas partes, das quais uma precede a outra por completo e a primeira não tem um último termo, enquanto a segunda não tem um primeiro

153

termo. Essa situação parece contrária à sensação vaga que temos em relação ao que deveria caracterizar "continuidade" e, além do mais, mostra que a série de razões não é o tipo de série que é necessário a vários propósitos matemáticos. Considere a geometria, por exemplo: queremos ser capazes de dizer que, quando duas linhas retas se cruzam, elas têm um ponto em comum, mas, se a série de pontos numa linha fosse similar à série de razões, as duas linhas poderiam se cruzar numa "lacuna" e não ter nenhum ponto em comum. Esse é um exemplo rudimentar, mas muitos outros poderiam ser dados para mostrar que a compacidade é inadequada como uma definição matemática de continuidade.

Foram sobretudo as necessidades da geometria que levaram à definição da continuidade "dedekindiana". Vale lembrar que definimos uma série como dedekindiana como aquela em que toda subclasse do campo tem uma fronteira. (É suficiente supor que sempre há uma fronteira *superior* ou *inferior*. Se se pressupõe uma dessas opções, a outra pode ser deduzida.) Ou seja, a série é dedekindiana quando não há lacunas. A ausência de lacunas pode se fazer notar por meio de termos que têm sucessores ou da existência de limites, na ausência de máximos. Assim, uma série finita ou bem ordenada é dedekindiana, bem como o é a série dos números reais. Exclui-se o primeiro tipo de série dedekindiana supondo-se que a nossa série é densa; nesse caso, a nossa série deve ter uma propriedade que pode, para muitos fins, ser apropriadamente chamada de continuidade. Assim, somos levados à definição:

Uma série tem "continuidade dedekindiana" quando é dedekindiana e densa.

Mas essa definição ainda é abrangente demais para muitos propósitos. Suponha, por exemplo, que queiramos ser capazes

Introdução à filosofia matemática

de atribuir essas propriedades ao espaço geométrico que assegurem que todo ponto possa ser especificado por meio de coordenadas que sejam números reais: isso não é garantido apenas pela continuidade dedekindiana. Queremos ter certeza de que todo ponto que não pode ser especificado por coordenadas *racionais* possa ser especificado como o limite de uma *progressão* de pontos cujas coordenadas são racionais, e essa é uma propriedade adicional que nossa definição não nos permite deduzir.

Somos, assim, levados a uma investigação mais detalhada das séries no que tange aos limites. Essa investigação foi feita por Cantor e formou a base da definição de continuidade por ele proposta, embora, na sua forma mais simples, essa definição oculte em certa medida as considerações que a originaram. Portanto, vamos, primeiro, percorrer algumas concepções de Cantor relacionadas a esse assunto antes de expor a definição que ele deu de continuidade.

Cantor define uma série como "perfeita" quando todos os seus pontos são pontos-limite e todos os seus pontos-limite pertencem a ela. Mas essa definição não exprime com tanta acurácia o que ele quer dizer. Não há correção necessária em relação à propriedade de que todos os seus pontos devam ser pontos-limite; trata-se de uma propriedade que pertence a séries densas e a mais nenhum outro tipo de série, se todos os pontos forem pontos-limite superiores ou se todos forem pontos-limite inferiores. Mas, quando se supõe apenas que eles são pontos-limite, sem se especificar de que tipo, haverá outras séries que terão tal propriedade – por exemplo, a série de decimais em que um decimal que termine com um 9 que se repete é distinta do decimal finito correspondente e posicionado imediatamente antes desta. Tal série é muito próxima de ser densa, mas apresenta

155

termos excepcionais que são consecutivos e um primeiro termo que não tem um predecessor imediato, enquanto o segundo não tem um sucessor imediato. Exceto por essas séries, aquelas em que todos os pontos são pontos-limite são densas; e isso vale, sem ressalvas, se estiver especificado que todo ponto será um ponto-limite superior (ou que todo ponto será um ponto--limite inferior).

Embora Cantor não considere a questão explicitamente, precisamos distinguir diferentes tipos de pontos-limite de acordo com a natureza da menor subsérie pela qual eles podem ser definidos. Cantor supõe que eles devam ser definidos por progressões ou por regressões (que são o inverso das progressões). Quando todo membro da nossa série é o limite de uma progressão ou de uma regressão, Cantor chama a nossa série de "densa em si mesma" (*insichdicht*).

Passamos, agora, à segunda propriedade pela qual a perfeição deveria ser definida, ou seja, a propriedade a que Cantor se refere como ser "fechado" (*abgeschlossen*). Isso, como vimos, foi definido primeiro como o fato de todos os pontos-limite de uma série pertencerem a ela. Mas isso só tem uma importância efetiva se a nossa série é *dada* como contida numa outra série maior (como é o caso, por exemplo, de uma seleção de números reais), e os pontos-limite são considerados em relação à série maior. Caso contrário, se uma série é considerada por si só, ela não pode deixar de conter seus pontos-limite. O que Cantor *quer dizer* não é exatamente o que ele diz; na verdade, em outras ocasiões, ele diz algo bem diferente, que é o que ele quer dizer. O que ele realmente quer dizer é que toda série subordinada do tipo que se esperaria que tivesse um limite de fato tem um limite dentro da série dada; isto é, toda série subordinada que

Introdução à filosofia matemática

não tem um máximo tem um limite, ou seja, toda série subordinada tem uma fronteira. Mas Cantor não afirma isso para *toda* série subordinada, apenas para progressões e regressões. (Não está claro o quanto ele reconhece que isso é uma limitação.) Assim, finalmente, constatamos que a definição que desejamos é a seguinte:

Diz-se que uma série é "fechada" (*abgeschlossen*) quando toda progressão ou regressão contida na série tem um limite nela mesma.

Temos, então, a definição adicional:

Uma série é "perfeita" quando é *densa em si mesma* e *fechada*, ou seja, quando todo termo é o limite de uma progressão ou de uma regressão, e toda progressão ou regressão contida na série tem um limite na série.

Ao buscar uma definição de continuidade, o que Cantor tem em mente é a busca de uma definição que se aplique à série de números reais e a qualquer série similar a ela, mas não a outras. Para esse fim, precisamos acrescentar outra propriedade. Entre os números reais, alguns são racionais, e alguns, irracionais; embora o número de irracionais seja maior do que o de racionais, existem racionais entre quaisquer dois números reais, por menor que possa ser a diferença entre eles. O número de racionais, como vimos, é $\aleph_0$. Isso proporciona uma propriedade adicional, que é suficiente para caracterizar por completo a continuidade, a saber, a propriedade de conter uma classe de $\aleph_0$ membros de modo que alguns membros dessa classe ocorram entre dois termos quaisquer da nossa série, por mais próximos que sejam um do outro. Essa propriedade, junto com a perfeição, basta para definir uma classe de séries que são todas similares e são, na verdade, um número serial. Tal classe Cantor define como a das séries contínuas.

Podemos simplificar ligeiramente a definição dele. Para começar, dizemos:

Uma "subclasse densa" de uma série é uma subclasse do campo, tal que membros dela serão encontrados entre quaisquer dois termos da série.

Logo, os racionais são uma subclasse densa na série dos números reais. É óbvio que só pode haver subclasses densas em séries densas.

Constatamos, então, que a definição de Cantor é equivalente à seguinte:

Uma série é "contínua" quando (1) é dedekindiana e (2) contém uma subclasse densa que tem $\aleph_0$ termos.

Para evitar confusão, vamos nos referir a esse tipo de continuidade como "continuidade cantoriana". Constata-se que ela implica a continuidade dedekindiana, mas o contrário não se aplica. Todas as séries que têm continuidade cantoriana são similares, mas nem todas as que têm continuidade dedekindiana o são.

As noções de *limite* e de *continuidade* que definimos não devem ser confundidas com as noções do limite de uma função nas proximidades de um dado argumento, ou da continuidade de uma função na vizinhança de um dado argumento. Essas são noções diferentes, muitos importantes, mas derivadas da anterior e mais complicadas. A continuidade do movimento (se o movimento for contínuo) é um exemplo da continuidade de uma função; por outro lado, a continuidade do espaço e do tempo (se eles forem contínuos) é um exemplo da continuidade das séries, ou (para falar com mais cautela) de um tipo de continuidade que pode, por meio de manipulação matemática suficiente, ser reduzida à continuidade das séries. Em virtude da importância fundamental do movimento na matemática

Introdução à filosofia matemática

aplicada, assim como por outros motivos, será bom abordar brevemente as noções de limite e de continuidade aplicadas a funções; mas é melhor reservar esse assunto para um capítulo separado.

As definições de continuidade que estamos considerando, mais especificamente, as de Dedekind e de Cantor, não têm uma correspondência muito próxima com a ideia vaga que se associa à palavra na mente do cidadão comum ou do filósofo. Eles pensam na continuidade mais como sendo uma ausência de separação, o tipo de obliteração geral das distinções que caracteriza um nevoeiro cerrado. Um nevoeiro dá a impressão de vastidão sem multiplicidade ou divisão claras. É esse tipo de coisa a que um metafísico se refere ao usar a palavra "continuidade", declarando, muito corretamente, que ela é característica da sua vida mental, bem como da das crianças e dos animais.

A ideia geral vagamente indicada pela palavra "continuidade" quando usada dessa maneira, ou pela palavra "fluxo", é, sem dúvida, bastante diferente daquela que definimos. Considere, por exemplo, a série dos números reais. Cada número é o que é, de maneira bem definida e decidida; não se passa de um para outro por meio de graus imperceptíveis; é uma unidade rígida e separada, e sua distância de qualquer outra unidade é finita, embora possa ficar menor que qualquer quantia finita designada de antemão. A questão da relação entre o tipo de continuidade que existe entre os números reais e o exibido, por exemplo, pelo que vemos num determinado instante de tempo, é difícil e intrincada. Não se deve defender que os dois tipos são simplesmente idênticos, mas é bastante possível, creio eu, defender que o conceito matemático que consideramos neste capítulo proporciona o esquema lógico abstrato ao qual deve ser possível

Bertrand Russell

conferir material empírico por meio de manipulação adequada, se esse material for chamado de "contínuo" em qualquer sentido definível com precisão. Seria totalmente impossível justificar essa tese dentro dos limites deste volume. O leitor que estiver interessado pode ler uma tentativa deste autor de justificá-la, em particular no que diz respeito ao tempo, em *The Monist* de 1914-1915, bem como em partes de *Nosso conhecimento do mundo exterior*. Com essas indicações, devemos encerrar a discussão desse problema, por mais interessante que ele seja, para retornarmos a assuntos mais estreitamente ligados à matemática.

11
Limites e continuidade de funções

Neste capítulo, trataremos da definição do limite de uma função (se houver) à medida que o argumento se aproxima de um dado valor, e também da definição de uma "função contínua". Essas duas ideias são um tanto técnicas e praticamente não demandariam um tratamento numa mera introdução à filosofia matemática, exceto pelo fato de que, principalmente em razão do chamado cálculo infinitesimal, visões equivocadas sobre nossos presentes tópicos têm se tornado tão firmemente enraizadas na mente dos filósofos profissionais que é preciso um esforço prolongado e considerável para elas serem extirpadas. Desde os tempos de Leibniz, pensava-se que o cálculo diferencial e integral exigia quantidades infinitesimais. Os matemáticos (sobretudo Weierstrass) provaram que isso era um erro; mas os erros incorporados, por exemplo, no que Hegel tem a dizer sobre a matemática, custam a ser abandonados, e os filósofos tenderam a ignorar o trabalho de homens como Weierstrass.

Os limites e a continuidade de funções, nas obras sobre matemática ordinária, são definidos em termos que envolvem a palavra "número". Isso não é essencial, como mostrou o dr. Whitehead.[1] Vamos, contudo, começar com as definições dos livros escolares e, então, mostrar como tais definições podem ser generalizadas de modo a serem aplicáveis às séries em geral, e não apenas às que são numéricas ou numericamente mensuráveis.

Consideremos qualquer função matemática ordinária fx, onde x e fx são ambos números reais e fx é univalente — ou seja, dado x, existe só um valor que fx pode ter. Chamamos x de "argumento" e fx de "valor para o argumento x". Quando uma função é o que denominamos "contínua", a ideia básica para a qual estamos buscando uma definição exata é a de que diferenças pequenas em x vão corresponder a diferenças pequenas em fx e de que, se fizermos que as diferenças em x sejam pequenas o bastante, podemos fazer as diferenças em fx ficarem abaixo de qualquer valor designado. Não queremos, se a função for contínua, que haja saltos abruptos tais que, para algum valor de x, qualquer mudança, por menor que seja, introduza uma alteração em fx que exceda uma quantia finita estabelecida. As funções simples comuns da matemática têm essa propriedade: ela pertence, por exemplo, a x^2, x^3, ... $\log x$, sen x, e assim por diante. Mas não é nem um pouco difícil definir funções descontínuas. Considere, como um exemplo não matemático, "o local de nascimento da pessoa mais jovem viva no instante t". Isso é uma função de t; seu valor é constante do instante do nascimento de uma pessoa até o instante do próximo nascimento, e então o valor muda de repente de um local de nascimento para o outro. Um exemplo matemático análogo seria "o inteiro imediatamente inferior

---

1 Ver Whitehead; Russell, *Principia Mathematica*, 2.ed., v.2, *230-4.

Introdução à filosofia matemática

a x", onde x é um número real. Essa função permanece constante de um inteiro até o próximo, e então dá um salto abrupto. O fato real é que, apesar de as funções contínuas serem mais conhecidas, elas são as exceções: existem infinitamente mais funções descontínuas que contínuas.

Muitas funções são descontínuas para um ou vários valores da variável, mas contínuas para todos os outros valores. Considere como exemplo sen $1/x$. A função sen θ percorre todos os valores de -1 a 1 toda vez que θ vai de $-\pi/2$ a $\pi/2$, ou de $\pi/2$ a $3\pi/2$, ou, generalizando, de $(2n-1)\pi/2$ a $(2n+1)\pi/2$, onde n é qualquer inteiro. Mas, se considerarmos $1/x$ quando x é muito pequeno, vemos que, conforme x diminui, $1/x$ cresce cada vez mais rápido, de modo que passa com cada vez mais rapidez pelo ciclo de valores de um múltiplo de $\pi/2$ a outro à medida que x fica cada vez menor. Consequentemente, sen $1/x$ passa com cada vez mais rapidez de -1 a 1 e faz o caminho de volta, conforme x fica menor. Na verdade, se considerarmos qualquer intervalo contendo 0, digamos, o intervalo de $-\varepsilon$ a $+\varepsilon$, em que ε é um número muito diminuto, sen $1/x$ vai passar por um número infinito de oscilações nesse intervalo, e não conseguimos reduzir as oscilações deixando o intervalo menor. Assim, no entorno do argumento 0, a função é descontínua. É fácil produzir funções que sejam descontínuas em vários lugares, ou em $\aleph_0$ lugares, ou em todo lugar. Podem-se encontrar exemplos em qualquer livro sobre a teoria das funções de uma variável real.

Passando-se agora a buscar uma definição exata do que se quer expressar quando se diz que uma função é contínua para um dado argumento, quando o argumento e o valor são ambos números reais, vamos primeiro definir a "vizinhança" de um número x como todos os números de $x - \varepsilon$ a $x + \varepsilon$, onde ε é um número que, em casos importantes, será muito pequeno. Está claro que a continuidade num dado ponto está relacionada ao que acontece em *qualquer* vizinhança de tal ponto, por menor que ela seja.

O que queremos é o seguinte: se *a* for o argumento para o qual desejamos que nossa função seja contínua, vamos primeiro definir uma vizinhança (*a*, digamos) que contenha o valor *fa* que a função tem para o argumento *a*; queremos que, ao considerarmos uma vizinhança pequena o bastante contendo *a*, todos os valores para os argumentos em toda essa vizinhança estejam contidos na vizinhança *a*, por menor que possamos ter definido *a*. Ou seja, se decretarmos que nossa função não deve diferir de *fa* para além de uma quantia muito diminuta, sempre podemos achar um intervalo de números reais, tendo *a* como seu centro, de modo que em todo esse intervalo *fx* não vá diferir de *fa* para além da quantia diminuta estabelecida. E isso deve permanecer verdadeiro para qualquer quantia diminuta que possamos selecionar. Isso nos leva à seguinte definição:

Diz-se que a função $f(x)$ é contínua para o argumento *a* se, para todo número positivo σ diferente de 0, mas tão pequeno quanto queiramos, existe um número positivo ε diferente de 0 tal que, para todos os valores de δ numericamente menores[2] que ε, a diferença $f(a + \delta) - f(a)$ é numericamente menor que σ.

Nessa definição, σ primeiro define uma vizinhança de $f(a)$, a saber, a vizinhança de $f(a) - \sigma$ a $f(a) + \sigma$. A definição então passa a dizer que podemos (por meio de ε) definir uma vizinhança, a saber, a que vai de $a - \varepsilon$ a $a + \varepsilon$, de modo que, para todos os

---

2 Diz-se que um número é numericamente menor que ε quando está entre $-\varepsilon$ e $+\varepsilon$.

Introdução à filosofia matemática

argumentos em tal vizinhança, o valor da função esteja dentro da vizinhança de $f(a) - \sigma$ a $f(a) + \sigma$. Se isso puder ser feito, não importará como σ será escolhido: a função será "contínua" para o argumento a.

Até agora, não definimos o "limite" de uma função para um dado argumento. Se tivéssemos feito isso, poderíamos ter definido a continuidade de uma função de um jeito diferente: uma função é contínua num ponto em que seu valor é igual ao limite dos seus valores para argumentos que se aproximam do ponto vindos da esquerda ou da direita. Mas é apenas a função excepcionalmente "bem-comportada" que tem um limite definido à medida que o argumento se aproxima de um ponto dado. A regra geral é que uma função oscila e que, dada qualquer vizinhança de um determinado argumento, por menor que seja, todo um intervalo de valores vai existir para os argumentos inseridos nessa vizinhança. Como essa é a regra geral, vamos considerá-la primeiro.

Consideremos o que pode acontecer à medida que o argumento se aproxima de um valor a vindo da esquerda (ou seja, de valores menores que a). Em outras palavras, queremos considerar o que acontece no caso dos argumentos contidos no intervalo de $a - \varepsilon$ a a, onde ε é um número que, em casos importantes, será muito pequeno.

Os valores da função para os argumentos de $a - \varepsilon$ a a (excluindo-se a) serão um conjunto de números reais que vão definir uma certa seção do conjunto dos números reais, isto é, a seção que consiste nos números que não são maiores que *todos* os valores para os argumentos de $a - \varepsilon$ a a. Dado qualquer número nessa seção, há valores pelo menos iguais a tal número para os argumentos entre $a - \varepsilon$ e a, ou seja, para os argumentos que forem menores que a por uma diferença minúscula (se ε for muito pequeno). Consideremos todos os ε's possíveis e todas as possíveis seções correspondentes. A parte comum de todas essas seções chamaremos de "seção final" à medida que o argumento se aproxima de *a*. Dizer que um número z pertence à seção final equivale a dizer que, por menor que definamos ε, existem argumentos entre $a - ε$ e a para os quais o valor da função não é *menor* que z.

Podemos aplicar exatamente o mesmo processo às seções superiores, isto é, às seções que vão de algum ponto até o topo, em vez de virem de baixo a algum ponto. Aqui consideramos os números que não são *menores* que todos os valores para os argumentos de $a - ε$ a a; isso define uma seção superior que vai variar à medida que ε variar. Considerando-se a parte comum de todas essas seções para todos os ε's possíveis, obtemos a "seção final superior". Dizer que um número z pertence à seção final superior equivale a dizer que, por menor que definamos ε, existem argumentos entre $a - ε$ e a para os quais o valor da função não é *maior* que z.

Se um termo z pertencer tanto à seção final quanto à seção final superior, diremos que ele pertence à "oscilação final". Podemos ilustrar essa questão considerando, mais uma vez, a função sen $1/x$ quando x está se aproximando do valor 0. Assumiremos, para efeitos de consonância com as definições anteriores, que esse valor é aproximado pela esquerda, ou seja, do menor para o maior.

Vamos começar com a "seção final". Entre $-ε$ e 0, para qualquer ε, a função terá o valor 1 para certos argumentos, mas nunca terá qualquer valor maior. Assim, a seção final consiste em todos os números reais, positivos e negativos, até 1, inclusive; ou seja, consiste em todos os números negativos, junto com 0 e junto com os números positivos até 1, incluindo o próprio 1.

Introdução à filosofia matemática

Do mesmo modo, a "seção final superior" consiste em todos os números positivos, junto com 0 e junto com os números negativos até −1, incluindo o próprio −1.

Logo, a "oscilação final" consiste em todos os números reais de −1 a 1, com ambos inclusos.

Podemos dizer genericamente que a "oscilação final" de uma função à medida que o argumento se aproxima de *a* pela esquerda consiste em todos os números x tais que, por mais perto que cheguemos de *a*, ainda encontremos valores tão grandes quanto x e tão pequenos quanto x.

A oscilação final pode não conter nenhum termo, ou um termo, ou muitos termos. Nos dois primeiros casos, a função tem um limite definido para quando a aproximação ocorre pela esquerda. Se a oscilação final tiver um termo, isso é razoavelmente óbvio. O mesmo vale se ela não tiver nenhum, pois não é difícil provar que, se a oscilação final for vazia, a fronteira da seção final será a mesma da seção final superior e poderá ser definida como o limite da função quando a aproximação ocorrer pela esquerda. Mas se a oscilação final tiver muitos termos, não existirá um limite definido para a função quando a aproximação ocorrer pela esquerda. Nesse caso, podemos considerar as fronteiras inferior e superior da oscilação final (isto é, a fronteira inferior da seção final superior e a fronteira superior da seção final) como os limites inferior e superior dos seus valores "finais" quando a aproximação ocorre pela esquerda. Do mesmo modo, obtemos limites inferiores e superiores dos valores "finais" quando a aproximação ocorre pela direita. Temos, assim, no caso geral, *quatro* limites para uma função para aproximações a um dado argumento. O limite para um dado argumento *a* só existe quando todos esses quatro são iguais e é, então, seu valor comum. Se ele for também o *valor* para o argumento *a*, a função será contínua para esse argumento. Pode-se considerar que isso define continuidade: equivale à nossa definição anterior.

Podemos definir o limite de uma função para um dado argumento (se ele existir) sem passar pela oscilação final e pelos quatro limites do caso geral. Nesse caso, desenvolve-se a definição da mesma forma que a definição anterior de continuidade. Vamos definir o limite para aproximações pela esquerda. Se houver um limite definido para aproximações a *a* pela esquerda, é necessário e suficiente que, dado qualquer número pequeno σ, dois valores para argumentos suficientemente próximos a *a* (mas ambos menores que *a*) difiram por um valor menor que σ; isto é, se ε for pequeno o bastante e nossos argumentos estiverem ambos entre $a - \varepsilon$ e *a* (excluindo-se *a*), então a diferença entre os valores para esses argumentos será menor que σ. Isso deve valer para qualquer σ, por menor que seja; nesse caso, a função tem um limite para aproximações pela esquerda. Analogamente, definimos o caso em que há um limite para aproximações pela direita. Esses dois limites, mesmo quando existirem, não precisam ser idênticos; e mesmo se forem idênticos, não precisam ser idênticos ao *valor* para o argumento *a*. É só nesse último caso que diremos que a função é *contínua* para o argumento *a*.

Uma função é denominada "contínua" (sem ressalvas) quando é contínua para todo argumento.

Outro método ligeiramente diferente de chegar à definição de continuidade é o que se segue:

Digamos que uma função "converge finalmente para uma classe α" se houver um número real tal que, para esse argumento e para todos os argumentos maiores que ele, o valor da função é um membro da classe α. Do mesmo modo, diremos que uma

Introdução à filosofia matemática

função "converge para α quando o argumento se aproxima de *x* pela esquerda" se houver um argumento *y* menor que *x* tal que, em todo o intervalo de *y* a *x*, incluindo-se *y* e excluindo-se *x*, a função tiver valores que são membros de α. Podemos agora dizer que uma função é contínua para o argumento *a*, para o qual tem o valor *fa*, se satisfizer a quatro condições, a saber:

(1) Dado qualquer número real menor que *fa*, a função converge para os sucessores desse número quando o argumento se aproxima de *a* pela esquerda.

(2) Dado qualquer número real maior que *fa*, a função converge para os predecessores desse número quando o argumento se aproxima de *a* pela esquerda.

(3) e (4) Condições semelhantes para a aproximação a *a* pela direita.

A vantagem dessa forma de definição é que ela analisa as condições de continuidade segmentando-as em quatro partes, o que resulta de se considerarem os argumentos e os valores respectivamente maiores ou menores que o argumento e o valor para os quais a continuidade será definida.

Podemos agora generalizar nossas definições para aplicá-las a séries que não são numéricas ou cuja possibilidade de serem numericamente mensuráveis é desconhecida. Um caso que convém ter em mente é o do movimento. Há uma história de H. G. Wells que ilustrará, a partir do caso do movimento, a diferença entre o limite de uma função para um dado argumento e seu valor para o mesmo argumento. O herói da história, que tinha, sem saber, o poder de realizar seus desejos, estava sendo atacado por um policial, mas ao exclamar "Vá para ***", descobriu que o policial desapareceu. Se $f(t)$ fosse a posição do policial no instante t e t_0 fosse o instante da exclamação, o limite da posição do policial quando t se aproximasse de t_0 pela esquerda estaria em contato com o herói, enquanto o valor para o argumento t_0 seria *** . Porém, presume-se que tais eventos sejam raros no mundo real, e supõe-se, embora sem evidências adequadas, que todos os movimentos sejam contínuos, ou seja, que, dado qualquer corpo, se $f(t)$ for sua posição no instante t, $f(t)$ é uma função contínua de t. É o significado de "continuidade" presente nessas afirmações que queremos agora definir da forma mais simples possível.

As definições dadas para o caso das funções em que o argumento e o valor são números reais podem ser adaptadas sem qualquer dificuldade para uso mais geral.

Sejam P e Q duas relações, que convém imaginarmos seriais, apesar de não ser necessário às nossas definições que elas o sejam. Seja R uma relação um-para-muitos cujo domínio está contido no campo de P, enquanto seu contradomínio está contido no campo de Q. Então, R é (num sentido generalizado) uma função, cujos argumentos pertencem ao campo de Q, enquanto seus valores pertencem ao campo de P. Suponha, por exemplo, que estejamos tratando de uma partícula se movendo numa linha: sejam Q a série temporal, P a série de pontos na nossa linha da esquerda para a direita, e R a relação entre a posição da nossa partícula na linha no instante a e o instante a, de modo que "a R de a" seja a posição da partícula no instante a. Pode-se manter esse exemplo em mente ao longo das nossas definições.

Diremos que a função R é contínua para o argumento a se, dado qualquer intervalo α na série P que contenha o valor da função para o argumento a, houver um intervalo na série Q que contenha a sem que este seja um ponto extremo e tal que,

Introdução à filosofia matemática

em todo esse intervalo, a função tenha valores que sejam membros de α. (Um "intervalo" significa todos os termos entre dois quaisquer; ou seja, se x e y forem dois membros do campo de P e x tiver a relação P com y, a expressão "intervalo P de x a y" irá se referir a todos os termos z tais que x tenha a relação P com z e z tenha a relação P com y – juntamente, quando assim for declarado, com os próprios x ou y.)

Podemos definir facilmente a "seção final" e a "oscilação final". Para definir a "seção final" quando a aproximação ao argumento a ocorre pela esquerda, considere qualquer argumento y que preceda a (isto é, que tenha a relação Q com a), tome os valores da função para todos os argumentos até y (inclusive) e forme a seção de P definida por esses valores, ou seja, por esses membros da série P que vêm antes ou que são idênticos a alguns desses valores. Forme todas essas seções para todos os y's que precedem a e tome a parte comum deles: isso será a seção final. A seção final superior e a oscilação final são então definidas exatamente como no caso anterior.

A adaptação da definição de convergência e a definição alternativa resultante de continuidade não oferecem dificuldade alguma, de natureza alguma.

Dizemos que uma função é "finalmente Q-convergente para α" se existir um membro y do contradomínio de R e do campo de Q tal que o valor da função para o argumento y e para qualquer argumento com o qual y tenha a relação Q seja um membro de α. Dizemos que R "Q-converge para α quando o argumento se aproxima de um dado argumento a" se existir um termo y que tenha a relação Q com a e que pertença ao contradomínio de R tal que o valor da função para qualquer argumento no intervalo Q de y a a, incluindo-se y e excluindo-se a, pertença a α.

Das quatro condições a que uma função precisa satisfazer para ser contínua para o argumento *a*, a primeira é, considerando-se *b* como o valor do argumento *a*:

Dado qualquer termo que tenha a relação P com *b*, R Q-converge para os sucessores de *b* (no que diz respeito a P) quando o argumento se aproxima de *a* pela esquerda. A segunda condição é obtida substituindo-se P pela sua inversa; a terceira e a quarta são obtidas a partir da primeira e da segunda, substituindo-se Q pela sua inversa.

Assim, não há nada, nem nas noções do limite de uma função nem da continuidade de uma função, que essencialmente envolva números. Ambos podem ser definidos genericamente, e muitas proposições sobre eles podem ser provadas para quaisquer duas séries (sendo uma a série dos argumentos, e a outra, a série dos valores). Pode-se constatar que as definições não envolvem infinitesimais. Envolvem classes infinitas de intervalos que ficam cada vez menores sem qualquer restrição de valor exceto o zero, mas não envolvem quaisquer intervalos que não sejam finitos. Isso é análogo ao fato de que, se uma linha de um centímetro de comprimento for cortada na metade, e de novo na metade, e assim por diante indefinidamente, nunca atingiremos infinitesimais dessa maneira: depois de n bisseções, o comprimento do nosso pedaço é $1/2^n$ de um centímetro; e isso é finito, seja qual for o número finito n. O processo da bisseção sucessiva não leva a divisões cujo número ordinal é infinito, já que ele é, essencialmente, um processo do tipo um-para-um. Logo, não é dessa forma que se deve chegar aos infinitesimais. As confusões relacionadas a esses assuntos tiveram muito a ver com as dificuldades encontradas na discussão sobre infinito e continuidade.

12
Seleções e o axioma multiplicativo

Neste capítulo, precisamos considerar um axioma que pode ser enunciado, mas não provado, em termos de lógica, e que é conveniente, embora não indispensável, em certas partes da matemática. É conveniente no sentido de que muitas proposições interessantes, que parece natural supor verdadeiras, não podem ser provadas sem o auxílio dele, mas não é indispensável porque, mesmo sem essas proposições, os assuntos em que elas ocorrem ainda existem, ainda que de forma um tanto mutilada.

Antes de enunciar o axioma multiplicativo,[1] devemos primeiro explicar a teoria das seleções e a definição de multiplicação quando o número de fatores pode ser infinito.

Ao definir as operações matemáticas, o único procedimento correto é construir uma classe real (ou uma relação, no caso dos números-relação) que tenha o número necessário de termos. Isso às vezes demanda uma certa dose de inventividade, mas é essencial para provar a existência do número definido. Considere, como

---

1 Conhecido atualmente como "axioma da escolha". (N. E.)

o exemplo mais simples, o caso da adição. Suponha que nos sejam dados um número cardinal μ e uma classe α com μ termos. Como devemos definir $\mu + \mu$? Para esse propósito, precisamos ter *duas* classes com μ termos, e elas não podem se sobrepor. Podemos construir essas classes a partir de α de várias maneiras, entre as quais a seguinte talvez seja a mais simples: forme primeiro todos os pares ordenados cujo primeiro termo é uma classe que consiste num único membro de α e cujo segundo termo é a classe vazia; então, forme todos os pares ordenados cujo primeiro termo é a classe vazia e cujo segundo termo é uma classe que consiste num único membro de α. Essas duas classes de pares não têm nenhum membro em comum, e a soma lógica das duas classes terá $\mu + \mu$ termos. De modo perfeitamente análogo, podemos definir $\mu + v$, dado que μ é o número de uma classe α e v é o número de uma classe β.

Essas definições, via de regra, são meramente uma questão de estratagema técnico apropriado. Mas, no caso da multiplicação, em que o número de fatores pode ser infinito, surgem problemas importantes a partir da definição.

Quando a multiplicação envolve um número finito de fatores, não há dificuldade. Dadas duas classes α e β, tendo a primeira μ termos, e a segunda, v termos, podemos definir $\mu \times v$ como o número de pares ordenados que se podem formar escolhendo-se o primeiro termo em α e o segundo em β. Pode-se ver que essa definição não exige que α e β não se sobreponham; ela permanece adequada até quando α e β são idênticas. Por exemplo: seja α a classe cujos membros são x_1, x_2, x_3. Então, a classe que é usada para definir o produto $\mu \times \mu$ é a classe de pares:

$$(x_1, x_1), (x_1, x_2), (x_1, x_3); (x_2, x_1), (x_2, x_2), (x_2, x_3);$$
$$(x_3, x_1), (x_3, x_2), (x_3, x_3).$$

Introdução à filosofia matemática

Essa definição continua aplicável quando μ, ou ν, ou ambos são infinitos e pode ser estendida, passo a passo, a três, a quatro ou a qualquer número finito de fatores. Não surge dificuldade alguma no que diz respeito a essa definição, exceto pelo fato de ela não poder ser estendida a um número *infinito* de fatores.

O problema da multiplicação quando o número de fatores pode ser infinito surge da seguinte maneira: suponha que tenhamos uma classe κ que consista em classes; suponha que o número de termos em cada uma dessas classes seja dado. Como devemos definir o produto de todos esses números? Se pudermos elaborar nossa definição genericamente, ela será aplicável se κ for finita ou infinita. Deve-se observar que o problema é ser capaz de abordar o caso em que κ é infinita, e não o caso em que seus membros o são. Se κ não for infinita, o método definido anteriormente é igualmente aplicável quando seus membros são infinitos e quando são finitos. É com o caso em que κ é infinita, apesar de os seus membros poderem ser finitos, que precisamos arranjar uma forma de lidar.

O método a seguir para definir a multiplicação de maneira geral foi proposto pelo dr. Whitehead. Ele está explicado e discutido em pormenores em *Principia Mathematica*, v.1, *80 ss.; e v.2, *114.

Suponhamos, para começar, que essa κ seja uma classe de classes entre as quais não haja duas que se sobreponham – digamos que sejam os distritos eleitorais num país onde não existe voto plural, com cada distrito sendo considerado uma classe de eleitores. Vamos agora começar a trabalhar para escolher um termo de cada classe para ser seu *representante*, como fazem os distritos eleitorais quando elegem membros do Parlamento, supondo que, pela lei, cada distrito eleitoral precisa eleger um indivíduo que seja eleitor daquele distrito. Chegamos, assim, a uma classe de representantes que compõem nosso Parlamento, tendo cada um deles sido selecionado por um distrito diferente. Quantas maneiras possíveis existem de selecionar um Parlamento? Cada distrito pode selecionar qualquer um dos seus eleitores e, portanto, se houver μ eleitores num distrito, ele pode fazer μ escolhas diferentes. As escolhas dos diversos distritos são independentes; logo, é óbvio que, quando o número total de distritos é finito, obtém-se o número de possíveis parlamentos multiplicando-se os números de eleitores nos vários distritos. Quando não sabemos se o número de distritos é finito ou infinito, podemos considerar o número de possíveis parlamentos como o *que define* o produto dos números dos distritos individuais. Esse é o método pelo qual definem-se os produtos infinitos. Devemos agora abandonar nosso exemplo e passar aos enunciados exatos.

Seja κ uma classe de classes, e vamos assumir, para começar, que não existam dois membros em κ que se sobreponham, ou seja, que, se α e β são dois membros diferentes de κ, então nenhum membro de uma é membro da outra. Denominaremos uma classe de "seleção" de κ quando ela consistir em apenas um termo de cada membro de κ; ou seja, μ é uma "seleção" de κ se todo membro de μ pertence a algum membro de κ, e, se α é qualquer membro de κ, μ e α têm exatamente um termo em comum. A classe de todas as "seleções" de κ denominaremos "classe multiplicativa" de κ. O número de termos na classe multiplicativa de κ, isto é, o número de possíveis seleções de κ, é definido como o produto dos números dos membros de κ. Essa definição é igualmente aplicável se κ for finita ou infinita.

Antes que possamos ficar plenamente satisfeitos com essas definições, precisamos remover a restrição de que não deve haver dois membros de κ que se sobreponham. Para esse fim, em vez de

Introdução à filosofia matemática

definir primeiro uma classe chamada de "seleção", vamos definir primeiro uma relação que chamaremos de "seletora". Uma relação R será denominada uma "seletora" de κ se, de todo membro de κ, ela selecionar um termo como o representante desse membro, ou seja, se, dado qualquer membro α de κ, existir apenas um termo x que seja membro de α e tenha a relação R com α; e o que R fizer deverá se limitar a isso. A definição formal é:

Uma "seletora" de uma classe de classes κ é uma relação um-para--muitos, que tem κ como seu contradomínio, e tal que, se x tem essa relação com α, então x é membro de α.

Se R é uma seletora de κ, e α é um membro de κ, e x é o termo que tem a relação R com α, chamamos x de "representante" de α no que diz respeito à relação R.

Uma "seleção" de κ será agora definida como o domínio de uma seletora; e a classe multiplicativa será, como anteriormente, a classe das seleções.

Mas, quando os membros de κ se sobrepõem, pode haver mais seletoras que seleções, já que um termo x que pertence a duas classes α e β pode ser selecionado uma vez para representar α e outra vez para representar β, o que origina seletoras diferentes nos dois casos, mas para a mesma seleção. Para o propósito da definição da multiplicação, é das seletoras que precisamos, não das seleções. Assim, definimos:

"O produto dos números dos membros de uma classe de classes κ" é o número de seletoras de κ.

Podemos definir a exponenciação por uma adaptação do esquema anterior. Poderíamos, claro, definir μ^ν como o número de seletoras de ν classes, cada uma contendo μ termos. Mas existem objeções a essa definição, derivadas do fato de o axioma multiplicativo (do qual falaremos em breve) estar desnecessariamente envolvido se ela for adotada. Adotamos, no lugar dela, a seguinte construção:

Seja α uma classe com μ termos, e β uma classe com ν termos. Seja y um membro de β, e forme-se a classe de todos os pares ordenados que têm y como seu segundo termo e um membro de α como seu primeiro termo. Haverá μ pares assim para um dado y, já que qualquer membro de α pode ser escolhido como o primeiro termo e α tem μ membros. Se formarmos agora todas as classes desse tipo que resultam ao se variar y, obtemos, no total, ν classes, dado que y pode ser qualquer membro de β e que β tem ν membros. Essas ν classes são, cada uma, uma classe de pares, a saber, todos os pares que podem ser formados a partir de um membro variável de α e de um membro fixo de β. Definimos μ^ν como o número de seletoras da classe que consiste nessas ν classes. Ou podemos igualmente definir μ^ν como o número de seleções, pois, como nossas classes de pares são mutuamente excludentes, o número de seletoras é igual ao número de seleções. Uma seleção da nossa classe de classes será um conjunto de pares ordenados, entre os quais haverá exatamente um contendo qualquer membro dado de β como segundo termo e cujo primeiro termo pode ser qualquer membro de α. Assim, μ^ν é definido pelas seletoras de um certo conjunto de ν classes, cada uma com μ termos, mas o conjunto é um que tem uma certa estrutura e uma composição mais manejável do que ocorre em geral. A relevância disso para o axioma multiplicativo vai aparecer daqui a pouco.

O que se aplica à exponenciação se aplica também ao produto de dois cardinais. Poderíamos definir "$\mu \times \nu$" como a soma dos números de ν classes, cada uma com μ termos, mas preferimos definir esse produto como o número de pares ordenados a serem formados que consistem num membro de α seguido de

Introdução à filosofia matemática

um membro de β, onde α tem μ termos e β tem ν termos. Essa definição também foi elaborada para que se evite a necessidade de pressupor o axioma multiplicativo.

Com as nossas definições, podemos provar as leis formais comuns da multiplicação e da exponenciação. Mas existe uma coisa que não podemos provar: o fato de um produto ser igual a zero apenas quando um dos seus fatores for igual a zero. Podemos provar isso quando o número de fatores é finito, mas não quando é infinito. Em outras palavras, não conseguimos provar que, dada uma classe de classes das quais nenhuma é vazia, deve haver seletoras delas; ou que, dada uma classe de classes mutuamente excludentes, deve existir pelo menos uma classe que consista num termo extraído de cada uma das classes dadas. Essas coisas não podem ser provadas; e embora, à primeira vista, pareçam patentemente verdadeiras, a reflexão sobre elas traz, aos poucos, uma incerteza crescente, até que, enfim, nos contentamos em registrar a suposição e suas consequências, assim como registramos o axioma das paralelas, sem supor que possamos saber se ele é verdadeiro ou falso. A suposição, enunciada informalmente, é que as seletoras e as seleções existem quando deveríamos esperar que existam. Há muitas formas equivalentes de enunciá-la com precisão. Podemos começar com esta:

"Dada qualquer classe de classes mutuamente excludentes, das quais nenhuma é vazia, existe pelo menos uma classe que tem exatamente um termo em comum com cada uma das classes dadas."

Chamaremos essa proposição de "axioma multiplicativo".[2]

Vamos primeiro mostrar várias formas equivalentes da proposição,

---

2 Ver Whitehead; Russell, *Principia Mathematica*, 2.ed., v.1, *88; e v.3, *257-8.

e depois considerar certas maneiras pelas quais a sua verdade ou falsidade interessam à matemática.

O axioma multiplicativo equivale à proposição de que um produto só é zero quando pelo menos um dos seus fatores é zero; ou seja, de que, se for multiplicado qualquer número de números cardinais, o resultado não pode ser zero, a não ser que um dos números envolvidos seja zero.

O axioma multiplicativo equivale à proposição de que, se R for qualquer relação e κ for qualquer classe contida no contradomínio de R, então existirá pelo menos uma relação um-para-muitos que implica R e tem κ como seu contradomínio.

O axioma multiplicativo equivale à suposição de que, se α for qualquer classe, e κ for todas as subclasses de α com exceção da classe vazia, então existirá pelo menos uma seletora de κ. Foi nessa forma que o axioma ficou conhecido pelo mundo erudito, graças a Zermelo, no seu "Beweis, dass jede Menge wohlgeordnet werden kann".[3] Zermelo vê o axioma como uma verdade inquestionável. Deve-se confessar que, até ele explicitar o axioma, os matemáticos não tinham o menor receio de usá-lo; mas parece que o fizeram inconscientemente. E o crédito de Zermelo por tê-lo explicitado é inteiramente independente da questão de se ele é verdadeiro ou falso.

Zermelo mostrou, na prova mencionada anteriormente, que o axioma multiplicativo equivale à proposição de que toda classe pode ser bem ordenada, ou seja, pode ser arranjada numa série em que toda subclasse tem um primeiro termo (exceto, claro, a

---

3 Zermelo, "Beweis, dass jede Menge wohlgeordnet werden kann", *Mathematische Annalen*, v.59, p.514-6, 1904. Quando nessa forma, vamos nos referir a ele como o axioma de Zermelo.

Introdução à filosofia matemática

classe vazia). A prova completa dessa proposição é difícil, mas não é difícil ver o princípio geral de que ela se origina. Ela usa a forma que chamamos de "axioma de Zermelo", ou seja, supõe, dada qualquer classe α, que exista pelo menos uma relação um-para--muitos R cujo contradomínio consiste em todas as subclasses existentes de α e que é tal que, se x tem a relação R com ξ, então x é membro de ξ. Essa relação seleciona um "representante" de cada subclasse; é bastante comum, claro, duas subclasses terem o mesmo representante. O que Zermelo faz, na verdade, é separar os membros de α, um por um, por meio de R e da indução transfinita. Separamos primeiro o representante de α; vamos chamá-lo de x_1. Depois, tomamos o representante da classe que consiste em toda α, exceto x_1; vamos chamá--lo de x_2. Ele precisa ser diferente de x_1, porque todo representante é um membro da sua classe, e x_1 está excluído dessa classe. Procedamos de maneira análoga para remover x_2, e seja então x_3 o representante do que restar. Dessa forma, obtemos primeiro uma progressão $x_1, x_2, \ldots x_n, \ldots$, supondo que α não seja finita. Removamos, depois, a progressão inteira; seja x^{ω} o representante do que sobra de α. Fazendo assim, podemos continuar até não restar nada. Os representantes sucessivos formarão uma série bem ordenada contendo todos os membros de α. (O que acabamos de ver, claro, foi só uma indicação da estrutura geral da prova.) Essa proposição é chamada de "teorema de Zermelo".

O axioma multiplicativo equivale também à suposição de que, entre quaisquer dois cardinais que não são iguais, um deve ser o maior. Se o axioma for falso, haverá cardinais μ e ν tais que μ não será menor, nem igual, nem maior que ν. Vimos que $\aleph_1$ e $2^{\aleph_0}$ possivelmente formam um par assim.

Bertrand Russell

Podem-se dar muitas outras formas do axioma, mas as exibidas anteriormente são as mais importantes conhecidas no momento. Quanto à verdade ou falsidade do axioma em qualquer uma das suas formas, não se sabe nada atualmente. São numerosas e importantes as proposições que dependem do axioma e cuja equivalência ou não a ele é desconhecida. Considere, primeiro, a relação entre adição e multiplicação. Naturalmente, achamos que a soma de v classes mutuamente excludentes, cada uma com μ termos, deve ter $\mu \times v$ termos. Quando v é finito, pode-se provar isso. Mas, quando v é infinito, é impossível provar isso sem o axioma multiplicativo, exceto quando, graças a alguma circunstância especial, pode-se provar a existência de certas seletoras. O axioma multiplicativo entra em cena da seguinte forma: suponha que tenhamos dois conjuntos de v classes mutuamente excludentes, cada uma com μ termos, e queiramos provar que a soma de um conjunto tem tantos termos quanto a soma do outro. Para provar isso, precisamos estabelecer uma relação um-para-um. Agora, como existem, em cada caso, v classes, há uma relação um-para-um entre os dois conjuntos de classes; mas o que queremos é uma relação um-para-um entre seus termos. Vamos considerar uma relação um-para-um S entre as classes. Então, se κ e λ forem os dois conjuntos de classes, e α for um membro de κ, haverá um membro β de λ que será o correlato de α em relação a S. Mas tanto α quanto β têm μ membros cada, e são, portanto, similares. Existem, consequentemente, correlações um-para-um entre α e β. O problema é que existem muitas delas. Para obter uma correlação um-para-um da soma de κ com a soma de λ, precisamos selecionar *um* correlacionador de α com β e fazer o mesmo para todos os outros pares. Isso requer uma *seleção* de um conjunto de classes de

Introdução à filosofia matemática

correlacionadores, em que cada classe do conjunto é formada por todos os correlacionadores um-para-um de α com β. Se κ e λ forem infinitos, não poderemos, em geral, saber que tal seleção existe, a não ser que consigamos ter certeza de que o axioma multiplicativo é verdadeiro. Assim, não podemos estabelecer o tipo comum de ligação entre a adição e a multiplicação.

Esse fato tem várias consequências curiosas. Para começar, sabemos que $\aleph_0^2 = \aleph_0 \times \aleph_0 = \aleph_0$. É comum se inferir disso que a soma de $\aleph_0$ classes, cada uma com $\aleph_0$ membros, deve, ela própria, ter $\aleph_0$ membros, mas essa inferência é falaciosa, já que não sabemos se o número de termos nessa soma é $\aleph_0 \times \aleph_0$, nem, consequentemente, se é $\aleph_0$. Isso tem relevância para a teoria dos ordinais transfinitos. É fácil provar que um ordinal com $\aleph_0$ predecessores deve ser um daqueles que Cantor chama de "segunda classe", ou seja, deve ser tal que uma série com esse número ordinal tenha $\aleph_0$ termos no seu campo. Também é fácil ver que, se considerarmos qualquer progressão de ordinais da segunda classe, os predecessores do seu limite formam, no máximo, a soma de $\aleph_0$ classes, cada uma com $\aleph_0$ termos. Daí se infere – de maneira falaciosa, a não ser que o axioma multiplicativo seja verdadeiro – que os predecessores do limite são $\aleph_0$ em número, e, portanto, que o limite é um número da "segunda classe". Isso é o mesmo que dizer que se supõe provado que qualquer progressão de ordinais da segunda classe tem um limite que é, também, um ordinal da segunda classe. Essa proposição, com o corolário de que ω_1 (o menor ordinal da terceira classe) não é o limite de nenhuma progressão, está envolvida na maior parte da teoria consagrada dos ordinais da segunda classe. Tendo em conta a maneira como o axioma multiplicativo está envolvido, a proposição e o seu corolário não podem ser considerados provados.

183

Eles podem ser verdadeiros, ou podem não ser. Tudo o que se pode dizer neste momento é que não sabemos. Assim, a maior parte da teoria dos ordinais da segunda classe deve ser considerada carente de prova.

Outro exemplo pode ajudar a esclarecer a questão. Sabemos que $2 \times \aleph_0 = \aleph_0$. Logo, poderíamos supor que a soma de $\aleph_0$ pares deve ter $\aleph_0$ termos. Mas, embora possamos provar que isso é verdade às vezes, não podemos provar que isso acontece *sempre*, a não ser que admitamos o axioma multiplicativo. Um exemplo dessa situação é o caso do milionário que comprava um par de meias toda vez que comprava um par de botas, e jamais em outra ocasião, e que era tão apaixonado por comprar os dois itens que acabou tendo $\aleph_0$ pares de botas e $\aleph_0$ pares de meias. O problema é: quantas botas ele tinha? E quantas meias? O natural seria supor que o número de botas e o número de meias que ele tinha seria o dobro do número de pares de cada uma delas, e que, portanto, ele tinha $\aleph_0$ de cada, dado que esse número não aumenta quando multiplicado por dois. Mas esse é um exemplo da dificuldade, já percebida, de relacionar a soma de v classes, cada uma com μ termos, com $\mu \times v$. Às vezes, isso pode ser feito, às vezes, não. No nosso caso, pode ser feito com as botas, mas não com as meias, exceto por algum truque muito artificial. A razão da diferença é esta: entre as botas, conseguimos distinguir a do pé esquerdo da do pé direito e, portanto, conseguimos selecionar uma de cada par; mais especificamente, podemos escolher todas as botas do pé esquerdo ou todas as do pé direito; mas, com as meias, nenhum princípio de seleção assim se mostra, e não podemos ter certeza, exceto se supusermos que o axioma multiplicativo é verdadeiro, de que exista alguma classe que consista numa meia vinda de cada par. Daí o problema.

Introdução à filosofia matemática

Podemos enunciar a questão de outra maneira. Para provar que uma classe tem $\aleph_0$ termos, é necessário e suficiente encontrar uma forma de arranjar seus termos numa progressão. Não há dificuldade em fazer isso com as botas. Os *pares* são dados como formando um $\aleph_0$ e, portanto, como o campo de uma progressão. Em cada par, considere a bota do pé esquerdo primeiro e a do pé direito depois, mantendo a ordem do par inalterada; dessa forma, obtemos uma progressão de todas as botas. Mas, com as meias, teremos que escolher arbitrariamente, a cada par, qual colocar primeiro; e um número infinito de escolhas arbitrárias não é uma possibilidade. A não ser que consigamos achar uma *regra* para selecionar, ou seja, uma relação seletora, não sabemos se uma seleção é possível, nem mesmo teoricamente. Claro, no caso de objetos no espaço, como meias, sempre podemos encontrar um princípio de seleção. Por exemplo: considere os centros de massa das meias. Haverá pontos p no espaço tais que, seja qual for o par, os centros de massa das duas meias não estarão ambos a exatamente a mesma distância de p; assim, podemos escolher, em cada par, a meia cujo centro de massa está mais próximo de p. Mas não há motivo teórico para um método de seleção como esse ser sempre possível, e o caso das meias, com um pouco de boa vontade da parte do leitor, pode servir para mostrar como uma seleção pode ser impossível.

Deve-se observar que, se *fosse* impossível selecionar uma meia de cada par, seguir-se-ia que as meias não *poderiam* ser arranjadas numa progressão e, portanto, que não haveria $\aleph_0$ delas. Esse caso ilustra que, se μ for um número infinito, um conjunto de μ pares pode não conter o mesmo número de termos que outro conjunto de μ pares; pois, dados $\aleph_0$ pares de botas, existem, com certeza, $\aleph_0$ botas, mas não podemos ter certeza disso no caso das meias, a não ser que suponhamos a verdade do axioma multiplicativo ou recorramos a um método geométrico fortuito de seleção como o que acabamos de usar.

Outro problema importante envolvendo o axioma multiplicativo é a relação entre reflexividade e não indutividade. Devemos lembrar que, no Capítulo 8, ressaltamos que um número reflexivo tem que ser não indutivo, mas que o contrário (até onde se sabe hoje) só pode ser provado se supusermos a validade do axioma multiplicativo. Isso ocorre como explicado a seguir.

É fácil provar que uma classe reflexiva contém subclasses com $\aleph_0$ termos. (A própria classe pode, é claro, ter $\aleph_0$ termos.) Assim, precisamos provar, se pudermos, que, dada qualquer classe não indutiva, é possível escolher uma progressão a partir dos seus termos. Mas não há dificuldade em mostrar que uma classe não indutiva deve conter mais termos que qualquer classe indutiva, ou, em outras palavras, que, se α for uma classe não indutiva e v for qualquer número indutivo, existirão subclasses de α que têm v termos. Assim, podemos formar conjuntos de subclasses finitas de α: primeiro, uma classe sem nenhum termo, depois, classes com um termo (tantas quantas forem os membros de α), depois, classes com dois termos, e assim por diante. Obtemos, assim, uma progressão de conjuntos de subclasses, com cada conjunto consistindo em todas as que têm um certo número finito dado de termos. Até agora, não usamos o axioma multiplicativo: apenas provamos que o número de coleções de subclasses de α é um número reflexivo, isto é, que, se μ for o número de membros de α, de modo que 2^μ é o número de subclasses de α e 2^{2^μ} é o número de coleções de subclasses, então, contanto que μ não seja indutivo, 2^{2^μ} deverá ser reflexivo. Mas isso está muito distante do que nos propusemos a provar.

Introdução à filosofia matemática

Para avançarmos para além desse ponto, precisamos aplicar o axioma multiplicativo. De cada conjunto de subclasses, vamos escolher uma, omitindo a subclasse que consiste apenas na subclasse vazia. Ou seja, selecionamos uma subclasse contendo um termo, digamos α_1; uma contendo dois termos, digamos α_2; uma contendo três termos, digamos α_3; e assim sucessivamente. (Podemos fazer isso se assumirmos a verdade do axioma multiplicativo; caso contrário, não sabemos se podemos sempre fazer isso ou não.) Temos agora uma progressão $\alpha_1, \alpha_2, \alpha_3, \ldots$ de subclasses de α, em vez de uma progressão de coleções de subclasses; assim, estamos um passo mais perto do nosso objetivo. Agora sabemos que, supondo que o axioma multiplicativo é verdadeiro, se μ for um número não indutivo, 2^μ deverá ser um número reflexivo.

O próximo passo é observar que, embora não possamos ter certeza de que novos membros de α vão aparecer em qualquer estágio especificado na progressão $\alpha_1, \alpha_2, \alpha_3, \ldots$, podemos ter certeza de que novos membros vão continuar aparecendo de vez em quando. Vamos dar um exemplo. A classe α_1, que consiste num termo, é um novo começo; denominemos esse termo x_1. A classe α_2, que consiste em dois termos, pode ou não conter x_1; se contiver, introduz um termo novo e, se não contiver, terá que introduzir dois termos novos, digamos, x_2 e x_3. Nesse caso, é possível que α_3 consista em x_1, x_2 e x_3, e assim não introduza nenhum termo novo, mas, nesse caso, α_4 precisa introduzir um termo novo. As primeiras ν classes $\alpha_1, \alpha_2, \alpha_3, \ldots \alpha_\nu$ contêm, no máximo, $1 + 2 + 3 + \ldots + \nu$ termos, ou seja, $\nu(\nu+1)/2$ termos; logo, seria possível, se não houvesse repetições nas primeiras ν classes, continuar com repetições somente da $(\nu+1)$-ésima à $\nu(\nu+1)/2$-ésima classe. Mas então os termos antigos não mais seriam numerosos o bastante para formar uma próxima classe com o número certo de membros, isto é, $v\,(v+1)/2 + 1$; portanto, novos termos têm que entrar nesse ponto, se não antes. Segue-se que, se omitirmos da nossa progressão $\alpha_1, \alpha_2, \alpha_3, \ldots$ todas as classes que são compostas inteiramente de membros que apareceram em classes anteriores, ainda assim, teremos uma progressão. Chamemos a nossa nova progressão de $\beta_1, \beta_2, \beta_3 \ldots$ (Teremos $\alpha_1 = \beta_1$ e $\alpha_2 = \beta_2$, porque α_1 e α_2 *precisam* introduzir termos novos. Podemos ou não ter $\alpha_3 = \beta_3$, mas, de maneira geral, β_μ será α_ν, onde ν é um número maior que μ; ou seja, os β's são *alguns* dos α's.) Nesse ponto, esses β's são tais que qualquer um deles, β_μ, digamos, contém membros que não ocorreram em nenhum dos β's anteriores. Seja γ_μ a parte de β_μ que consiste em membros novos. Assim, obtemos uma nova progressão $\gamma_1, \gamma_2, \gamma_3, \ldots$ (Mais uma vez, γ_1 será idêntico a β_1 e a α_1; se α_2 não contiver o membro de α_1, teremos $\gamma_2 = \beta_2 = \alpha_2$, mas, se α_2 realmente contiver esse membro, γ_2 consistirá no outro membro de α_2.) Essa nova progressão de γ's consiste em classes mutuamente excludentes. Assim, uma seleção a partir delas será uma progressão; isto é, se x_1 é o membro de γ_1, x_2 é um membro de γ_2, x_3 é um membro de γ_3, e assim por diante; então, $x_1, x_2, x_3, \ldots$ é uma progressão e é uma subclasse de α. Supondo-se verdadeiro o axioma multiplicativo, é possível fazer essa seleção. Assim, usando-se duas vezes esse axioma, podemos provar que, se o axioma for verdadeiro, todo cardinal não indutivo precisa ser reflexivo. Isso também poderia ser deduzido do teorema de Zermelo, segundo o qual, se o axioma for verdadeiro, toda classe poderá ser bem ordenada, pois uma série bem ordenada precisa ter um número finito ou reflexivo de termos no seu campo.

Há uma vantagem no argumento direto anterior em comparação com a dedução a partir do teorema de Zermelo: a de que o argumento anterior não exige a verdade universal do axioma

Introdução à filosofia matemática

multiplicativo, e sim apenas que ele seja verdadeiro quando aplicado a um conjunto de $\aleph_0$ classes. Pode acontecer de o axioma ser válido para $\aleph_0$ classes, apesar de não sê-lo para números maiores de classes. Por isso, é melhor, quando possível, nos satisfazermos com a suposição mais restrita. A suposição feita no argumento direto anterior é que um produto de $\aleph_0$ fatores nunca é zero, a não ser que um dos fatores seja zero. Podemos enunciar essa suposição desta forma: "$\aleph_0$ é um número *multiplicável*", onde um número *v* é definido como "multiplicável" quando um produto de *v* fatores jamais é zero, a não ser que um dos fatores seja zero. Podemos *provar* que um número *finito* é sempre multiplicável, mas não podemos provar que qualquer número infinito o seja. O axioma multiplicativo é equivalente à suposição de que *todos* os números cardinais são multiplicáveis. Mas, para identificar os reflexivos com os não indutivos, ou para abordar o problema das botas e das meias, ou para mostrar que qualquer progressão de números da segunda classe é da segunda classe precisamos apenas da suposição muito mais restrita de que $\aleph_0$ é multiplicável.

Não é improvável que haja muito a se descobrir em relação aos tópicos discutidos neste capítulo. É possível encontrar casos em que proposições que parecem envolver o axioma multiplicativo podem ser provadas sem a aplicação dele. É concebível que o axioma multiplicativo na sua forma geral se mostre falso. Desse ponto de vista, o teorema de Zermelo oferece a maior esperança: *talvez* se possa provar que os termos das séries contínuas ou de algumas ainda mais densas não podem ser bem ordenados, o que provaria a falsidade do axioma multiplicativo, em virtude do teorema de Zermelo. Mas, até agora, não se descobriu nenhum método para obter esses resultados, e o assunto permanece envolto em obscuridade.

13
O axioma do infinito e tipos lógicos

O axioma do infinito é uma suposição que pode ser enunciada da seguinte forma:

"Se n é qualquer número cardinal indutivo, existe pelo menos uma classe de indivíduos que tem n termos."

Caso isso seja verdade, segue-se, claro, que existem muitas classes de indivíduos que têm n termos, e que o número total de indivíduos no mundo não é um número indutivo. Pois, de acordo com o axioma, existe pelo menos uma classe com $n + 1$ termos, do que se segue que existem muitas classes de n termos e que n não é o número de indivíduos no mundo. Como n é *qualquer* número indutivo, segue-se que o número de indivíduos no mundo precisa (se nosso axioma for verdadeiro) exceder qualquer número indutivo. Considerando-se o que vimos no capítulo anterior, sobre a possibilidade de haver cardinais que não são nem indutivos nem reflexivos, não podemos inferir a partir do nosso axioma que existem pelo menos $\aleph_0$ indivíduos, exceto se supusermos a verdade do axioma multiplicativo. Mas sabemos que existem pelo menos $\aleph_0$ classes de classes, já que os cardinais indutivos são classes de classes e formam uma progressão (se nosso axioma for verdadeiro).

A maneira como surge a necessidade desse axioma pode ser explicada como se segue. Uma das suposições de Peano é que não existem dois cardinais indutivos que tenham o mesmo sucessor, ou seja, que não devemos ter $m + 1 = n + 1$, a não ser que $m = n$, se m e n forem cardinais indutivos. No Capítulo 8, tivemos ocasião de usar o que é virtualmente o mesmo que a suposição anterior de Peano, isto é, a de que, se n for um cardinal indutivo, n não é igual a $n + 1$. Seria possível pensar que isso pode ser provado. Conseguimos provar que, se α é uma classe indutiva e n é o número de membros de α, então n não é igual a $n + 1$. Essa proposição é facilmente provada por indução, e seria possível pensar que ela implica a outra. Mas, na verdade, não implica, já que poderia não existir uma classe como α. O que ela realmente implica é isto: se n é um cardinal indutivo tal que haja pelo menos uma classe com n membros, então n não é igual a $n + 1$. O axioma do infinito nos assegura (de forma verdadeira ou falsa) que existem classes com n membros, e assim nos permite afirmar que n não é igual a $n + 1$. Mas, sem esse axioma, seríamos deixados a possibilidade de que n e $n + 1$ pudessem ser ambos a classe vazia.

Vamos ilustrar essa possibilidade com um exemplo. Suponha que houvesse exatamente nove indivíduos no mundo. (Quanto a que se refere a palavra "indivíduo", preciso pedir ao leitor para ter paciência.) Então, os cardinais indutivos de 0 a 9 seriam os que esperamos que fossem, mas 10 (definido como $9 + 1$) seria a classe vazia. Lembramos aqui que $n + 1$ pode ser definido como se segue: $n + 1$ é a coleção de todas as classes que têm um termo x tal que, quando x é removido, sobra uma classe de n termos. Aplicando agora essa definição, vimos que, no caso

Introdução à filosofia matemática

suposto, $9 + 1$ é uma classe que não consiste em nenhuma classe, isto é, é a classe vazia. O mesmo valerá para $9 + 2$, ou, de forma geral, para $9 + n$, exceto se n for zero. Assim, 10 e todos os cardinais indutivos subsequentes serão todos idênticos, já que serão todos a classe vazia. Nesse caso, os cardinais indutivos não formarão uma progressão, e também não será verdade que não existem dois números desses com o mesmo sucessor, pois 9 e 10 serão ambos sucedidos pela classe vazia (com o próprio 10 sendo a classe vazia). É para evitar essas catástrofes aritméticas que precisamos do axioma do infinito.

Na realidade, contanto que estejamos satisfeitos com a aritmética dos inteiros finitos e não introduzamos nem os inteiros infinitos, nem as classes infinitas, nem as séries infinitas de inteiros finitos ou de razões, é possível obter todos os resultados desejados sem o axioma do infinito. Em outras palavras, conseguimos lidar com a adição, a multiplicação e a exponenciação de inteiros finitos e de razões, mas não conseguimos lidar com inteiros infinitos e com irracionais. Assim, a teoria do transfinito e a teoria dos números reais não nos são suficientes. Deve-se explicar agora como surgem esses vários resultados.

Supondo-se que o número de indivíduos no mundo seja n, o número de classes de indivíduos será 2^n. Isso resulta da proposição geral mencionada no Capítulo 8 de que o número de classes contidas numa classe com n membros é 2^n. Mas 2^n é sempre maior que n. Assim, o número de classes no mundo é maior que o número de indivíduos. Se, agora, supusermos que o número de indivíduos seja 9, como acabamos de fazer, o número de classes será 2^9, ou seja, 512. Logo, se considerarmos que nossos números são aplicados na contagem de classes em vez de na contagem de indivíduos, nossa aritmética será normal até

Bertrand Russell

atingirmos 512: o primeiro número que será nulo, ou seja, a classe vazia, será 513. E se avançarmos para as classes de classes, faremos ainda melhor: o número delas será 2^{512}, um número gigantesco o bastante para deixar a imaginação desnorteada, dado que tem uns 153 dígitos; o número de dígitos nesse número será algo próximo a três vezes 10^{152}. Numa época de escassez de papel, não é desejável escrever esse número por extenso e, se quisermos números maiores, podemos obtê-los indo mais longe na hierarquia lógica. Dessa forma, pode-se fazer que qualquer cardinal indutivo encontre seu lugar entre os números não nulos apenas percorrendo a hierarquia até uma distância suficiente.[1]

No que diz respeito às razões, temos uma situação muito parecida. Para uma razão μ/v ter as propriedades esperadas, deverá haver objetos suficientes do tipo que estiver sendo contado para garantir que a classe vazia não se intrometa de repente. Mas isso pode ser assegurado, para qualquer razão μ/v dada, sem o axioma do infinito, apenas percorrendo a hierarquia até uma distância suficiente. Se não conseguirmos ter êxito contando indivíduos, podemos tentar contar classes de indivíduos; se ainda assim não conseguirmos, podemos tentar classes de classes, e assim por diante. No fim das contas, por menor que seja o número de indivíduos no mundo, chegaremos a um ponto em que existem muito mais que μ objetos, seja qual for o número indutivo μ. Mesmo se não houvesse indivíduo nenhum, isso ainda valeria, pois então haveria uma classe, a saber, a classe vazia, 2 classes de classes (a classe vazia de classes e a classe cujo

---

1 Sobre esse assunto, ver Whitehead; Russell, *Principia Mathematica*, 2.ed., v.2, *120 ss. Sobre os problemas correspondentes relacionados às razões, ver ibid., v.3, *303 ss.

Introdução à filosofia matemática

único membro é a classe vazia de indivíduos), 4 classes de classes de classes, 16 na próxima etapa, 65.536 na próxima etapa, e assim sucessivamente. Logo, uma suposição como o axioma do infinito não é necessária para se obter qualquer razão dada ou qualquer cardinal indutivo dado.

É quando desejamos lidar com toda a classe ou série de cardinais indutivos ou de razões que o axioma é necessário. Precisamos de toda a classe dos cardinais indutivos para estabelecer a existência de $\aleph_0$, e de toda a série para estabelecer a existência de progressões: para tais resultados, é preciso que sejamos capazes de construir uma única classe ou série em que nenhum cardinal indutivo seja nulo. Precisamos de toda a série de razões em ordem de grandeza para definir os números reais como segmentos: essa definição não vai proporcionar o resultado desejado, a não ser que a série de razões seja densa, o que ela não pode ser se o número total de razões, na etapa em questão, for finito.

Seria natural supor — como eu mesmo o fiz no passado — que, por meio de construções como as que temos considerado, o axioma do infinito poderia ser *provado*. Pode-se dizer: vamos assumir que o número de indivíduos é n, onde n pode ser 0 sem que isso arruíne o nosso argumento; então, se formarmos o conjunto completo de indivíduos, classes, classes de classes etc., com tudo isso considerado, o número de termos no nosso conjunto completo será

$$n + 2^n + 2^{2^{\mu}} \ \ldots ad\ infinitum,$$

que é $\aleph_0$. Assim, considerando todos os tipos de objetos em conjunto e sem nos limitarmos a objetos de um único tipo, com certeza vamos obter uma classe infinita e, portanto, não vamos precisar do axioma do infinito. Isso é o que se poderia dizer.

Bertrand Russell

Mas, antes de iniciarmos esse argumento, a primeira coisa a se notar é que ele cheira um pouco a truque: algo nele faz lembrar o mágico que tira coisas da cartola. O homem que lhe emprestou a cartola tem certeza de que não havia um coelho vivo nela antes, mas não faz a menor ideia de como o coelho foi parar lá. Então, o leitor, se tiver um senso robusto de realidade, ficará convencido de que é impossível fabricar uma coleção infinita a partir de uma coleção finita de indivíduos, embora ele possa ser incapaz de dizer onde está a falha na construção mostrada anteriormente. Seria um erro enfatizar demais essa sensação de truque; como outras emoções, ela pode nos enganar. Mas ela proporciona um motivo *prima facie* para analisar muito detidamente qualquer argumento que a desperte. E quando o argumento anterior for analisado, na minha opinião, vai se revelar falacioso, embora a falácia seja sutil e, de forma alguma, fácil de evitar consistentemente.

A falácia envolvida é a que pode ser denominada "confusão dos tipos". Explicar o assunto dos "tipos" exaustivamente exigiria um volume inteiro; além disso, é propósito deste livro evitar as partes dos assuntos que ainda são obscuras e controversas, isolando, para a conveniência dos iniciantes, as partes que podem ser aceitas como corporificando verdades matematicamente averiguadas. Ora, a teoria dos tipos categoricamente não pertence à parte concluída e indubitável do nosso assunto: muito dessa teoria ainda é incipiente, confuso e obscuro. Mas a necessidade de haver *alguma* doutrina dos tipos é menos incerta que a forma precisa que a doutrina deveria assumir; e, em relação ao axioma do infinito, é particularmente fácil ver a necessidade de alguma doutrina assim.

Essa necessidade resulta, por exemplo, da "contradição do maior cardinal". Vimos no Capítulo 8 que o número de classes

Introdução à filosofia matemática

contidas numa dada classe é sempre maior que o número de membros da classe, e inferimos que o maior número cardinal não existe. Se pudéssemos, como sugerimos há pouco, colocar numa mesma classe os indivíduos, as classes de indivíduos, as classes das classes de indivíduos etc., deveríamos obter uma classe da qual seriam membros suas próprias subclasses. A classe que consiste em todos os objetos que podem ser contados, seja qual for o tipo deles, precisa ter, se houver essa classe, um número cardinal que seja o maior possível. Como todas as suas subclasses serão membros dela, não pode haver um número maior delas do que de membros. Logo, chegamos a uma contradição.

Quando me deparei com tal contradição pela primeira vez, em 1901, tentei descobrir uma falha na prova de Cantor de que não existe o maior cardinal, que foi dada no Capítulo 8. Ao aplicar essa prova à suposta classe de todos os objetos imagináveis, fui levado a uma contradição nova e mais simples, a saber:

A classe abrangente que estamos considerando, que deve englobar tudo, deve englobar a si própria como um dos seus membros. Em outras palavras, se existir um "tudo", esse "tudo" é alguma coisa e é membro da classe "tudo". Mas normalmente uma classe não é membro de si mesma. A humanidade, por exemplo, não é um ser humano. Forme-se agora o grupo de todas as classes que não são membros delas mesmas. Isto é uma classe: ela é membro de si mesma ou não? Se for, é uma daquelas classes que não são membros de si próprias, ou seja, não é membro de si própria. Se não for, não é uma daquelas classes que não são membros de si próprias, ou seja, é membro de si própria. Assim, cada uma das duas hipóteses — a de que ela é e a de que ela não é membro de si própria — implica a sua contraditória. Isso é uma contradição.

Bertrand Russell

Não há dificuldade em produzir contradições parecidas ao bel-prazer. A solução dessas contradições pela teoria dos tipos é apresentada na íntegra no *Principia Mathematica*[2] e também, em versões mais curtas, em artigos deste autor no *American Journal of Mathematics*[3] e na *Revue de Métaphysique et de Morale*.[4] Por ora, um esboço da solução deve bastar.

A falácia consiste na formação do que podemos chamar de classes "impuras", ou seja, classes que não são puras quanto ao seu "tipo". Como veremos num capítulo mais à frente, classes são ficções lógicas, e uma afirmação que parece ser sobre uma classe só terá importância se comportar a tradução para uma forma na qual não se faz menção alguma à classe.

Isso impõe uma limitação às maneiras pelas quais podem ocorrer de forma significativa o que são nominalmente, mas não na realidade, nomes para classes: uma frase ou um conjunto de símbolos em que esses pseudonomes ocorrem da maneira errada não são falsos, mas estritamente destituídos de significado. A suposição de que uma classe é ou não é membro de si mesma é sem sentido justamente dessa maneira. E, de forma mais geral, supor que uma classe de indivíduos seja ou não membro de outra classe de indivíduos será o mesmo que supor um absurdo; e construir simbolicamente qualquer classe cujos membros não são todos do mesmo grau na hierarquia lógica é usar símbolos de uma forma que os faz não simbolizar mais nada.

---

2 Whitehead; Russell, *Principia Mathematica*, op. cit., v.1, "Introduction", cap.2, *12 e *20; v.2, "Prefatory Statement".

3 Russell, "Mathematical Logic as Based on the Theory of Types", *American Journal of Mathematics*, v.30, n.3, p. 222-62, jul. 1908.

4 Id., "Les Paradoxes de la logique", *Revue de Métaphysique et de Morale*, v.14, n.5, p.627-50, set. 1906.

Introdução à filosofia matemática

Assim, se houver n indivíduos no mundo e 2^n classes de indivíduos, não podemos formar uma nova classe que consista em indivíduos e classes, e que tenha $n + 2^n$ membros. Desse modo, a tentativa de escapar da necessidade do axioma do infinito fracassa. Não vou fingir que expliquei a doutrina dos tipos, nem que fiz algo além de indicar, em linhas bastante gerais, o porquê da necessidade de tal doutrina. Meu objetivo foi apenas dizer o que era necessário para mostrar que não podemos *provar* a existência de números e classes infinitas usando esses métodos "de mágica" que andamos examinando. Restam, contudo, alguns outros métodos possíveis que devem ser considerados.

Vários argumentos que professam provar a existência de classes infinitas são exibidos no *Principles of Mathematics*, §339 (p.357). No que se refere à suposição desses argumentos de que, se n é um cardinal indutivo, n não é igual a $n + 1$, eles já foram abordados. Há um argumento, sugerido por uma passagem no *Parmênides*, de Platão, segundo o qual, se há um número como 1, então 1 tem ser; mas 1 não é igual ao ser e, portanto, 1 e o ser são duas coisas e, portanto, existe um número 2, e 2, junto com 1 e com o ser, originam uma classe de três termos, e assim por diante. Esse argumento é falacioso, em parte porque "ser" não é um termo que tenha um significado definido, e mais ainda porque, se um significado definido fosse inventado para ele, seria percebido que os números não têm ser — eles são, na verdade, o que se chama de "ficções lógicas", como veremos quando passarmos a considerar a definição de classe.

O argumento de que o número de números de 0 a n (incluindo ambos) é $n + 1$ depende da suposição de que, até n (inclusive), nenhum número é igual ao seu sucessor, o que, como vimos, não será sempre verdade se o axioma do infinito

Bertrand Russell

for falso. Deve-se entender que a equação $n = n + 1$, que poderia ser verdadeira para um n finito se n excedesse o número total de indivíduos no mundo, é bastante diferente da mesma equação quando aplicada a um número reflexivo.

Quando aplicada a um número reflexivo, ela significa que, dada uma classe de n termos, ela é "similar" àquela obtida adicionando-se outro termo. Mas, quando aplicada a um número que é grande demais para o mundo real, ela significa apenas que não existe uma classe de n indivíduos, nem uma classe de $n + 1$ indivíduos; isso não significa que, se percorrermos a hierarquia até uma distância suficiente para garantir a existência de uma classe de n termos, veremos então que essa classe é "similar" à de $n + 1$ termos, pois, se n for indutivo, isso não ocorrerá, seja o axioma do infinito verdadeiro ou falso.

Há um argumento, empregado por Bolzano[5] e por Dedekind,[6] para provar a existência das classes reflexivas. Ele é, em poucas palavras, o seguinte: um objeto não é idêntico à ideia do objeto, mas há (pelo menos na esfera da existência) uma ideia de qualquer objeto. A relação entre um objeto e a ideia dele é um-para-um, e as ideias são apenas alguns dos objetos. Assim, a relação "ideia de" constitui uma reflexão de toda a classe de objetos numa parte de si mesma, mais especificamente, na parte que consiste nas ideias. Consequentemente, a classe dos objetos e a classe das ideias são ambas infinitas. Esse argumento é interessante, não só pelo seu valor próprio, mas também porque os erros que contém (ou o que julgo serem erros) são de um tipo que é instrutivo mencionar. O principal erro consiste em supor que existe uma

---

5 Bolzano, *Paradoxien des Unendlichen*, p.13.
6 Dedekind, *Was sind und was sollen die Zahlen?*, n.66.

Introdução à filosofia matemática

ideia de todo objeto. É, evidentemente, difícil demais decidir a que se refere a palavra "ideia", mas vamos supor que saibamos. Devemos então supor que, começando, digamos, com Sócrates, existe a ideia de Sócrates, e depois a ideia da ideia de Sócrates, e assim por diante *ad infinitum*. Porém, é claro que isso não ocorre no sentido de que todas essas ideias têm uma existência empírica real na mente das pessoas. Além da terceira ou quarta etapa, elas se tornam míticas. Para poder sustentar o raciocínio, as "ideias" desejadas devem ser ideias platônicas situadas no Céu, pois na Terra com certeza elas não estão. Mas aí, de imediato, torna--se incerto se essas ideias existem. Para que possamos saber que existem, precisamos nos basear numa teoria lógica que prove ser necessário a uma coisa que haja uma ideia dela. Certamente não conseguimos obter esse resultado empiricamente, nem aplicá--lo, como o faz Dedekind ao *"meine Gedankenwelt"* – o mundo dos meus pensamentos.

Se estivéssemos preocupados em analisar exaustivamente a relação entre ideia e objeto, deveríamos iniciar uma série de indagações psicológicas e lógicas que não são relevantes para o nosso propósito principal. Mas algumas questões adicionais deveriam ser mencionadas. Para que o termo "ideia" possa ser entendido do ponto de vista lógico, ele pode ser *idêntico* ao objeto ou pode representar uma *descrição* (no sentido que será explicado num capítulo subsequente). No caso anterior, o argumento não funciona, porque era essencial à prova da reflexividade que objeto e ideia fossem coisas distintas. No segundo caso, o argumento também não funciona, porque a relação entre objeto e descrição não é um-para-um: há inúmeras descrições corretas de qualquer objeto dado. Sócrates, por exemplo, pode ser descrito como "o mestre de Platão", ou como "o filósofo

Bertrand Russell

que bebeu cicuta", ou como "o marido de Xantipa". Para interpretar a palavra "ideia" do ponto de vista psicológico – considerando-se as hipóteses restantes –, deve-se sustentar que não há nenhuma entidade psicológica definida que poderia ser denominada *a* ideia do objeto: existem incontáveis crenças e atitudes, e cada uma delas poderia ser denominada *uma* ideia do objeto, no sentido que nos permitiria dizer "a ideia que tenho de Sócrates é muito diferente da sua", mas não existe nenhuma entidade central (exceto o próprio Sócrates) para unir várias "ideias de Sócrates" e, portanto, não existe nenhuma relação um-para-um entre ideia e objeto como supõe o argumento. Tampouco, claro, como já mencionamos, é verdade do ponto de vista psicológico que há ideias (em qualquer sentido, por mais amplo que seja) de mais do que uma proporção minúscula das coisas do mundo. Por todos esses motivos, o argumento anterior a favor da existência lógica das classes reflexivas deve ser rejeitado.

Seria possível pensar que, seja o que for que se diga sobre os argumentos *lógicos*, os argumentos *empíricos* deriváveis do espaço e do tempo, da diversidade das cores etc. são perfeitamente suficientes para provar a existência real de um número infinito de particulares. Não acredito nisso. Não temos nenhuma razão, exceto o preconceito, para crer na extensão infinita do espaço e do tempo, pelo menos no sentido de o espaço e o tempo serem fatos físicos, e não ficções matemáticas. É natural para nós considerar o espaço e o tempo como sendo contínuos, ou, no mínimo, densos; mas isso, também, é sobretudo preconceito. A teoria dos "quanta" da física, seja ela verdadeira ou falsa, ilustra o fato de a física jamais poder proporcionar uma prova de que a continuidade existe, embora talvez tivesse boas chances de proporcionar a refutação. Os sentidos não são precisos o

Introdução à filosofia matemática

bastante para distinguir entre movimento contínuo e sucessão discreta rápida, como qualquer um pode descobrir num cinema. Um mundo em que todo movimento consistisse numa série de pequenos solavancos finitos seria empiricamente indistinguível de um em que o movimento fosse contínuo. Defender essas teses de forma adequada ocuparia espaço demais; por ora, estou apenas sugerindo-as para a consideração do leitor. Se elas são válidas, segue-se que não existe razão empírica para acreditar que o número de particulares no mundo seja infinito e que tal razão nunca poderá existir; segue-se também que, atualmente, não há razão empírica para acreditar que o número seja finito, embora seja concebível do ponto de vista teórico que, um dia, possa haver evidências apontando, ainda que não de forma conclusiva, nessa direção.

Do fato de que o infinito não é autocontraditório, mas também não é demonstrável logicamente, devemos concluir que nada se pode saber *a priori* em relação ao número de coisas no mundo ser finito ou infinito. A conclusão é, portanto, adotar uma terminologia leibniziana, a de que alguns dos mundos possíveis são finitos, alguns são infinitos, e não temos como saber a qual desses dois tipos nosso mundo real pertence. O axioma do infinito será verdadeiro em alguns mundos possíveis e falso em outros; se ele é verdadeiro ou falso neste mundo, não conseguimos dizer.

Ao longo deste capítulo, os sinônimos "indivíduo" e "particular" foram usados sem uma explicação. Seria impossível explicá-los de maneira adequada sem um exame mais longo sobre a teoria dos tipos do que seria apropriado para esta obra, mas algumas palavras antes de encerrarmos este tópico podem ajudar a reduzir a obscuridade que, do contrário, cobriria o significado desses termos.

203

Bertrand Russell

Numa afirmação comum, conseguimos distinguir um verbo que esteja expressando um atributo ou uma relação dos substantivos que expressam o sujeito do atributo ou os termos da relação. "César viveu" associa um atributo a César; "Brutus matou César" expressa uma relação entre Brutus e César. Usando a palavra "sujeito" num sentido generalizado, podemos chamar tanto Brutus quanto César de sujeitos dessa proposição: o fato de, do ponto de vista gramatical, Brutus ser o sujeito e César ser o objeto é irrelevante da perspectiva da lógica, já que o mesmo evento pode ser expresso com as palavras "César foi morto por Brutus", em que César é o sujeito, de acordo com a gramática. Assim, no tipo mais simples de proposição, teremos um atributo ou relação que é válida para ou que existe entre um, dois ou mais "sujeitos" no sentido amplo. (Uma relação pode ter mais que dois termos. Por exemplo: "A dá B a C" é uma relação de *três* termos.) Mas é muito comum um exame mais meticuloso revelar que os sujeitos aparentes não são exatamente sujeitos, mas capazes de análise; contudo, o único resultado disso é que novos sujeitos ocupam seus lugares. Também ocorre de o verbo poder ser transformado em sujeito, do ponto de vista gramatical. Por exemplo: podemos dizer: "matar é uma relação que existe entre Brutus e César". Mas, nesses casos, a gramática é enganosa, e, numa afirmação sem rodeios, que siga as regras que deveriam guiar a gramática filosófica, Brutus e César serão os sujeitos, e matar, o verbo.

Somos, assim, conduzidos à concepção de termos que, quando ocorrem em proposições, podem ocorrer *apenas* como sujeitos, jamais de qualquer outra forma. Isso é parte da antiga definição escolástica de *substância*; mas a persistência ao longo do tempo, que pertencia a essa noção, não forma parte da noção

Introdução à filosofia matemática

que estamos tratando. Definiremos "nomes próprios" como os termos que, em proposições, só podem ocorrer como *sujeitos* (usando a palavra "sujeito" no sentido amplo citado há pouco). Definiremos, ainda, "indivíduos" ou "particulares" como os objetos que podem ser denominados por nomes próprios. (Seria melhor defini-los diretamente, em vez de por meio do tipo de símbolo pelos quais eles são representados; mas, para fazer isso, precisaríamos mergulhar mais fundo na metafísica do que é desejável aqui.) É possível, claro, que haja uma regressão interminável: que qualquer coisa que pareça um particular se revele, na verdade, após um exame mais minucioso, uma classe, ou uma espécie de complexo. Se for esse o caso, o axioma do infinito deve, claro, ser verdadeiro. Caso contrário, deve ser possível, do ponto de vista teórico, que a análise chegue aos sujeitos elementares, e são esses que dão significado a "particulares" e a "indivíduos". É ao número deles que se supõe que o axioma do infinito se aplique. Se o axioma vale para eles, vale para as classes deles, e para as classes de classes deles, e assim por diante; de modo análogo, se o axioma não vale para eles, não vale ao longo dessa hierarquia. Logo, é natural enunciar o axioma relativamente a eles, e não a qualquer outro estágio na hierarquia. Mas, quanto à verdade ou não do axioma, parece não existir um método conhecido para se descobrir isso.

14
Incompatibilidade e a teoria da dedução

Exploramos até agora, com certa pressa, é verdade, a parte da filosofia da matemática que não exige um exame crítico da ideia de *classe*. No capítulo anterior, contudo, vimo-nos confrontados por problemas que tornam imperativo esse exame. Antes que possamos realizá-lo, precisamos considerar certas outras partes da filosofia da matemática que ignoramos até aqui. Num tratamento sintético, as partes que abordaremos agora vêm primeiro: elas são mais fundamentais que tudo o que já discutimos. Três assuntos vão nos interessar antes de chegarmos à teoria das classes. Eles são: (1) a teoria da dedução; (2) funções proposicionais; e (3) descrições. Desses, o terceiro não é pressuposto logicamente na teoria das classes, mas é um exemplo mais simples do *tipo* de teoria necessário quando se lida com classes. É do primeiro assunto, a teoria da dedução, que vamos tratar neste capítulo.

A matemática é uma ciência dedutiva: partindo de certas premissas, ela chega, por meio de um processo estrito de dedução, aos vários teoremas que a constituem. É verdade que, no passado, era comum as deduções matemáticas carecerem muito de rigor; também é verdade que o rigor perfeito é um ideal muito difícil de atingir. No entanto, dado que falte rigor numa prova matemática, ela é defeituosa; insistir que o senso comum mostra que o resultado está correto não serve como justificativa, pois, se fôssemos depender disso, seria melhor prescindir totalmente de argumentos, em vez de recorrer à falácia para ajudar o senso comum. Nenhum apelo ao senso comum, ou à "intuição", ou a qualquer coisa diferente da estrita lógica dedutiva deveria ser necessário na matemática depois que as premissas são estabelecidas.

Kant, após observar que os geômetras do seu tempo não conseguiam provar seus teoremas apenas por meio de argumentos, mas precisavam apelar a desenhos e diagramas, inventou uma teoria do raciocínio matemático, segundo a qual a inferência nunca é estritamente lógica e sempre exige o apoio do que se denomina "intuição". A tendência como um todo da matemática moderna, com sua busca adicional pelo rigor, tem sido contrária a essa teoria kantiana. As coisas na matemática dos tempos de Kant que não podem ser *demonstradas* não podem ser *conhecidas* – um exemplo é o axioma das paralelas. O que pode ser conhecido, na matemática e por meio de métodos matemáticos, é o que se pode deduzir da lógica pura. Tudo o mais que tiver que pertencer ao conhecimento humano precisa ser verificado de outro jeito – empiricamente, por meio dos sentidos ou da experiência sob alguma forma, mas não *a priori*. A argumentação favorável a essa tese será encontrada em *Principia Mathematica*, *passim*; uma defesa controversa dela consta em *Principles of Mathematics*. Aqui, não podemos ir além de indicar ao leitor essas obras, já que o assunto é amplo demais para um tratamento apressado.

Introdução à filosofia matemática

Enquanto isso, suporemos que toda a matemática é dedutiva e passaremos a indagar o que está envolvido na dedução.

Nela, temos uma ou mais proposições chamadas *premissas*, a partir das quais inferimos uma proposição chamada *conclusão*. Para os nossos propósitos, será conveniente, quando houver originalmente várias premissas, amalgamá-las numa única proposição, para podermos falar *da* premissa, bem como *da* conclusão. Assim, podemos considerar a dedução como um processo por meio do qual passamos do conhecimento de uma certa proposição, a premissa, ao conhecimento de uma certa outra proposição, a conclusão. Mas não vamos considerar esse processo como uma dedução *lógica*, exceto se ele estiver *correto*, ou seja, exceto se houver uma relação tal entre a premissa e a conclusão que tenhamos o direito de acreditar na última se soubermos que a premissa é verdadeira. É essa relação que é o foco principal de interesse na teoria lógica da dedução.

Para conseguirmos inferir, de maneira válida, a verdade de uma proposição, precisamos saber que uma outra proposição é verdadeira, e que existe entre as duas uma relação do tipo denominado "implicação", isto é, que (como costumamos dizer) a premissa "implica" a conclusão. (Vamos definir essa relação daqui a pouco.) Ou podemos saber que uma certa outra proposição é falsa e que existe uma relação entre as duas do tipo denominado "disjunção", expresso por "p ou q",[1] de modo que o conhecimento de que uma é falsa nos permita inferir que a outra é verdadeira. Ou, então, o que desejamos inferir talvez seja a *falsidade* de uma proposição, e não a sua verdade. É possível inferir isso a partir da verdade de outra proposição, contanto que

---

1 Usaremos as letras p, q, r, s e t para denotar proposições arbitrárias.

Bertrand Russell

saibamos que as duas são "incompatíveis", ou seja, que, se uma for verdadeira, a outra é falsa. Também se pode inferir a partir da falsidade de outra proposição, exatamente nas mesmas circunstâncias que a verdade de uma poderia ter sido inferida a partir da verdade da outra; isto é, a partir da falsidade de p, podemos inferir a falsidade de q, quando q implica p. Todas essas quatro situações são casos de inferência. Quando nossa mente está concentrada na inferência, parece natural considerar a "implicação" como a relação primitiva fundamental, já que ela é a relação que deve existir entre p e q para conseguirmos inferir a verdade de q a partir da verdade de p. Mas, por motivos técnicos, essa não é a melhor ideia primitiva para se escolher. Antes de passarmos às ideias primitivas e às definições, consideremos em maior detalhe as várias funções de proposições sugeridas pelas relações entre proposições mencionadas há pouco.

A mais simples dessas funções é a negativa, "não-p". Trata-se da função de p que é verdadeira quando p é falsa, e falsa quando p é verdadeira. É conveniente falar da verdade de uma proposição, ou da sua falsidade, como o seu "valor de verdade";[2] ou seja, a *verdade* é o valor de verdade de uma proposição verdadeira, e a *falsidade* é o valor de verdade de uma falsa. Logo, não-p tem o valor de verdade oposto ao de p.

Podemos considerar a seguir a *disjunção*, "p ou q". É uma função cujo valor de verdade é verdade quando p é verdadeira e também quando q o é, mas é falsidade quando p e q são ambas falsas.

Em seguida, podemos considerar a *conjunção*, "p e q". Ela tem como seu valor de verdade a verdade quando p e q são ambas verdadeiras, e a falsidade, caso contrário.

---

2 Esse termo foi proposto por Frege.

Introdução à filosofia matemática

Considere, então, a *incompatibilidade*, ou seja, "*p* e *q* não são ambas verdadeiras". Essa é a negação da conjunção; é também a disjunção das negações de *p* e de *q*, isto é, é "não-*p* ou não-*q*". Seu valor de verdade é verdade quando *p* é falsa e também quando *q* é falsa; seu valor de verdade é falsidade quando *p* e *q* são ambas verdadeiras.

Por último, considere a *implicação*, ou seja, "*p* implica *q*" ou "se *p*, então *q*". Deve-se entender isso no sentido mais amplo que nos permita inferir a verdade de *q* se soubermos a verdade de *p*. Assim, nós a interpretamos como significando o seguinte: "A não ser que *p* seja falsa, *q* é verdadeira" ou "ou *p* é falsa ou *q* é verdadeira". (O fato de o termo "implicar" ser capaz de outros significados não nos interessa; esse é o significado que nos convém.) Em outras palavras, "*p* implica *q*" deve significar "não-*p* ou *q*": seu valor de verdade deve ser verdade se *p* é falsa bem como se *q* é verdadeira, e deve ser falsidade se *p* é verdadeira e *q* é falsa.

Temos, assim, cinco funções: negação, disjunção, conjunção, incompatibilidade e implicação. Poderíamos ter acrescentado outras; por exemplo, a negação conjunta "não-*p* e não-*q*", mas as cinco já citadas serão suficientes. A negação difere das outras quatro por ser uma função de *uma* proposição, enquanto as outras são funções de *duas* proposições. Mas todas as cinco têm em comum o fato de o seu valor de verdade depender apenas daquele das proposições que são seus argumentos. Dada a verdade ou a falsidade de *p*, ou de *p* e de *q* (conforme o caso), temos a verdade ou a falsidade da negação, disjunção, conjunção, incompatibilidade ou implicação. Uma função de proposições que tenha essa propriedade é denominada uma "função de verdade".

O significado de uma função de verdade fica definido por completo pela declaração das circunstâncias sob as quais ela é

211

verdadeira ou falsa. "Não-p", por exemplo, é simplesmente a função de p que é verdadeira quando p é falsa, e falsa quando p é verdadeira: não existe nenhum significado adicional a se atribuir a ela. O mesmo se aplica a "p ou q" e ao restante. Segue-se que duas funções de verdade que têm o mesmo valor de verdade para todos os valores do argumento são indistinguíveis. Por exemplo: "p e q" é a negação de "não-p ou não-q" e vice-versa; assim, uma delas pode ser *definida* como a negação da outra. Não existe nenhum significado adicional numa função de verdade além das condições sob as quais ela é verdadeira ou falsa.

Está claro que as cinco funções de verdade anteriores não são todas independentes. Podemos definir algumas delas em termos de outras. Não é muito difícil reduzir o número a duas; as duas que foram escolhidas no *Principia Mathematica* são a negação e a disjunção. A implicação é então definida como "não-p ou q"; a incompatibilidade, como "não-p ou não-q"; a conjunção, como a negação da incompatibilidade. Mas foi demonstrado por Sheffer[3] que podemos nos contentar com *uma* ideia primitiva para todas as cinco e por Nicod[4] que isso nos permite reduzir as proposições primitivas necessárias à teoria da dedução a dois princípios não formais e um formal. Para tal propósito, podemos considerar como a nossa proposição indefinível a incompatibilidade ou a falsidade conjunta. Escolheremos a primeira.

Nossa ideia primitiva, agora, é uma função de verdade específica chamada "incompatibilidade", que denotaremos por $p \mid q$.

---

3 Sheffer, "A Set of Five Independent Postulates for Boolean Algebras, with Application to Logical Constants", *Transactions of the American Mathematical Society*, v.14, p.481-8, 1913.

4 Nicod, "A Reduction in the Number of the Primitive Propositions of Logic", em *Proceedings of Cambridge Philosophical Society* (1917), v.19.

Introdução à filosofia matemática

A negação pode ser definida de imediato como a incompatibilidade de uma proposição consigo mesma, ou seja, "não-p" é definida como "$p \mid p$". A disjunção é a incompatibilidade de não-p e não-q, isto é, é $(p \mid p) \mid (q \mid q)$. A implicação é a incompatibilidade de p e não-q, ou seja, é $p \mid (q \mid q)$. A conjunção é a negação da incompatibilidade, isto é, é $(p \mid q) \mid (p \mid q)$. Assim, todas as nossas quatro outras funções são definidas em termos da incompatibilidade.

É óbvio que não existe um limite para a produção de funções de verdade, seja pela repetição de argumentos ou pela introdução de outros. O que nos interessa é a conexão desse tema com a inferência.

Se sabemos que p é verdadeira e que p implica q, podemos passar a afirmar q. Existe sempre, inevitavelmente, *algo* de psicológico no processo de inferir: trata-se de um método por meio do qual chegamos a um conhecimento novo, e o que não é psicológico nele é a relação que nos permite inferir corretamente; mas a verdadeira passagem da afirmação de p à de q é um processo psicológico, e não devemos buscar representá-lo em termos puramente lógicos.

Na prática matemática, quando inferimos, sempre temos uma expressão contendo proposições variáveis, p e q, digamos, que sabemos ser verdadeira, em virtude da sua forma, para todos os valores de p e de q; temos também uma outra expressão, que é parte da primeira e que sabemos ser verdadeira para todos os valores de p e de q; e, em razão dos princípios da inferência, conseguimos suprimir essa parte da nossa expressão original e afirmar o restante. Essa explicação um tanto abstrata pode ficar mais clara com alguns exemplos.

Vamos supor que sabemos os cinco princípios formais da dedução enumerados no *Principia Mathematica*. (Nicod os reduziu

Bertrand Russell

a um, mas, como se trata de uma proposição complicada, vamos começar com os cinco.) Eles são os seguintes:

(1) "*p* ou *p*" implica *p* – isto é, se *p* é verdadeira ou *p* é verdadeira, então *p* é verdadeira.

(2) *q* implica "*p* ou *q*" – isto é, a disjunção "*p* ou *q*" é verdadeira quando uma das suas alternativas é verdadeira.

(3) "*p* ou *q*" implica "*q* ou *p*". Isso não seria necessário se tivéssemos uma notação mais perfeita do ponto de vista teórico, já que o conceito de disjunção não envolve uma ordem, de modo que "*p* ou *q*" e "*q* ou *p*" deveriam ser idênticos. Mas, como os nossos símbolos, em qualquer forma conveniente, inevitavelmente introduzem uma ordem, precisamos de suposições adequadas para mostrar que a ordem é irrelevante.

(4) Se *p* é verdadeira ou "*q* ou *r*" o é, então *q* é verdadeira ou "*p* ou *r*" o é. (A troca de posições nesta proposição serve para aumentar seu poder dedutivo.)

(5) Se *q* implica *r*, então "*p* ou *q*" implica "*p* ou *r*".

Esses são os princípios *formais* da dedução usados no *Principia Mathematica*. Um princípio formal de dedução tem uma utilidade dupla, e é para esclarecer isso que citamos as cinco proposições anteriores. Tem um uso como a premissa de uma inferência e um uso para estabelecer o fato de que a premissa implica a conclusão. No esquema de uma inferência, temos uma proposição *p*, e uma proposição "*p* implica *q*", da qual inferimos *q*. Mas, quando estamos interessados nos princípios da dedução, nosso aparato de proposições primitivas precisa fornecer tanto a *p* quanto a "*p* implica *q*" das nossas inferências. Em outras palavras, nossas

Introdução à filosofia matemática

regras de dedução devem ser usadas não *só* como *regras*, que é o uso delas para estabelecer que "*p* implica *q*", mas *também* como premissas substantivas, ou seja, como a *p* do nosso esquema. Suponha, por exemplo, que queiramos provar que, se *p* implica *q*, então, se *q* implica *r*, segue-se que *p* implica *r*. Temos aqui uma relação de três proposições que expressam implicações. Seja

$$p_1 = p \text{ implica } q, p_2 = q \text{ implica } r \text{ e } p_3 = p \text{ implica } r.$$

Então, precisamos provar que p_1 implica que p_2 implica p_3. Agora, considere o quinto dos nossos princípios anteriores, coloque não-*p* no lugar de *p* e lembre que "não-*p* ou *q*" é, por definição, o mesmo que "*p* implica *q*". Assim, nosso quinto princípio proporciona o que se segue:

"Se *q* implica *r*, então '*p* implica *q*' implica '*p* implica *r*'", ou seja, "p_2 implica que p_1 implica p_3". Chamemos essa proposição de A.

Mas o nosso quarto princípio, quando colocamos não-*p* e não-*q* no lugar de *p* e de *q* e lembramos a definição de implicação, torna-se:

"Se *p* implica que *q* implica *r*, então *q* implica que *p* implica *r*."

Escrevendo p_2 no lugar de *p*, p_1 no lugar de *q* e p_3 no lugar de *r*, isso fica:

"Se p_2 implica que p_1 implica p_3, então p_1 implica que p_2 implica p_3." Chamemos isso de B.

Agora provamos, usando nosso quinto princípio, que

"p_2 implica que p_1 implica p_3", que foi o que chamamos de A.

Logo, temos aqui um exemplo do esquema de uma inferência, já que A representa a p do nosso esquema e B representa "p implica q". Assim, chegamos a q, a saber,

$$\text{"}p_1 \text{ implica que } p_2 \text{ implica } p_3\text{"},$$

que era a proposição a ser provada. Nessa prova, a adaptação do nosso quinto princípio, que gera A, ocorre como uma premissa substantiva, ao passo que a adaptação do nosso quarto princípio, que gera B, é usada para dar a *forma* da inferência. Os usos formal e material das premissas na teoria da dedução são intimamente entrelaçados, e não é de grande importância mantê-los separados, contanto que percebamos que eles são distintos no plano teórico.

O método mais antigo de se chegar a novos resultados a partir de uma premissa está ilustrado na dedução anterior, mas que mal pode ser chamado de dedução. Devem-se considerar as proposições primitivas, sejam quais forem, como afirmadas para todos os valores possíveis das proposições variáveis p, q e r que ocorrem nelas. Portanto, podemos trocar p, digamos, por qualquer expressão cujo valor seja sempre uma proposição, por exemplo, não-p, "s implica t", e assim por diante. Por meio dessas substituições, de fato obtemos conjuntos de casos especiais da nossa proposição original, mas, do ponto de vista prático, obtemos o que são proposições virtualmente novas. A legitimidade das substituições desse tipo precisa ser garantida por meio de um princípio não formal de inferência.[5]

---

5 Nenhum princípio assim é enunciado no *Principia Mathematica* nem no artigo de Nicod mencionado anteriormente. Mas isso parece ter sido uma omissão.

Introdução à filosofia matemática

Podemos agora enunciar o princípio formal da inferência a que Nicod reduziu os cinco anteriores. Para esse fim, vamos primeiro mostrar como certas funções de verdade podem ser definidas em termos da incompatibilidade. Já vimos que

$$p \mid (q \mid q) \text{ significa "p implica } q\text{".}$$

Observamos agora que

$$p \mid (q \mid r) \text{ significa "p implica tanto } q \text{ quanto } r\text{",}$$

visto que essa expressão significa "p é incompatível com a incompatibilidade de q e de r", isto é, "p implica que q e r não são incompatíveis", ou seja, "p implica que q e r são ambas verdadeiras" — pois, como vimos, a conjunção de q e r é a negação da sua incompatibilidade.

Observe a seguir que $t \mid (t \mid t)$ significa "t implica a si mesma". Esse é um caso particular de $p \mid (q \mid q)$.

Vamos escrever $\overline{p}$ para representar a negação de p; assim, $\overline{p \mid s}$ significa a negação de $p \mid s$, ou seja, significa a conjunção de p e s. Segue-se que

$$(s \mid q) \mid \overline{p \mid s}$$

expressa a incompatibilidade de s / q com a conjunção de p e s; em outras palavras, afirma que, se p e s são ambas verdadeiras, $s \mid q$ é falsa, isto é, s e q são ambas verdadeiras; em termos ainda mais simples, afirma que p e s, conjuntamente, implicam s e q, conjuntamente.

Agora, considere

$$P = p \mid (q \mid r),$$
$$\pi = t \mid (t \mid t) \text{ e}$$
$$Q = (s \mid q) \mid \overline{p \mid s}.$$

Então, o princípio formal único da dedução proposto por Nicod é

$$P \mid (\pi \mid Q).$$

Em outras palavras, P implica tanto π quanto Q.

Além disso, ele usa um princípio não formal que é parte da teoria dos tipos (que não nos interessa aqui) e um que corresponde ao princípio de que, dada p e dado que p implica q, podemos afirmar q. Tal princípio é: "Se $p \mid (r \mid q)$ é verdadeira e p é verdadeira, então q é verdadeira." Desse mecanismo, segue-se toda a teoria da dedução, exceto o que diz respeito à dedução que se baseia em ou que leva à existência ou à validade universal das "funções proposicionais", que vamos considerar no próximo capítulo.

Existe, salvo engano meu, uma certa confusão na mente de alguns autores quanto à relação entre proposições em razão da qual uma inferência é válida. Para que inferir q a partir de p possa ser *válido*, bastam p ser verdadeira e a proposição "não-p ou q" ser verdadeira. Sempre que isso acontece, está claro que q deve ser verdadeira. Mas a inferência só vai de fato ocorrer quando a proposição "não-p ou q" for *conhecida* por meio de algo que não seja o conhecimento de não-p ou o conhecimento de q. Toda vez que p é falsa, "não-p ou q" é verdadeira, mas isso é inútil para a inferência, que exige que p seja verdadeira. Toda vez que já se souber que q é verdadeira, sabe-se, claro, que "não-p ou q" é verdadeira, mas isso também é inútil para a inferência, dado que q já é conhecida e, portanto, não precisa ser inferida. Na verdade, a inferência só acontece quando "não-p ou q" pode ser conhecida sem que já saibamos qual das duas alternativas é a que torna a disjunção verdadeira. Mas as circunstâncias sob as quais isso se dá são aquelas nas quais existem certas relações de forma entre p e q. Por exemplo:

Introdução à filosofia matemática

sabemos que, se *r* implica a negação de *s*, então *s* implica a negação de *r*. Entre "*r* implica não-*s*" e "*s* implica não-*r*", existe uma relação formal que nos permite *saber* que a primeira implica a segunda, sem termos que saber de antemão que a primeira é falsa ou que a segunda é verdadeira. É nessas circunstâncias que a relação de implicação é útil, do ponto de vista prático, para se fazer inferências.

Mas essa relação formal é necessária apenas para que consigamos *saber* que a premissa é falsa ou que a conclusão é verdadeira. É a verdade de "não-*p* ou *q*" que é necessária à *validade* da inferência; tudo o mais que é necessário o é somente à viabilidade prática da inferência. O professor C. I. Lewis[6] estudou especificamente a relação formal e mais limitada que podemos chamar de "dedutibilidade formal". Ele argumenta que a relação mais abrangente, aquela expressa por "não-*p* ou *q*", não deveria ser denominada "implicação". Isso, contudo, é uma questão de linguagem. Contanto que nosso uso das palavras seja consistente, tem pouca importância como as definimos. Nesse caso, a diferença essencial entre minha teoria e aquela proposta pelo professor Lewis é esta: ele sustenta que, quando uma proposição *q* é "formalmente dedutível" de outra *p*, a relação que percebemos entre elas é do tipo que ele chama de "implicação estrita", que não é a relação expressa por "não-*p* ou *q*", e sim uma relação mais limitada, válida apenas quando existem certas conexões formais entre *p* e *q*. Afirmo que, de qualquer forma, existindo ou não essa relação de que ele fala, a matemática não precisa dela e,

---

6 Ver Lewis, "Implications and the Algebra of Logic", *Mind*, v.21, n.84, p.522-31, out. 1912; e id., "Discussions: The Calculus of Strict Implications", *Mind*, v.23, n.1, p.240-7, 1914.

Bertrand Russell

portanto, por razões gerais de economia, não deveria ser aceita no nosso aparato de noções fundamentais; que, sempre que a relação de "dedutibilidade formal" existir entre duas proposições, o que acontece é que podemos constatar que a primeira é falsa ou a segunda é verdadeira, e que não é necessário nada além desse fato para ela ser aceita nas nossas premissas; e que, por fim, todas as razões marginais que o professor Lewis cita para rechaçar a opinião que defendo podem ser detalhadamente refutadas e dependem, para ser plausíveis, de uma suposição oculta e inconsciente do ponto de vista que rejeito. Concluo, portanto, que não há a necessidade de admitir como noção fundamental qualquer forma de implicação que não possa ser expressa como uma função de verdade.

15
Funções proposicionais

Quando, no capítulo anterior, estávamos discutindo proposições, não tentamos dar uma definição da palavra "proposição". Mas, embora a palavra não possa ser formalmente definida, é preciso dizer algo sobre o seu significado, para evitar a confusão muito comum com "funções proposicionais", que serão o assunto deste capítulo.

Com "proposição", estamos nos referindo sobretudo a um arranjo de palavras que expressa o que é verdadeiro ou falso. Digo "sobretudo" porque não quero excluir símbolos que não sejam verbais, ou até mesmo meros pensamentos, se eles tiverem natureza simbólica. Mas acho que a palavra "proposição" deveria ficar limitada ao que pode, em algum sentido, ser chamado de "símbolos", e mais ainda aos símbolos que permitem expressar verdade e falsidade. Assim, "dois e dois são quatro" e "dois e dois são cinco" serão proposições, bem como "Sócrates é um homem" e "Sócrates não é um homem". A afirmação "sejam quais forem os números a e b, $(a + b)^2 = a^2 + 2ab + b^2$" é uma proposição, mas a fórmula "$(a + b)^2 = a^2 + 2ab + b^2$", por si só, não é, já que não declara nada definido, a não ser que nos seja dito, ou sejamos levados a supor, que *a* e *b* devem ter todos os valores possíveis, ou que devem ter tal ou qual valor. Supõe-se tacitamente, como regra, a primeira opção no processo de enunciar as fórmulas matemáticas, que, assim, tornam-se proposições; mas, se tal suposição não fosse feita, as fórmulas seriam "funções proposicionais". Uma função proposicional, na verdade, é uma expressão que contém um ou mais componentes indeterminados tais que, quando se atribuem valores a eles, a expressão se torna uma proposição. Em outras palavras, é uma função cujos valores são proposições. Mas essa última definição precisa ser usada com cautela. Uma função descritiva, por exemplo, "a proposição mais difícil do tratado matemático de A", não será uma função proposicional, embora seus valores sejam proposições. Porém, nesse caso, as proposições são apenas descritas: numa função proposicional, os valores precisam realmente *enunciar* proposições.

É fácil dar exemplos de funções proposicionais: "x é humano" é uma função proposicional; contanto que x permaneça indeterminado, ela não é nem verdadeira nem falsa, mas, quando se atribui um valor a x, ela se torna uma proposição verdadeira ou falsa. Qualquer equação matemática é uma função proposicional. Contanto que as variáveis não tenham valor definido, a equação é meramente uma expressão aguardando determinação para se tornar uma proposição verdadeira ou falsa. Se for uma equação contendo uma variável, ela se torna verdadeira quando se faz que a variável seja igual a uma das raízes da equação; caso contrário, ela se torna falsa; mas, se ela for uma "identidade", será verdadeira quando a variável for qualquer número. A equação para uma curva num plano ou para uma superfície no espaço é uma função proposicional, verdadeira para os valores das

Introdução à filosofia matemática

coordenadas que pertencem aos pontos da curva ou da superfície, falsa para outros valores. Expressões da lógica tradicional como "todo A é B" são funções proposicionais: A e B precisam ser determinados como classes definidas para que essas expressões se tornem verdadeiras ou falsas.

A noção de "casos" ou de "instâncias" depende das funções proposicionais. Considere, por exemplo, o tipo de processo sugerido pelo que é denominado "generalização", e escolhamos um exemplo bastante primitivo, digamos, "depois do relâmpago, vem o trovão". Temos uma série de "instâncias" disso, ou seja, um leque de proposições como "isto é o clarão de um relâmpago, e depois dele vem o trovão". Essas ocorrências são "instâncias" de quê? São instâncias da função proposicional "se x for o clarão de um relâmpago, depois de x vem o trovão". O processo de generalização (cuja validade, felizmente, não nos interessa aqui) consiste em passar de um certo número dessas instâncias à verdade *universal* da função proposicional "se x for o clarão de um relâmpago, depois de x vem o trovão". Constata-se, de modo análogo, que as funções proposicionais sempre estão envolvidas quando falamos em instâncias, ou casos, ou exemplos.

Não precisamos fazer a pergunta "o que é uma função proposicional?", nem tentar responder a ela. Uma função proposicional tomada por si só pode ser considerada como um mero diagrama, uma mera casca, um receptáculo de significado que se encontra vazio, e não algo já significativo. Estamos interessados nas funções proposicionais, *grosso modo*, de duas categorias: a primeira são as que fazem parte das noções "verdadeiro em todos os casos" e "verdadeiro em alguns casos"; e a segunda são as que fazem parte da teoria das classes e das relações. Este último tópico vamos adiar para um capítulo posterior; o primeiro deve nos ocupar agora.

Bertrand Russell

Quando dizemos que algo é "sempre verdadeiro" ou "verdadeiro em todos os casos", está claro que o "algo" em foco não pode ser uma proposição. Uma proposição é apenas verdadeira ou falsa, e ponto final. Não existem instâncias ou casos de "Sócrates é um homem" nem de "Napoleão morreu em Santa Helena". Isso são proposições, e não faria sentido falar que elas são verdadeiras "em todos os casos". Essa expressão só é aplicável a *funções* proposicionais. Considere, por exemplo, o tipo de coisa que se costuma dizer quando se está discutindo a causa de algo. (Não estamos preocupados com a verdade ou a falsidade do que é dito, apenas com a sua análise lógica.) Somos informados de que A, em todas as instâncias, é seguido de B. Mas, se existem "instâncias" de A, A deve ser um conceito geral, sobre o qual faz sentido dizer "x_1 é A", "x_2 é A", "x_3 é A", e assim por diante, onde x_1, x_2, x_3 são particulares não idênticos entre si. Isso se aplica, por exemplo, ao nosso caso anterior do relâmpago. Dizemos que depois do relâmpago (A) vem o trovão (B). Mas os clarões isolados são particulares; não são idênticos, mas compartilham a propriedade de ser um relâmpago. A única forma de expressar uma propriedade comum de maneira genérica é dizer que uma propriedade comum a uma certa quantidade de objetos é uma função proposicional que se torna verdadeira quando qualquer um desses objetos é tomado como o valor da variável. Nesse caso, todos os objetos são "instâncias" da verdade da função proposicional — pois uma função proposicional, embora não possa ser, por si só, verdadeira ou falsa, é verdadeira para certas instâncias e falsa para outras, a não ser que seja "sempre verdadeira" ou "sempre falsa". Quando, para voltar ao nosso exemplo, dizemos que depois de A, em toda instância, vem B, queremos dizer que, qualquer que possa ser x, se x for um A, depois dele virá

Introdução à filosofia matemática

um B; ou seja, estamos afirmando que uma determinada função proposicional é "sempre verdadeira". As sentenças que contêm palavras como "todos", "todas", "cada", "um", "uma", "algum", "alguma", "alguns", "algumas" precisam de funções proposicionais para ser interpretadas. A maneira como ocorrem as funções proposicionais pode ser explicada por meio de duas das palavras anteriores: "todos" (ou "todas") e "alguns" (ou "algumas").

Há, em última análise, só duas coisas que podem ser feitas com uma função proposicional: uma é afirmar que ela é verdadeira em *todos* os casos, e a outra é afirmar que ela é verdadeira em pelo menos um caso, ou em *alguns* casos (como diremos, supondo que não deve haver uma implicação necessária de múltiplos casos). Todos os outros usos das funções proposicionais podem ser reduzidos a esses dois. Quando dizemos que uma função proposicional é verdadeira "em todos os casos" ou "sempre" (como também diremos, sem nenhuma sugestão temporal), queremos dizer que todos os seus valores são verdadeiros. Se "ϕx" é a função e a é o tipo certo de objeto para ser argumento de "ϕx", então ϕa deve ser verdadeiro, não importa como a possa ter sido escolhido. Por exemplo: "se a é humano, a é mortal" é verdadeira, seja a humano ou não; na realidade, toda proposição dessa forma é verdadeira. Assim, a função proposicional "se x é humano, x é mortal" é "sempre verdadeira" ou "verdadeira em todos os casos". Ou, igualmente, a afirmação "não existem unicórnios" é igual à afirmação "a função proposicional 'x não é um unicórnio' é verdadeira em todos os casos". As asserções do capítulo anterior sobre as proposições, por exemplo, "'p ou q' implica 'q ou p'", são na verdade asserções de que certas funções proposicionais são verdadeiras em todos os casos. Não afirmamos que o princípio anterior, por exemplo, é verdadeiro apenas

Bertrand Russell

para este ou aquele *p* ou *q* específicos, mas que é verdadeiro para *qualquer p* ou *q* relativamente aos quais ele possa ser significativamente formulado. A condição de que uma função deve *ser significativa* para um dado argumento é igual à condição de que ela deve ter um valor para esse argumento, seja ele verdadeiro ou falso. O estudo das condições de significação pertence à doutrina dos tipos, que não buscaremos aprofundar para além do resumo dado no capítulo anterior.

Não apenas os princípios da dedução, mas também todas as proposições primitivas da lógica consistem em afirmações de que certas funções proposicionais são sempre verdadeiras. Se não fosse assim, elas teriam que mencionar coisas ou conceitos específicos – Sócrates, ou o fato de algo ser vermelho, ou o leste e o oeste, e sabe-se lá mais o que –, e claramente não pertence à esfera da lógica fazer afirmações que são verdadeiras em relação a uma coisa ou a um conceito, mas não em relação a outro. Faz parte da definição de lógica (mas não é a sua definição completa) o fato de que todas as suas proposições são totalmente gerais, isto é, todas elas consistem na afirmação de que uma função proposicional que não contenha nenhum termo constante é sempre verdadeira. No nosso capítulo final, retomaremos a discussão sobre funções proposicionais sem termos constantes. Por ora, vamos passar à outra coisa que se deve fazer com uma função proposicional, a saber, a afirmação de que ela é "verdadeira às vezes", ou seja, verdadeira em pelo menos uma instância.

A frase "existem homens" significa que a função proposicional "x é um homem" é verdadeira às vezes. Quando dizemos "alguns homens são gregos", isso significa que a função proposicional "x é um homem e um grego" é verdadeira às vezes. Quando dizemos "ainda existem canibais na África",

Introdução à filosofia matemática

isso significa que a função proposicional "x é um canibal, neste momento, na África" é verdadeira às vezes, isto é, é verdadeira para alguns valores de x. Dizer "existem pelo menos n indivíduos no mundo" é o mesmo que dizer que a função proposicional "α é uma classe de indivíduos e um membro do número cardinal n" é verdadeira às vezes, ou, como podemos dizer, é verdadeira para certos valores de α. Essa forma de se expressar é mais conveniente quando é preciso indicar qual é o componente variável que estamos considerando como o argumento da nossa função proposicional. Por exemplo: a função proposicional acima, que podemos abreviar como "α é uma classe de n indivíduos", contém duas variáveis, α e n. O axioma do infinito, na língua das funções proposicionais, fica assim: "a função proposicional 'se n é um número indutivo, é verdadeiro, para alguns valores de α, que α é uma classe de n indivíduos' é verdadeira para todos os valores possíveis de n". Há aqui uma função subordinada, "α é uma classe de n indivíduos", que se diz ser, em relação a α, *às vezes* verdadeira; e a afirmação de que isso acontece se n é um número indutivo se diz ser, em relação a n, *sempre* verdadeira.

A afirmação de que uma função ϕx é sempre verdadeira é a negação da afirmação de que não-ϕx é verdadeira às vezes, e a afirmação de que ϕx é verdadeira às vezes é a negação da afirmação de que não-ϕx é sempre verdadeira. Assim, a afirmação "todos os homens são mortais" é a negação da afirmação de que a função "x é um homem imortal" é verdadeira às vezes. E a afirmação "existem unicórnios" é a negação da afirmação de que a função "x não é um unicórnio" é sempre verdadeira.[1] Dizemos

---

1 Por motivos linguísticos, para evitar a sugestão do plural ou do singular, costuma ser conveniente dizer "ϕx não é sempre falsa" em vez de

que ϕx "nunca é verdadeira" ou que "é sempre falsa" se não-ϕx é sempre verdadeira. Podemos, se quisermos, escolher um dos elementos do par "sempre", "às vezes" como uma ideia primitiva e definir o outro por meio do elemento escolhido e da negação. Assim, se escolhermos "às vezes" como a nossa ideia primitiva, podemos definir: "'ϕx é sempre verdadeira' deve significar 'é falso que não-ϕx é verdadeira às vezes'". Mas, por motivos relacionados à teoria dos tipos, parece mais correto considerar tanto o "sempre" quanto o "às vezes" como ideias primitivas e definir por meio deles a negação das proposições em que eles ocorrem. Isso equivale a dizer que, supondo que já tenhamos definido (ou adotado como ideia primitiva) a negação das proposições do tipo ao qual pertence ϕx, definimos: "a negação de 'ϕx sempre' é 'não-ϕx às vezes', e a negação de 'ϕx às vezes' é 'não-ϕx sempre'". De maneira semelhante, podemos redefinir a disjunção e as outras funções de verdade, quando aplicadas a proposições contendo variáveis aparentes, em termos das definições e das ideias primitivas para proposições que não contêm variáveis aparentes. Estas são denominadas "proposições elementares". A partir delas, conseguimos propor um desenvolvimento passo a passo, usando os métodos que acabaram de ser indicados, até chegarmos à teoria das funções de verdade quando aplicadas a proposições que contêm uma, duas, três... variáveis, ou qualquer número até n, onde n é qualquer número finito designado.[2]

"ϕx às vezes" ou "ϕx é verdadeira às vezes".

2 O método da dedução é mostrado em Whitehead; Russell, *Principia Mathematica*, 2.ed., v.I, *9.

Introdução à filosofia matemática

As formas tidas como as mais simples na lógica formal tradicional estão realmente longe de terem essa característica, e todas envolvem a afirmação de todos os valores ou de alguns valores de uma função proposicional composta. Considere, para começar, "todo S é P". Vamos partir do princípio de que S é definida por uma função proposicional ϕx e P por uma função proposicional ψx. Por exemplo: se S for *homens*, ϕx será "x é humano"; se P for *mortais*, ψx será "há um momento em que x morre". Então, "todo S é P" significa "'ϕx implica ψx' é sempre verdadeira". Deve-se observar que "todo S é P" não se aplica só aos termos que são de fato S's: ela também diz algo sobre os termos que não são S's. Suponha que nos deparemos com um x que não sabemos se é um S ou não; mesmo assim, nossa afirmação "todo S é P" nos informa algo sobre x, mais especificamente, que, se x é um S, então x é um P. E isso é igualmente verdadeiro quando x é um S e quando não é. Se isso não fosse igualmente verdadeiro nos dois casos, o *reductio ad absurdum* não seria um método válido, pois a essência dele consiste em usar implicações em casos em que (como se verifica depois) a hipótese é falsa. Podemos expressar a questão de outra forma. Para entender "todo S é P", não é necessário ser capaz de enumerar quais termos são S's; contanto que saibamos o que significa ser um S e ser um P, conseguimos compreender plenamente o que de fato se afirma com a expressão "todo S é P", por menor que seja o conhecimento que possamos ter das circunstâncias reais de cada um. Isso mostra que não são meramente os termos que realmente são S's que são relevantes na afirmação "todo S é P", e sim todos os termos relativamente aos quais a suposição de que eles são S's é significativa, ou seja, todos os termos que são S's junto com todos os termos que não são S's — em outras palavras, todo o "tipo" lógico apropriado. O que se aplica a afirmações sobre *todos* também se aplica a afirmações sobre *alguns*. "Existem homens", por exemplo, significa que "x é humano" é verdadeiro para *alguns* valores de x. Aqui, *todos* os valores de x (isto é, todos os valores para os quais "x é humano" é significativa, seja a expressão verdadeira ou falsa) são relevantes, e não apenas os que de fato são humanos. (Isso fica óbvio se considerarmos como poderíamos provar que essa afirmação *é falsa*.) Logo, toda afirmação sobre "todos" ou "alguns" envolve não apenas os argumentos que tornam verdadeira uma dada função, mas todos que a tornam significativa, ou seja, todos para os quais ela tem algum valor, sendo ela verdadeira ou falsa.

Podemos agora prosseguir com a nossa interpretação das formas tradicionais da lógica formal à moda antiga. Vamos supor que S sejam os termos x para os quais ϕx é verdadeira, e P sejam os termos para os quais ψx é verdadeira. (Como veremos num capítulo mais adiante, todas as classes são derivadas dessa maneira das funções proposicionais.) Então:

"Todo S é P" significa "'ϕx implica ψx' é sempre verdadeira".

"Algum S é P" significa "'ϕx e ψx' é verdadeira às vezes".

"Nenhum S é P" significa "'ϕx implica não-ψx' é sempre verdadeira".

"Algum S não é P" significa "'ϕx e não-ψx' é verdadeira às vezes".

Vale observar que as funções proposicionais afirmadas aqui para todos ou alguns valores não são ϕx e ψx propriamente ditas, e sim funções de verdade de ϕx e de ψx para o *mesmo* argumento x. A maneira mais fácil de se imaginar o tipo de coisa que se almeja aqui é começar não por ϕx e ψx em geral, mas por ϕa e ψa, onde a

Introdução à filosofia matemática

é uma constante. Suponha que estamos considerando "todos os homens são mortais": vamos começar com

"se Sócrates é humano, Sócrates é mortal",

e então vamos considerar que "Sócrates" é substituído por uma variável x toda vez que "Sócrates" ocorrer. O objetivo a ser garantido é que, embora x permaneça uma variável, sem qualquer valor definido, ele deva ter o mesmo valor em "ϕx" que em "ψx" quando estamos afirmando que "ϕx implica ψx" é sempre verdadeira. Isso exige que comecemos com uma função cujos valores são tais que "ϕa implica ψa" em vez de começarmos com duas funções separadas ϕx e ψx, pois, se começarmos com duas funções separadas, jamais poderemos garantir que x, apesar de continuar indeterminado, terá o mesmo valor em ambas.

Em prol da concisão, dizemos "ϕx sempre implica ψx" quando queremos expressar que "ϕx implica ψx" é sempre verdadeira. As proposições da forma "ϕx sempre implica ψx" são chamadas de "implicações formais"; esse nome também é dado se há diversas variáveis.

As definições anteriores mostram o quanto estão distantes das formas mais simples proposições como "todo S é P", com que começa a lógica tradicional. É típico da falta de análise envolvida que a lógica tradicional trate "todo S é P" como uma proposição cuja forma é a mesma que a de "x é P" – por exemplo, ela trata "todo homem é mortal" como sendo da mesma forma que "Sócrates é mortal". Como acabamos de ver, a primeira é da forma "ϕx sempre implica ψx", enquanto a segunda é da forma "ψx". A separação enfática dessas duas formas, que foi levada a cabo por Peano e por Frege, foi um avanço bastante vital na lógica simbólica.

Bertrand Russell

Constata-se que "todo S é P" e "nenhum S é P" não diferem realmente na forma, exceto pela substituição de ψx por não-ψx, e que o mesmo se aplica a "algum S é P" e "algum S não é P". Deveria ser observado também que as regras tradicionais de conversão são falhas se adotarmos o ponto de vista, o único tecnicamente tolerável, de que proposições como "todo S é P" não envolvem a "existência" de S's, ou seja, não exigem que haja termos que são S's. As definições anteriores levam ao resultado de que, se ϕx é sempre falsa, isto é, se não existem S's, então "todo S é P" e "nenhum S é P" são ambas verdadeiras, qualquer que possa ser P. Pois, de acordo com a definição do último capítulo, "ϕx implica ψx" significa "não-ϕx ou ψx", que é sempre verdadeira se não-ϕx for sempre verdadeira. Num primeiro momento, esse resultado talvez faça o leitor desejar definições diferentes, mas um pouco de experiência prática logo mostra que quaisquer definições diferentes seriam inconvenientes e ocultariam as ideias importantes. A proposição "ϕx sempre implica ψx, e ϕx é verdadeira às vezes" é essencialmente composta, e seria muito incômodo oferecer isso como a definição de "todo S é P", pois aí não sobraria linguagem para "ϕx sempre implica ψx", cuja expressão é necessária cem vezes a cada vez que a outra o é. Mas, com as nossas definições, "todo S é P" não implica "algum S é P", já que a primeira permite a não existência de S's, e a segunda, não; assim, a conversão *per accidens* se torna inválida, e alguns modos do silogismo são falaciosos; por exemplo, Darapti: "todo M é S, todo M é P, logo algum S é P", que falha se não há M's.

A noção de "existência" tem várias formas, sendo que uma delas vai nos ocupar no capítulo seguinte; mas a forma fundamental é aquela que deriva imediatamente da noção de "verdadeira às vezes". Dizemos que um argumento *a* "satisfaz" uma

Introdução à filosofia matemática

função ϕx se ϕa é verdadeira; é o mesmo sentido em que se diz que as raízes de uma equação a satisfazem. Mas, se ϕx é verdadeira às vezes, podemos dizer que existem x's para os quais ela é verdadeira, ou podemos dizer que "*existem* argumentos que satisfazem ϕx". Esse é o significado fundamental da palavra "existência". Outros significados são derivados dele ou são a manifestação concreta de uma mera confusão mental. Podemos dizer corretamente que "existem homens", o que significa que "x é um homem" é verdadeiro às vezes. Mas se elaboramos um pseudossilogismo, como "existem homens; Sócrates é um homem; logo, Sócrates existe", estamos falando algo sem sentido, já que, ao contrário de "homens", "Sócrates" não é meramente um argumento indeterminado de uma dada função proposicional. A falácia é estreitamente análoga à do raciocínio "os homens são numerosos; Sócrates é um homem; logo, Sócrates é numeroso". Nesse caso, é claro que a conclusão é absurda, mas, no caso da existência, isso não é óbvio, por motivos que vão aparecer de forma mais completa no capítulo seguinte. Por ora, vamos nos restringir a mencionar o fato de que, embora seja correto dizer "existem homens", é incorreto, ou, melhor dizendo, não faz sentido atribuir uma existência a um dado x que calha, numa certa situação, de ser um homem. Genericamente, "existem termos que satisfazem ϕx" significa "ϕx é verdadeira às vezes"; mas "existe a" (onde a é um termo que satisfaz ϕx) não é senão um ruído ou uma forma oca, desprovida de significado. Constata-se que, tendo em mente essa falácia simples, conseguimos solucionar muitos enigmas filosóficos antiquíssimos relativos ao significado da existência.

Outro conjunto de noções em relação às quais a filosofia se permitiu mergulhar em confusões irremediáveis por não fazer uma distinção suficiente entre proposição e função

Bertrand Russell

proposicional são as noções de "modalidade": *necessário, possível* e *impossível*. (Às vezes, no lugar de *possível*, usa-se *contingente* ou *assertórico*.) A visão tradicional era que, entre as proposições verdadeiras, algumas eram necessárias, enquanto outras eram meramente contingentes ou assertóricas; já entre as proposições falsas, algumas eram impossíveis, a saber, aquelas cuja contraditória era necessária, enquanto outras meramente calhavam de não ser verdadeiras. Contudo, na verdade, nunca houve nenhuma descrição clara do que era acrescentado à verdade pelo conceito de necessidade. No caso das funções proposicionais, a divisão em três partes é óbvia. Se "ϕx" for um valor indeterminado de uma certa função proposicional, ele será *necessário* se a função for sempre verdadeira, *possível* se ela for verdadeira às vezes, e *impossível* se ela nunca for verdadeira. Esse tipo de situação surge em relação à probabilidade, por exemplo. Suponha que uma bola x seja tirada de uma bolsa que contém uma série de bolas: se todas as bolas forem brancas, "x é branca" é necessária; se algumas forem brancas, ela é possível; e se nenhuma for branca, ela é impossível. Aqui, tudo o que se *sabe* sobre x é que ele satisfaz uma certa função proposicional, mais especificamente, "x era uma bola que estava na bolsa". Essa é uma situação geral em problemas de probabilidade e nada incomum na vida prática — por exemplo, quando aparece uma visita em casa sobre a qual não sabemos nada, exceto que traz consigo uma carta de apresentação do nosso amigo fulano de tal. Em todos esses casos, assim como em relação à modalidade em geral, a função proposicional é relevante. Para ter um raciocínio claro, em muitas direções bastante distintas, o hábito de manter as funções proposicionais nitidamente separadas das proposições é de máxima importância, e a incapacidade de fazê-lo no passado foi uma desgraça para a filosofia.

16
Descrições

Abordamos, no capítulo anterior, as palavras *todo(a)* e *algum(a)*; neste capítulo, vamos considerar os artigos *o* e *a*, no singular, e, no próximo, a palavra *os*, no plural. Talvez considere-se excessivo dedicar dois capítulos a essas palavras, mas, para o matemático filosófico, trata-se de uma palavra de grande importância: como fez o gramático de Browning com a enclítica "$\delta\epsilon$", eu ofereceria a doutrina dessa palavra se estivesse "morto da cintura para baixo", e não simplesmente numa prisão.

Já tivemos ocasião de mencionar as "funções descritivas", isto é, expressões como "o pai de x" ou "o seno de x". Elas devem ser definidas definindo-se primeiro as "descrições".

Uma "descrição" pode ser de dois tipos: definida e indefinida (ou ambígua). Uma descrição indefinida é uma expressão que tem a forma "um tal-e-tal", e uma descrição definida é uma expressão que tem a forma "o tal-e-tal" (no singular). Vamos começar com a primeira.

"Quem você conheceu?" "Conheci um homem." "Essa descrição é muito indefinida!" Portanto, nossa terminologia não

Bertrand Russell

está muito distante do uso costumeiro. Nossa pergunta é: o que realmente estou afirmando quando declaro que "conheci um homem"? Vamos supor, por ora, que a minha afirmação seja verdadeira, e que eu de fato tenha conhecido Jones. Está claro que o que estou afirmando *não é* "conheci Jones". Posso dizer, "conheci um homem, mas não foi Jones"; nesse caso, embora eu esteja mentindo, não estou contradizendo a mim mesmo, como faria se, ao dizer que conheci um homem, estivesse realmente querendo dizer que conheci Jones. Também está claro que o meu interlocutor consegue entender o que estou falando, mesmo se for estrangeiro e nunca tiver ouvido falar no Jones.

Mas podemos ir mais longe: não apenas Jones, mas nenhum homem real entra na minha afirmação. Isso fica óbvio quando a afirmação é falsa, já que, aí, não haveria uma justificativa maior para Jones fazer parte da proposição do que para qualquer outra pessoa. Na verdade, a afirmação ainda teria sentido, embora não pudesse ser verdadeira, mesmo se não houvesse homem nenhum. "Conheci um unicórnio" ou "conheci uma serpente marinha" são afirmações perfeitamente significativas se soubermos o que é ser um unicórnio ou uma serpente marinha, ou seja, se soubermos qual é a definição desses monstros saídos das fábulas. Assim, é apenas o que podemos chamar de *conceito* que entra na proposição. No caso do unicórnio, por exemplo, só existe o conceito: também não existe, em algum lugar entre as sombras, algo irreal que possa ser chamado de "unicórnio". Portanto, como é significativo (embora seja falso) dizer "conheci um unicórnio", está claro que essa proposição, quando analisada corretamente, não contém um componente "um unicórnio", embora contenha, isso sim, o conceito "unicórnio".

A questão da "irrealidade", com que nos defrontamos neste ponto, é muito importante. Induzidos ao erro pela gramática, a

Introdução à filosofia matemática

grande maioria dos lógicos que abordaram essa questão o fizeram seguindo um raciocínio equivocado. Eles consideraram a forma gramatical como sendo um guia mais seguro na análise do que ela realmente é. E não souberam dizer quais diferenças na forma gramatical são importantes. "Conheci Jones" e "conheci um homem" contariam, tradicionalmente, como proposições da mesma forma, mas na realidade elas têm formas bastante diferentes: a primeira cita uma pessoa real, Jones, enquanto a segunda envolve uma função proposicional e se torna, quando explicitada, "a função 'conheci x e x é humano' é verdadeira às vezes". (Vale lembrar que adotamos a convenção de usar "às vezes" sem que essa expressão signifique necessariamente mais de uma vez.) Obviamente, essa proposição não é da forma "conheci x", que justifica a existência da proposição "conheci um unicórnio", apesar de não existir algo como "um unicórnio".

Na falta do aparato das funções proposicionais, muitos lógicos foram levados a concluir que existem objetos irreais. Argumenta-se, por exemplo por Meinong,[1] que podemos falar sobre "a montanha dourada", "o quadrado redondo", e assim por diante; podemos elaborar proposições verdadeiras das quais esses sejam os sujeitos; assim, eles precisam ter algum tipo de existência lógica, já que, do contrário, as proposições em que ocorrem não fariam sentido. Parece-me que, nessas teorias, existe uma deficiência daquele tino para a realidade que deveria ser preservado até nos estudos mais abstratos. Eu afirmo que a lógica não deve aceitar um unicórnio mais do que a zoologia consegue fazê-lo, pois a lógica trata do mundo real tão legitimamente quanto a zoologia, embora com os seus recursos mais

---

1 Meinong, *Untersuchungen zur Gegenstandstheorie und Psychologie*.

Bertrand Russell

abstratos e gerais. Dizer que os unicórnios existem de alguma forma na heráldica, ou na literatura, ou na imaginação é uma evasiva extremamente lamentável e desprezível. O que existe na heráldica não é um animal de carne e osso, que se mexe e respira por vontade própria. O que existe é uma imagem ou uma descrição com palavras. Do mesmo modo, afirmar que Hamlet, por exemplo, existe no seu próprio mundo, isto é, no mundo da imaginação de Shakespeare, tão veridicamente quanto, digamos, Napoleão existiu no mundo ordinário, é dizer algo deliberadamente confuso, ou então confuso em um grau que mal é plausível. Só existe um mundo, o "real": a imaginação de Shakespeare é parte dele, e os pensamentos que passaram pela cabeça dele ao escrever *Hamlet* são reais. Assim como o são os pensamentos que passam pela nossa ao ler a peça. Mas é a essência da ficção o fato de apenas os pensamentos, sentimentos etc. em Shakespeare e nos seus leitores serem reais e de não haver, além deles, um Hamlet objetivo. Quando se consideram todos os sentimentos suscitados por Napoleão em escritores e leitores da área de história, você não toca no homem real; mas, no caso de Hamlet, você chega ao âmago do personagem. Se ninguém pensasse em Hamlet, não restaria nada dele; se ninguém tivesse pensado em Napoleão, não teria demorado muito para que ele providenciasse que alguém o fizesse. O senso de realidade é vital na lógica, e quem a manipula fingindo que Hamlet tem um tipo diferente de realidade está fazendo um desserviço ao pensamento. Um senso de realidade robusto é muito necessário ao se formular uma análise correta das proposições sobre unicórnios, montanhas douradas, quadrados redondos e outros pseudo-objetos afins.

Em obediência ao sentido de realidade, vamos fazer questão de que, na análise das proposições, não seja aceito nada "irreal".

Introdução à filosofia matemática

Mas, no fim das contas, se não existe nada irreal, pode-se perguntar: como *poderíamos* aceitar qualquer coisa irreal? A resposta é que, ao lidarmos com proposições, estamos lidando, num primeiro momento, com símbolos, e se atribuirmos significado a grupos de símbolos que não têm significado, vamos cair no erro de aceitar irrealidades no único sentido em que isso é possível, ou seja, como objetos descritos. Em "conheci um unicórnio", o conjunto das três palavras origina uma proposição que é significativa, e a palavra "unicórnio" por si só é significativa, exatamente no mesmo sentido em que a palavra "homem". Mas as *duas* palavras "um unicórnio" não formam um grupo subordinado com um significado próprio. Assim, se falsamente atribuirmos significado a essas duas palavras, vamos nos ver ocupados com "um unicórnio" e com o problema de como pode haver tal coisa num mundo em que unicórnios não existem. "Um unicórnio" é uma descrição indefinida que não descreve nada. Não é uma descrição indefinida que descreve algo irreal. Uma proposição como "x é irreal" só faz sentido quando "x" é uma descrição, definida ou indefinida; nesse caso, a proposição será verdadeira se "x" for uma descrição que não descreve nada. Mas não importa se a descrição "x" descreve algo ou não descreve nada: nos dois casos, ela não é um componente da proposição em que ocorre; assim como "um unicórnio", citado há pouco, ela não é um grupo subordinado que tem significado próprio. Tudo isso resulta do fato de que, quando "x" é uma descrição, "x é irreal" ou "x não existe" não é um disparate; ao contrário: sempre é significativa e, às vezes, é verdadeira.

Podemos agora passar a definir de forma geral o significado das proposições que contêm descrições ambíguas. Suponha que queiramos fazer uma afirmação sobre "um tal-e-tal", onde "tal-e-tal" são os objetos que têm uma certa propriedade ϕ, isto é, os objetos x para os quais a função proposicional ϕx é verdadeira. (Por exemplo: se considerarmos "um homem" como nosso exemplo de "um tal-e-tal", ϕx será "x é humano".) Suponha agora que queiramos afirmar a propriedade ψ em relação a "um tal-e-tal", ou seja, que queiramos afirmar que "um tal-e--tal" tem a propriedade que x tem quando ψx é verdadeira. (Por exemplo: no caso de "conheci um homem", ψx será "conheci x".) Mas a proposição de que "um tal-e-tal" tem a propriedade ψ *não é* uma proposição da forma "ψx". Se fosse, "um tal-e-tal" teria que ser idêntico a x para um x apropriado; e, embora (num certo sentido) isso possa ser verdadeiro em alguns casos, com certeza não é verdadeiro num caso como "um unicórnio". É exatamente este fato, o de a afirmação de que um tal-e-tal tem a propriedade ψ não ser da forma ψx, que torna possível que "um tal-e-tal" seja, num certo sentido claramente definível, "irreal". A definição é:

A afirmação de que "um objeto que tem a propriedade ϕ tem a propriedade ψ"

significa:

"A afirmação conjunta de ϕx e ψx não é sempre falsa."

Até onde é a alçada da lógica, essa é a mesma proposição que poderia ser expressa por "alguns ϕ's são ψ's"; mas, do ponto de vista retórico, há uma diferença, porque num caso existe uma sugestão de singularidade, e no outro, de pluralidade. Essa, contudo, não é a questão importante. A questão importante é que, quando analisadas corretamente, verifica-se que as proposições que são verbalmente sobre "um tal-e-tal" não contêm nenhum componente representado por essa expressão. E é por isso que essas expressões podem fazer sentido mesmo quando não existe um tal-e-tal.

Introdução à filosofia matemática

A definição de *existência*, quando aplicada a descrições ambíguas, resulta do que foi mencionado no fim do capítulo anterior. Dizemos que "existem homens" ou que "existe um homem" se a função proposicional "*x* é humano" é verdadeira às vezes; e genericamente "um tal-e-tal" existe se "*x* é tal-e-tal" é verdadeira às vezes. Podemos reformular isso numa linguagem diferente. A proposição "Sócrates é um homem" é sem dúvida *equivalente* a "Sócrates é humano", mas não é a mesmíssima proposição. O *é* de "Sócrates é humano" expressa a relação de sujeito e predicado; o *é* de "Sócrates é um homem" expressa identidade. É uma desgraça para a raça humana ter escolhido usar a mesma palavra "*é*" para essas duas ideias completamente diferentes — uma desgraça que uma linguagem lógica simbólica corrige, claro. A identidade em "Sócrates é um homem" é entre um objeto nomeado (aceitando--se "Sócrates" como um nome, sujeito a qualificações explicadas mais adiante) e um objeto descrito de forma ambígua. Um objeto descrito de forma ambígua vai "existir" quando pelo menos uma proposição assim for verdadeira, ou seja, quando houver pelo menos uma proposição verdadeira da forma "*x* é um tal-e-tal", onde "*x*" é um nome. É característico das descrições ambíguas (ao contrário das definidas) que possa existir qualquer número de proposições verdadeiras da forma anterior — Sócrates é um homem, Platão é um homem etc. Assim, "existe um homem" resulta de Sócrates, de Platão ou de qualquer outro indivíduo. Nas descrições definidas, por outro lado, a forma correspondente de proposição, ou seja, "*x* é o tal-e-tal" (onde "*x*" é um nome), só pode ser verdadeira para no máximo um valor de *x*. Isso nos leva ao assunto das descrições definidas, que devem ser definidas de uma maneira análoga à que foi usada para no máximo as descrições ambíguas, mas um pouco mais complicada.

Bertrand Russell

Chegamos agora ao tema principal deste capítulo, isto é, à definição da palavra *o* ou *a* (no singular). Um aspecto muito importante da definição de "um tal-e-tal" se aplica igualmente a "o tal-e-tal"; a definição que se busca é uma definição de proposições em que ocorre essa expressão, não uma definição da expressão em si, isolada. No caso de "um tal-e-tal", isso é razoavelmente óbvio: ninguém poderia supor que "um homem" fosse um objeto definido, que pudesse ser definido por si próprio. Sócrates é um homem, Platão é um homem, Aristóteles é um homem, mas não podemos inferir que "um homem" significa o mesmo que "Sócrates", e também o mesmo que "Platão", e também o mesmo que "Aristóteles", já que esses três nomes têm significados diferentes. Contudo, quando enumeramos todos os homens no mundo, não resta nada sobre o que possamos dizer "isso é um homem, e mais: é o 'um homem', o suprassumo da entidade que é exatamente um homem indefinido sem ser alguém específico". Está bastante claro, é óbvio, que, seja o que for que exista no mundo, é algo definido: se for um homem, é um homem definido, e não qualquer outro. Assim, é impossível existir uma entidade "um homem" no mundo, ao contrário do que acontece com homens específicos. E, por conseguinte, é natural que não definamos a expressão "um homem" propriamente dita, apenas as proposições em que ela ocorre.

No caso de "o tal-e-tal", isso é igualmente verdadeiro, embora, à primeira vista, menos óbvio. Podemos demonstrar que deve ser assim usando uma reflexão sobre a diferença entre um *nome* e uma *descrição definida*. Considere a proposição "Scott é o autor de *Waverley*". Temos aqui um nome, "Scott", e uma descrição, "o autor de *Waverley*", que se afirma se aplicarem à mesma

Introdução à filosofia matemática

pessoa. A distinção entre um nome e todos os outros símbolos pode ser explicada como se segue:

Um nome é um símbolo simples cujo significado é algo que pode ocorrer apenas como sujeito, isto é, algo do tipo que, no Capítulo 13, definimos como um "indivíduo" ou um "particular". E um símbolo "simples" não tem partes que sejam símbolos. Assim, "Scott" é um símbolo simples, porque, embora tenha partes (a saber, as letras, consideradas isoladamente), elas não são símbolos. Por outro lado, "o autor de *Waverley*" não é um símbolo simples, porque as palavras avulsas que compõem a expressão são partes que são símbolos. Se, como pode ocorrer, aquilo que *parecer* ser um "indivíduo" realmente comportar uma análise mais profunda, teremos que nos contentar com o que pode ser chamado de "indivíduos relativos", que serão termos que, em todo o contexto em foco, jamais são analisados e jamais ocorrem senão como sujeitos. E, nesse caso, teremos que nos contentar, de forma correspondente, com "nomes relativos". Do ponto de vista do nosso problema atual, isto é, a definição das descrições, a questão de esses serem nomes absolutos ou somente relativos pode ser ignorada, dado que ela diz respeito a estágios diferentes da hierarquia dos "tipos", ao passo que precisamos comparar pares como "Scott" e "o autor de *Waverley*", que se aplicam ambos ao mesmo objeto e não suscitam o problema dos tipos. Portanto, podemos, neste momento, tratar os nomes como sendo capazes de ser absolutos; nada que precisaremos dizer dependerá dessa suposição, mas o palavreado talvez seja um pouco reduzido por ela.

Temos, então, duas coisas para compararmos: (1) um *nome*, que é um símbolo simples, designando diretamente um indivíduo que é seu significado e tendo esse significado por si só, sejam quais forem os significados de todas as outras palavras; (2) uma *descrição*, que consiste em várias palavras cujos significados já são fixos e das quais resulta o que quer que se deva considerar como "significado" da descrição.

Uma proposição que contém uma descrição não é idêntica ao que se torna essa proposição quando se substitui um nome, mesmo se o nome nomear o mesmo objeto que a descrição descreve. "Scott é o autor de *Waverley*" obviamente é uma proposição diferente de "Scott é Scott": a primeira é um fato da história da literatura; a segunda, um truísmo banal. E se colocássemos qualquer um que não seja Scott no lugar de "o autor de *Waverley*", nossa proposição iria se tornar falsa e, portanto, com certeza não seria mais a mesma proposição. Mas alguém poderia dizer que a nossa proposição é essencialmente da mesma forma que, digamos, "Scott é Sir Walter", em que se diz que dois nomes se aplicam à mesma pessoa. A resposta é que, se "Scott é Sir Walter" realmente significa "a pessoa cujo nome é 'Scott' é a pessoa cujo nome é 'Sir Walter'", então os nomes estão sendo usados como descrições: ou seja, o indivíduo, em vez de estar sendo nomeado, está sendo descrito como a pessoa que tem aquele nome. Essa é uma forma comum de usar nomes na prática, e via de regra não haverá nada na fraseologia que mostre se eles estão sendo usados assim ou *como* nomes. Quando se usa um nome diretamente, apenas para indicar do que estamos falando, ele não é parte do *fato* afirmado ou da sua falsidade, se a nossa afirmação por acaso for falsa: ele é somente parte do simbolismo por meio do qual expressamos nosso pensamento. O que queremos expressar é algo que poderia (por exemplo) ser traduzido para outro idioma; é algo para o qual as palavras reais são um veículo, mas de que elas não fazem parte. Por outro lado,

Introdução à filosofia matemática

quando formulamos uma proposição sobre "a pessoa chamada 'Scott'", o nome real "Scott" entra no que estamos afirmando, e não apenas na linguagem usada no ato de fazer a afirmação. A nossa proposição será outra agora se usarmos "a pessoa chamada 'Sir Walter'". Mas, contanto que estejamos usando nomes *como* nomes, dizer "Scott" ou "Sir Walter" é tão irrelevante para o que estamos afirmando quanto se estivéssemos falando em inglês ou em francês. Assim, contanto que os nomes sejam usados *como* nomes, "Scott é Sir Walter" é a mesma proposição trivial que "Scott é Scott". Isso completa a prova de que "Scott é o autor de *Waverley*" não é a mesma proposição que resulta de colocar um nome no lugar de "o autor de *Waverley*", seja qual for o nome a ser colocado.

Quando usamos uma variável e falamos numa função proposicional, ϕx, digamos, o processo de aplicar afirmações gerais sobre ϕx a casos particulares consistirá em pôr um nome no lugar da letra "x", supondo-se que ϕ é uma função que tem indivíduos como argumentos. Suponha, por exemplo, que ϕx seja "sempre verdadeira"; vamos fazer que ela seja, digamos, a "lei da identidade", $x = x$. Então, podemos trocar "x" por qualquer nome à nossa escolha, e obteremos uma proposição verdadeira. Supondo-se, por ora, que "Sócrates", "Platão" e "Aristóteles" sejam nomes (uma suposição muito precipitada), podemos inferir da lei da identidade que Sócrates é Sócrates, Platão é Platão e Aristóteles é Aristóteles. Mas vamos cometer uma falácia se tentarmos inferir, sem premissas adicionais, que o autor de *Waverley* é o autor de *Waverley*. Isso resulta do que acabamos de provar: que, se pusermos um nome no lugar de "o autor de *Waverley*" numa proposição, a proposição que obteremos será outra. Isso é o mesmo que dizer, aplicando-se o resultado ao caso em análise, que se "x" for um nome, "$x = x$" não é a mesma proposição que "o autor de *Waverley* é o autor de *Waverley*", seja qual for o nome "x". Assim, do fato de que todas as proposições da forma "$x = x$" são verdadeiras, não podemos inferir, sem mais delongas, que o autor de *Waverley* é o autor de *Waverley*. Na verdade, as proposições da forma "o tal-e-tal é tal-e-tal" não são sempre verdadeiras: é preciso que o tal-e-tal *exista* (um termo que será explicado daqui a pouco). É falso que o atual rei da França é o atual rei da França, ou que o quadrado redondo é o quadrado redondo. Quando substituímos um nome por uma descrição, as funções proposicionais que são "sempre verdadeiras" podem se tornar falsas se a descrição não descrever nada. Não há mistério nisso a partir do momento em que percebemos (o que foi demonstrado no parágrafo anterior) que, quando se usa uma descrição no lugar de algo, o resultado não é um valor da função proposicional em questão.

Agora temos condições de definir as proposições em que ocorre uma descrição definida. A única coisa que distingue "o tal-e-tal" de "um tal-e-tal" é a implicação de exclusividade. Não podemos falar "o morador de Londres", porque morar em Londres é um atributo que não é exclusivo. Não podemos falar "o atual rei da França", porque não há nenhum; mas podemos falar "o atual rei da Inglaterra". Assim, as proposições sobre "o tal-e-tal" sempre implicam as proposições correspondentes sobre "um tal-e-tal", com o detalhe de que não existe mais que um tal-e-tal. Uma proposição como "Scott é o autor de *Waverley*" não poderia ser verdadeira se *Waverley* nunca tivesse sido escrito ou se várias pessoas o tivessem escrito; o mesmo valeria para qualquer outra proposição que resultasse de uma função proposicional ϕx por meio da substituição de "x" por "o autor de *Waverley*".

Introdução à filosofia matemática

Podemos dizer que "o autor de *Waverley*" significa "o valor de x para o qual 'x escreveu *Waverley*' é verdadeira". Assim, a proposição "o autor de *Waverley* era escocês", por exemplo, envolve:

(1) "x escreveu *Waverley*" não é sempre falsa;
(2) "se x e y escreveram *Waverley*, x e y são idênticos" é sempre verdadeira; e
(3) "se x escreveu *Waverley*, x era escocês" é sempre verdadeira.

Essas três proposições, traduzidas para a linguagem comum, afirmam que:

(1) pelo menos uma pessoa escreveu *Waverley*;
(2) no máximo uma pessoa escreveu *Waverley*; e
(3) quem escreveu *Waverley* era escocês.

Todas as três estão subentendidas em "o autor de *Waverley* era escocês". De modo oposto, as três juntas (mas não duas delas) implicam que o autor de *Waverley* era escocês. Logo, pode-se considerar que as três juntas definem o que se deseja expressar com a proposição "o autor de *Waverley* era escocês".

Podemos simplificar essas três proposições. A primeira e a segunda, juntas, equivalem a "existe um termo c tal que 'x escreveu *Waverley*' é verdadeira quando x é c, e falsa quando x não é c". Em outras palavras, "existe um termo c tal que 'x escreveu *Waverley*' é sempre equivalente a 'x é c'". (Duas proposições são "equivalentes" quando ambas são verdadeiras ou ambas são falsas.) Temos aqui, para começar, duas funções de x, "x escreveu *Waverley*" e "x é c", e formamos uma função de c considerando a equivalência dessas duas funções de x para todos os valores de x;

passamos então a afirmar que a função resultante de c é "verdadeira às vezes", isto é, que é verdadeira para pelo menos um valor de c. (Evidentemente, ela não pode ser verdadeira para mais do que um valor de c.) Essas duas condições, juntas, são definidas como o que confere o significado de "o autor de *Waverley* existe". Podemos agora definir "o termo que satisfaz a função ϕx existe". Essa é a forma geral da qual a forma anterior é um caso particular. "O autor de *Waverley*" é "o termo que satisfaz a função 'x escreveu *Waverley*'". E "o tal-e-tal" sempre vai envolver uma referência a uma função proposicional, mais especificamente, à que define a propriedade que torna algo um tal-e-tal. Nossa definição é a seguinte:

"O termo que satisfaz a função ϕx existe" significa

"Existe um termo c tal que ϕx é sempre equivalente a 'x é c'".

Para definir "o autor de *Waverley* era escocês", precisamos ainda levar em conta a terceira das nossas três proposições, ou seja, "quem escreveu *Waverley* era escocês". Para isso ser satisfeito, basta acrescentar que o c em questão deve ser escocês. Assim, "o autor de *Waverley* era escocês" fica:

"Existe um termo c tal que (1) 'x escreveu *Waverley*' é sempre equivalente a 'x é c' e (2) c é escocês."

E, de forma geral: define-se "o termo que satisfaz ϕx satisfaz ψx" como tendo o seguinte significado:

"Existe um termo c tal que (1) ϕx é sempre equivalente a 'x é c' e (2) ψc é verdadeira."

Essa é a definição das proposições em que ocorrem descrições.

É possível ter muito conhecimento sobre um termo descrito, ou seja, conhecer muitas proposições sobre "o tal-e-tal", sem de

Introdução à filosofia matemática

fato saber o que o tal-e-tal é, ou seja, sem conhecer uma proposição da forma *"x* é o tal-e-tal", onde *"x"* é um nome. Numa história de detetive, as proposições sobre "o homem que cometeu o crime" se acumulam, na esperança de que, no fim das contas, elas bastem para demonstrar que foi A quem cometeu o crime. Podemos até chegar ao ponto de dizer que, em todo o conhecimento que pode ser expresso na forma de palavras – à exceção de "isto", "aquilo" e algumas outras palavras cujo significado varia de acordo com a situação –, não ocorrem nomes no sentido estrito: o que parecem ser nomes são, na verdade, descrições. Podemos discutir significativamente sobre se Homero existiu, o que não poderíamos fazer se "Homero" fosse um nome. A proposição "existe o tal-e-tal" faz sentido, seja verdadeira ou falsa; mas, se o tal-e-tal for *a* (onde *"a"* é um nome), as palavras "existe *a*" são desprovidas de significado. É somente de descrições – definidas ou indefinidas – que se pode afirmar a existência de uma forma significativa, pois, se *"a"* for um nome, *a* precisa nomear algo: o que não nomeia nada não é um nome e, portanto, caso se pretenda que seja um nome, é um símbolo desprovido de significado, ao passo que uma descrição, como "o atual rei da França", não se torna incapaz de ocorrer significativamente meramente pelo fato de não descrever nada. O motivo disso é que ela é um símbolo *complexo*, cujo significado deriva daquele dos seus símbolos componentes. E assim, quando indagamos se Homero existiu, estamos usando a palavra "Homero" como uma descrição abreviada: podemos substituí-la, digamos, por "o autor da *Ilíada* e da *Odisseia*". As mesmas considerações se aplicam a quase todos os usos do que parecem ser nomes próprios.

Quando as descrições ocorrem em proposições, é preciso distinguir entre o que pode ser chamado de ocorrências "primárias" e "secundárias". A distinção abstrata é a que se segue. Uma descrição tem uma ocorrência "primária" quando a proposição em que ocorre resulta de usar a descrição no lugar de "x" numa função proposicional ϕx; uma descrição tem uma ocorrência "secundária" quando o resultado do uso da descrição no lugar de "x" em ϕx fornece apenas *parte* da proposição em análise. Um exemplo vai deixar isso mais claro. Considere "o atual rei da França é calvo". Aqui, "o atual rei da França" tem uma ocorrência primária, e a proposição é falsa. Toda proposição em que uma descrição que não descreve nada tem uma ocorrência primária é falsa. Mas agora considere "o atual rei da França não é calvo". Isso é ambíguo. Se formos considerar primeiro "x é calvo", depois colocar "o atual rei da França" no lugar de "x" e então rejeitar o resultado, a ocorrência de "o atual rei da França" é secundária, e a nossa proposição é verdadeira; mas, se formos considerar "x não é calvo" e colocar "o atual rei da França" no lugar de "x", então "o atual rei da França" tem uma ocorrência primária, e a proposição é falsa. Confundir as ocorrências primárias com as secundárias é uma fonte de falácias sempre a postos quando se trata de proposições.

As descrições ocorrem na matemática principalmente na forma de *funções descritivas*, ou seja, "o termo que tem a relação R com y" ou "o R de y", como podemos dizer por analogia com "o pai de y" e de expressões semelhantes. Dizer "o pai de y é rico", por exemplo, é dizer que a função proposicional de c: "c é rico, e 'x gerou y' é sempre equivalente a 'x é c'" é verdadeira às vezes, ou seja, é verdadeira para pelo menos um valor de c. É claro que ela não pode ser verdadeira para mais de um valor.

A teoria das descrições, apresentada brevemente neste capítulo, é da máxima importância, tanto na lógica quanto na teoria

Introdução à filosofia matemática

do conhecimento. Mas, para os propósitos da matemática, as partes mais filosóficas da teoria não são essenciais e foram, portanto, omitidas da descrição anterior, que se limitou aos requisitos matemáticos mínimos.

17
Classes

Neste capítulo, trataremos dos artigos *os* e *as*, no plural: os moradores de Londres, os filhos de homens ricos, e assim por diante. Em outras palavras, trataremos de *classes*. Vimos no Capítulo 2 que um número cardinal deve ser definido como uma classe de classes, e no Capítulo 3 que o número 1 deve ser definido como a classe de todas as classes unitárias, ou seja, de todas as que têm só um membro, como diríamos, se não fosse pelo círculo vicioso. É claro que, quando o número 1 é definido como a classe de todas as classes unitárias, devem-se definir "classes unitárias" de modo a não se supor que sabemos o que se deseja expressar com a palavra "um"; na verdade, elas são definidas de uma maneira estreitamente análoga à usada para as descrições, a saber: diz-se que uma classe α é uma classe "unitária" se a função proposicional "'x é um α' é sempre equivalente a 'x é c'" (considerada uma função de c) não é sempre falsa, isto é, numa linguagem mais corriqueira, se houver um termo c tal que x será um membro de α quando x for c, mas não de outro modo. Isso nos dá uma definição de classe unitária se já soubermos o que seja uma classe em geral. Até aqui, ao lidarmos com a aritmética, tratamos "classe" como uma ideia primitiva. Mas, pelos motivos apresentados no Capítulo 13, se não por outros, não podemos aceitar "classe" como uma ideia primitiva. Precisamos procurar uma definição na mesma linha que a definição das descrições, isto é, uma definição que atribua um significado a proposições em cuja expressão verbal ou simbólica ocorram palavras ou símbolos que aparentemente representem classes, mas que atribua um significado que elimine completamente qualquer referência a classes a partir de uma análise correta dessas proposições. Seremos então capazes de dizer que os símbolos para as classes são meras conveniências, que não representam objetos denominados "classes", e que as classes são, na verdade, assim como as descrições, ficções lógicas, ou, como dizemos, "símbolos incompletos".

A teoria das classes é menos completa que a teoria das descrições, e existem motivos (que vamos expor em linhas gerais) para considerar a definição de classe que será sugerida como não sendo satisfatória em definitivo. Parece necessária uma certa sutileza a mais; mas as razões para considerar que a definição que será oferecida é aproximadamente correta e está no caminho certo são irresistíveis.

A primeira coisa é entender por que as classes não podem ser vistas como parte do aparato fundamental do mundo. É difícil explicar de forma precisa o que se deseja exprimir com tal afirmação, mas uma consequência que ela implica pode ser usada para elucidar seu significado. Se tivéssemos uma linguagem simbólica completa, com uma definição para tudo o que é definível e um símbolo indefinido para tudo o que é indefinível, os símbolos indefinidos dessa linguagem representariam simbolicamente aquilo a que me refiro ao dizer "o aparato fundamental

Introdução à filosofia matemática

do mundo". Estou afirmando que nenhum símbolo, nem para "classe" em geral, nem para classes específicas, seria incluído nesse aparato de símbolos indefinidos. Por outro lado, todas as coisas específicas que existem no mundo precisariam ter nomes que seriam incluídos nos símbolos indefinidos. Poderíamos tentar evitar essa conclusão usando as descrições. Considere, digamos, "a última coisa que César viu antes de morrer". Trata-se de uma descrição de um particular; poderíamos usá-la (num sentido perfeitamente legítimo) como uma *definição* desse particular. Mas, se "*a*" for um *nome* para o mesmo particular, uma proposição em que ocorre "*a*" não é (como vimos no capítulo anterior) idêntica ao que a proposição se torna quando trocamos "*a*" por "a última coisa que César viu antes de morrer". Se a nossa linguagem não contiver o nome "*a*" ou um outro nome para o mesmo particular, não teremos como expressar a proposição que expressamos por meio de "*a*", em contraste com a que expressamos por meio da descrição. Assim, as descrições não permitiriam a uma linguagem perfeita prescindir de nomes para todos os particulares. Em relação a isso, estamos afirmando que as classes diferem dos particulares e não precisam ser representadas por símbolos indefinidos. Nossa primeira tarefa é expor os motivos para essa opinião.

Já vimos que as classes não podem ser vistas como uma espécie de indivíduos, em consequência da contradição sobre as classes que não são membros de si mesmas (explicada no Capítulo 13), e porque podemos provar que o número de classes é maior que o número de indivíduos.

Não podemos considerar as classes na forma extensional *pura* simplesmente como amontoados ou aglomerados. Se fôssemos tentar fazê-lo, constataríamos ser impossível entender como pode existir uma classe como a vazia, que não tem membro nenhum e não pode ser considerada um "amontoado"; também descobriríamos ser muito difícil entender como acontece de uma classe que tem apenas um membro não ser idêntica a esse membro. Não é minha intenção afirmar, nem negar, que haja entidades como "amontoados". Como lógico matemático, não sou chamada a opinar sobre esse assunto. Tudo o que estou afirmando é que, se houver amontoados, não poderemos identificá-los com as classes compostas dos seus elementos constitutivos.

Vamos nos aproximar bastante de uma teoria satisfatória se tentarmos identificar classe com funções proposicionais. Toda classe, como explicamos no Capítulo 2, é definida por uma função proposicional verdadeira para os membros da classe e falsa para outras coisas. Mas se uma classe pode ser definida por uma função proposicional, pode igualmente ser definida por qualquer outra que seja verdadeira quando a primeira é verdadeira, e falsa quando a primeira é falsa. Por isso, a classe não pode ser identificada com tal função proposicional mais do que a qualquer outra – e, dada uma função proposicional, sempre existem muitas outras que são verdadeiras quando ela é verdadeira e falsas quando ela é falsa. Quando isso acontece, dizemos que duas funções proposicionais são "formalmente equivalentes". Duas *proposições* são "equivalentes" quando ambas são verdadeiras ou ambas falsas; duas funções proposicionais ϕx e ψx são "formalmente equivalentes" quando ϕx é sempre equivalente a ψx. É o fato de haver outras funções formalmente equivalentes a uma dada função que impossibilita identificar uma classe com uma função, pois queremos que as classes sejam tais que não existam duas classes distintas com exatamente os mesmos membros e, portanto, duas funções formalmente equivalentes terão que determinar a mesma classe.

Introdução à filosofia matemática

Quando decidimos que as classes não podem ser coisas do mesmo tipo que seus membros, que não podem ser apenas amontoados ou agregados e também que não podem ser identificadas com funções proposicionais, torna-se muito difícil ver o que elas podem ser, caso devam ser mais do que ficções simbólicas. E se conseguirmos encontrar uma forma de lidar com elas como ficções simbólicas, aumentamos a segurança lógica de nossa posição, já que evitamos a necessidade de supor que existem classes sem sermos forçados a fazer a suposição contrária, de que não existem classes. Simplesmente nos abstemos de ambas as suposições. Isso é um exemplo da Navalha de Occam, que diz o seguinte: "as entidades não devem ser multiplicadas sem necessidade". Mas, quando nos recusamos a afirmar que existem classes, não se deve pressupor que estamos afirmando de maneira dogmática que não existe classe alguma. Somos meramente agnósticos em relação a elas: como Laplace, podemos dizer *"je n'ai pas besoin de cette hypothèse"* ["não preciso dessa hipótese"].

Vamos estabelecer as condições que um símbolo deve satisfazer para que sirva como classe. Creio que as condições a seguir serão consideradas necessárias e suficientes:

(1) Toda função proposicional precisa determinar uma classe que consista nos argumentos para os quais a função é verdadeira. Dada qualquer proposição (verdadeira ou falsa), digamos, sobre Sócrates, podemos imaginar Sócrates substituído por Platão, ou por Aristóteles, ou por um gorila, ou pelo homem que acreditamos enxergar na Lua, ou qualquer outro indivíduo no mundo. Em geral, algumas dessas substituições vão originar uma

proposição verdadeira, e algumas, uma falsa. A classe assim determinada consistirá em todas as substituições que originam uma proposição verdadeira. Claro, ainda precisamos decidir o que queremos dizer com "todas as que...". Estamos, por ora, apenas observando que uma classe se torna determinada por meio de uma função proposicional e que toda função proposicional determina uma classe apropriada.

(2) Duas funções proposicionais formalmente equivalentes devem determinar a mesma classe, e duas que não são formalmente equivalentes devem determinar classes diferentes. Ou seja, uma classe é determinada por seus membros, e duas classes diferentes não podem ter exatamente os mesmos membros. (Se uma classe é determinada por uma função ϕx, dizemos que a é um "membro" da classe se ϕa é verdadeira.)

(3) Precisamos encontrar uma forma de definir não somente classes, mas também classes de classes. Vimos no Capítulo 2 que os números cardinais devem ser definidos como classes de classes. A expressão comum da matemática elementar "as combinações de n coisas, m de cada vez" representa uma classe de classes, a saber, a classe de todas as classes de m termos que podem ser selecionados de uma dada classe de n termos. Sem um método simbólico para lidar com classes de classes, a lógica matemática cairia por terra.

(4) Sob todas as circunstâncias, não deve fazer sentido (em vez de ser falso) supor que uma classe seja membro dela mesma ou que não o seja. Isso resulta da contradição que discutimos no Capítulo 13.

Introdução à filosofia matemática

(5) Por último – e esta é a condição mais difícil de se cumprir –, deve ser possível elaborar proposições sobre *todas* as classes compostas de indivíduos, ou sobre *todas* as classes compostas de objetos de qualquer "tipo" lógico. Se isso não acontecesse, muitos usos das classes estariam perdidos – por exemplo, a indução matemática. Ao definir a posteridade de um dado termo, precisamos conseguir dizer que um membro da posteridade pertence a *todas* as classes hereditárias às quais pertence o termo dado, e isso requer o tipo de totalidade que está em questão. O motivo de haver uma dificuldade envolvida nessa condição é que se pode provar que é impossível falar em *todas* as funções proposicionais que podem ter argumentos de um dado tipo.

Para começar, vamos ignorar essa última condição e os problemas que ela cria. As duas primeiras condições podem ser consideradas em conjunto. Elas afirmam que deve haver uma classe, nem mais, nem menos, para cada grupo de funções proposicionais formalmente equivalentes; por exemplo: a classe de homens deve ser a mesma que a de bípedes sem penas, ou a de animais racionais, ou a de *yahoos*, ou a de qualquer outra característica que se prefira para definir um ser humano. Mas quando dizemos que duas funções proposicionais formalmente equivalentes podem não ser idênticas, embora definam a mesma classe, podemos provar a verdade da afirmação ressaltando que uma afirmação pode ser verdadeira para uma função e falsa para a outra; por exemplo: "acredito que todos os homens são mortais" pode ser verdadeira, enquanto "acredito que todos os animais racionais são mortais" pode ser falsa, já que posso acreditar erroneamente

Bertrand Russell

que a fênix é um animal racional imortal. Assim, somos levados a considerar *afirmações sobre funções*, ou (mais corretamente) *funções de funções*.

Algumas das coisas que podem ser ditas sobre uma função podem ser consideradas como ditas sobre a classe definida pela função, enquanto outras não podem. A afirmação "todos os homens são mortais" envolve as funções "x é humano" e "x é mortal"; ou, se assim escolhermos, podemos dizer que ela envolve as classes *homens* e *mortais*. Podemos interpretar a afirmação de uma forma ou de outra, porque seu valor de verdade permanece inalterado se trocamos "x é humano" ou "x é mortal" por qualquer função formalmente equivalente. Mas, como acabamos de ver, não se pode considerar que a afirmação "acredito que todos os homens são mortais" seja acerca da classe determinada por qualquer uma dessas funções, porque seu valor de verdade pode ser modificado pela substituição por uma função formalmente equivalente (que mantém a classe inalterada). Vamos chamar uma afirmação que envolve uma função ϕx de função "extensional" da função ϕx se ela for do tipo "todos os homens são mortais", ou seja, se o seu valor de verdade permanecer o mesmo pela substituição por qualquer função formalmente equivalente; e quando uma função de uma função não for extensional, vamos denominá-la "intensional", de modo que "acredito que todos os homens são mortais" é uma função intensional de "x é humano" ou "x é mortal". Assim, as funções *extensionais* de uma função ϕx podem ser consideradas, para fins práticos, funções da classe determinada por ϕx, enquanto as funções *intensionais* não podem ser assim consideradas.

Deve-se observar que todas as funções *específicas* de funções que precisamos introduzir na lógica matemática são

Introdução à filosofia matemática

extensionais. Assim, por exemplo, as duas funções fundamentais de funções são: "ϕx é verdadeira sempre" e "ϕx é verdadeira às vezes". O valor de verdade de ambas permanece inalterado se qualquer função formalmente equivalente for colocada no lugar de ϕx. Na linguagem das classes, se α for a classe determinada por ϕx, "ϕx é verdadeira sempre" equivale a "tudo é membro de α", e "ϕx é verdadeira às vezes" equivale a "α tem membros", ou, melhor ainda, a "α tem pelo menos um membro". Considere, de novo, a condição, abordada no capítulo anterior, para a existência de "o termo que satisfaz ϕx". A condição é que haja um termo c tal que ϕx seja sempre equivalente a "x é c". Isso, obviamente, é extensional. É equivalente à afirmação de que a classe definida pela função ϕx é uma classe unitária, isto é, uma classe com um membro; em outras palavras, uma classe que é um membro de 1.

Dada uma função de uma função que pode ou não ser extensional, sempre podemos obter dela uma função relacionada e sem dúvida extensional da mesma função seguindo este método: seja a nossa função original de uma função uma que atribui a ϕx a propriedade f; considere então a afirmação "existe uma função que tem a propriedade f e que é formalmente equivalente a ϕx". Essa é uma função extensional de ϕx; ela é verdadeira quando a nossa afirmação original é verdadeira, e é formalmente equivalente à função original de ϕx se essa função original for extensional; mas quando a função original é intensional, a função nova é verdadeira com uma frequência maior do que a antiga. Por exemplo: considere de novo "acredito que todos os homens são mortais", entendida como uma função de "x é humano". A função extensional derivada é: "existe uma função formalmente equivalente a 'x é humano' e tal que acredito que tudo o que a satisfaz é mortal". Isso continua verdadeiro quando colocamos "x é um animal racional" no lugar de "x é humano", mesmo se eu acreditar erroneamente que a fênix é racional e imortal.

Damos o nome de "função extensional derivada" à função construída da maneira apresentada anteriormente ou, mais especificamente, à função: "existe uma função que tem a propriedade f e que é formalmente equivalente a ϕx", onde a função original era "a função ϕx tem a propriedade f".

Podemos considerar que a função extensional derivada tem como argumento a classe determinada pela função ϕx e que afirma f em relação a essa classe. Pode-se considerar isso como a definição de uma proposição sobre uma classe. Ou seja, podemos definir:

Afirmar que "a classe determinada pela função ϕx tem a propriedade f" é afirmar que ϕx satisfaz a função extensional derivada de f.

Isso confere um significado a qualquer afirmação sobre uma classe que se possa fazer com significado sobre uma função; e constata-se que, tecnicamente, ela produz os resultados necessários para tornar uma teoria simbolicamente satisfatória.[1]

O que acabamos de dizer em relação à definição de classe é suficiente para satisfazer nossas primeiras quatro condições. A forma como isso garante a terceira e a quarta, ou seja, a possibilidade de classes de classes e a impossibilidade de uma classe ser ou não membro de si mesma, é bastante técnica; ela está explicada no *Principia Mathematica*, mas pode ser dada como certa aqui. Como resultado, exceto pela nossa quinta condição, podemos considerar nossa tarefa encerrada. Mas essa condição – ao mesmo

---

1 Ver Whitehead; Russell, *Principia Mathematica*, 2.ed., v.1, p.75-84, e *20.

Introdução à filosofia matemática

tempo a mais importante e a mais difícil – não é cumprida como consequência de nada que dissemos até aqui. A dificuldade tem a ver com a teoria dos tipos e precisa ser brevemente discutida.[2] Vimos no Capítulo 13 que existe uma hierarquia de tipos lógicos e que é uma falácia permitir que um objeto pertencente a um desses tipos possa ser substituído por um objeto pertencente a outro tipo. Mas não é difícil mostrar que as várias funções que podem ter um dado objeto a como argumento não são todas de um único tipo. Vamos chamar todas elas de funções-a. Podemos considerar primeiro as que não envolvem referência a qualquer coleção de funções; essas, vamos denominar "funções-a predicativas". Se passarmos agora às funções que envolvem referência à totalidade das funções-a predicativas, vamos incorrer numa falácia se as considerarmos como sendo do mesmo tipo que as funções-a predicativas. Considere uma afirmação corriqueira como "a é um francês típico". Como definiremos um francês típico? Podemos defini-lo como alguém que "possui todas as qualidades apresentadas pela maioria dos franceses". Mas, exceto se restringirmos "todas as qualidades" àquelas que não envolvem referência a qualquer totalidade de qualidades, teremos que mencionar que a maioria dos franceses *não* são típicos no sentido citado anteriormente e, portanto, a definição mostra que ser não típico é indispensável a um francês típico. Isso não é uma contradição lógica, já que não há motivo para haver um francês típico; mas o caso ilustra a necessidade de separar as qualidades que envolvem referência a uma totalidade de qualidades das que não envolvem.

---

2 O leitor que desejar ver uma discussão mais completa deve consultar ibid., "Introduction", cap.2; e também, *12.

263

Toda vez que, por meio de afirmações sobre "todos" ou "alguns" dos valores que uma variável pode assumir significativamente, geramos um novo objeto, este novo objeto não deve estar entre os valores que a nossa variável anterior poderia assumir, já que, se estivesse, a totalidade dos valores que a variável poderia percorrer seria definível apenas em termos de si mesma, e estaríamos num círculo vicioso. Por exemplo: se eu disser "Napoleão tinha todas as qualidades de um grande general", precisarei definir "qualidades" de uma forma que não inclua o que estou dizendo agora, isto é, a expressão "ter todas as qualidades de um grande general" não deverá ser ela mesma uma qualidade no sentido suposto. Isso é razoavelmente óbvio, e é o princípio que leva à teoria dos tipos, por meio da qual evitam-se paradoxos envolvendo círculos viciosos. Quando aplicada a funções-*a*, podemos supor que a palavra "qualidades" deve significar "funções predicativas". Então, quando digo "Napoleão tinha todas as qualidades...", o que quero dizer é "Napoleão satisfazia todas as funções predicativas...". Essa afirmação atribui uma propriedade a Napoleão, mas não uma propriedade predicativa; assim, escapamos do círculo vicioso. Mas, onde quer que "todas as funções que" ocorra, as funções em questão devem ser limitadas a um tipo para se evitar um círculo vicioso; e, como mostraram Napoleão e o francês típico, o tipo não se torna determinado pelo tipo do argumento. Seria necessária uma discussão muito mais completa para se estabelecer essa questão na íntegra, mas o que foi dito talvez baste para deixar claro que as funções que podem ter um dado argumento são de uma série infinita de tipos. Poderíamos, usando diversos mecanismos técnicos, construir uma variável que percorreria os primeiros *n* desses tipos,

Introdução à filosofia matemática

onde *n* é finito, mas não podemos construir uma variável que vai percorrer todos eles e, se pudéssemos, esse mero fato imediatamente geraria um novo tipo de função com os mesmos argumentos e reiniciaria todo o processo. Chamamos as funções-*a* predicativas de *primeiro* tipo de funções-*a*; as funções-*a* que envolvem referência à totalidade do primeiro tipo chamamos de *segundo* tipo, e assim por diante. Nenhuma função-*a* variável pode percorrer todos esses tipos diferentes: ela deverá parar de repente em algum tipo definido. Essas considerações são relevantes para a nossa definição da função extensional derivada. Falamos ali em "uma função formalmente equivalente a ϕx". É preciso decidir sobre o tipo da nossa função. Qualquer decisão servirá, mas uma decisão é inevitável. Vamos chamar a suposta função formalmente equivalente de ψ. Então, ψ aparece como variável e precisa ser de um tipo determinado. Tudo o que sabemos necessariamente sobre o tipo de ϕ é que ela aceita argumentos de um dado tipo – que ela é, digamos, uma função-*a*. Mas isso, como acabamos de ver, não determina seu tipo. Para conseguirmos lidar (como exige nosso quinto requisito) com *todas* as classes cujos membros são do mesmo tipo que *a*, precisamos conseguir definir todas essas classes por meio de funções de algum tipo; ou seja, deve existir um tipo de função-*a*, digamos, o *n*-ésimo, tal que qualquer função-*a* seja formalmente equivalente a uma função-*a* do *n*-ésimo tipo. Se isso ocorrer, então qualquer função extensional que for válida para todas as funções-*a* do *n*-ésimo tipo valerá para qualquer função-*a*. É principalmente como uma forma técnica de incorporar uma suposição que leva a esse resultado que as classes são úteis. A suposição é denominada "axioma da redutibilidade" e pode ser enunciada da seguinte maneira:

Bertrand Russell

"Existe um tipo (τ, digamos) de funções-*a* tal que, dada qualquer função-*a*, ela é formalmente equivalente a uma função do tipo considerado."

Uma vez suposto esse axioma, usamos funções desse tipo ao definir nossa função extensional relacionada. As afirmações sobre todas as classes-*a* (isto é, todas as classes definidas por funções-*a*) podem ser reduzidas a afirmações sobre todas as funções-*a* do tipo τ. Contanto que estejam envolvidas apenas funções extensionais de funções, isso nos proporciona, na prática, resultados que, de outro modo, teriam exigido a noção impossível de "todas as funções-*a*". Uma área em particular em que isso é vital é a indução matemática.

O axioma da redutibilidade envolve tudo que é realmente essencial à teoria das classes. Portanto, vale a pena perguntar se existe alguma razão para supô-lo verdadeiro.

Esse axioma, como o multiplicativo e o do infinito, é necessário à obtenção de certos resultados, mas não à mera existência do raciocínio dedutivo. A teoria da dedução, tal qual explicada no Capítulo 14, e as leis para as proposições que envolvem "todos" e "alguns", fazem parte da própria textura do raciocínio matemático: sem elas, ou algo parecido com elas, deixaríamos de obter não apenas os mesmos resultados — deixaríamos de obter qualquer resultado. Não podemos usá-las como hipóteses e deduzir consequências hipotéticas, pois elas são regras de dedução, bem como premissas. Devem ser absolutamente verdadeiras; caso contrário, o que deduzimos de acordo com elas nem sequer resulta das premissas. Por outro lado, o axioma da redutibilidade, assim como os nossos dois axiomas matemáticos anteriores, poderia muito bem ser enunciado como uma hipótese toda vez que é usado, em vez de ser suposto de fato verdadeiro.

Introdução à filosofia matemática

Podemos deduzir suas consequências hipoteticamente; também podemos deduzir as consequências de supô-lo falso. Ele é, portanto, apenas conveniente, e não necessário. E em virtude da complexidade da teoria dos tipos e da incerteza em relação a tudo, exceto seus princípios mais gerais, é impossível dizer, por enquanto, se não pode haver uma forma de prescindir por completo do axioma da redutibilidade. Entretanto, supondo a correção da teoria esboçada anteriormente, o que podemos dizer sobre a verdade ou a falsidade do axioma?

O axioma, como podemos perceber, é uma forma generalizada da identidade dos indiscerníveis de Leibniz. Este supôs, como princípio lógico, que dois sujeitos diferentes precisam diferir quanto aos predicados. Mas os predicados são apenas uma parte do que denominamos "funções predicativas", que também vão incluir relações com termos dados e várias propriedades que não devem ser consideradas predicados. Logo, a suposição de Leibniz é muito mais estrita e limitada que a nossa. (Mas, claro, não de acordo com a lógica *dele*, que considerava *todas* as proposições como redutíveis à forma sujeito-predicado.) Porém, não há um motivo razoável para acreditar na forma dele, até onde meu raciocínio me permite ver. Poderia muito bem haver, a título de possibilidade lógica abstrata, duas coisas que tivessem exatamente os mesmos predicados, no sentido restrito em que vimos usando a palavra "predicado". Como fica o nosso axioma quando vamos além dos predicados nesse sentido restrito? No mundo real, parece não haver como duvidar da sua verdade empírica no que diz respeito aos particulares, em virtude da diferenciação espaçotemporal: não existem dois particulares que tenham exatamente as mesmas relações espaciais e temporais com todos os outros particulares. Mas isso é, por assim dizer, um acidente,

Bertrand Russell

um fato sobre o mundo onde calhamos de estar. A lógica pura e a matemática pura (que são a mesma coisa) têm como objetivo ser verdadeiras, na fraseologia leibniziana, em todos os mundos possíveis, não apenas nesta balbúrdia de mundo com um pouco de tudo onde o acaso nos aprisionou. Existe uma certa altivez que o lógico deveria preservar: ele não deve condescender em obter argumentos a partir das coisas que vê ao seu redor.

Analisando o axioma da redutibilidade desse ponto de vista estritamente lógico, não vejo nenhum motivo para acreditar que ele é logicamente necessário, que é o que se desejaria expressar ao se dizer que ele é verdadeiro em todos os mundos possíveis. A admissão desse axioma num sistema de lógica é, portanto, um defeito, mesmo se o axioma for verdadeiro empiricamente. É por esse motivo que a teoria das classes não pode ser considerada tão completa quanto a teoria das descrições. Há a necessidade de se trabalhar mais no desenvolvimento da teoria dos tipos, na esperança de se chegar a uma doutrina das classes que não exija uma suposição tão duvidosa. Mas é razoável considerar a teoria delineada neste capítulo como correta em linhas gerais, ou seja, na sua redução das proposições nominalmente sobre classes a proposições sobre suas funções definidoras. O fato de se evitar que as classes sejam tratadas como entidades, possibilitado por esse método, deve, aparentemente, ser correto em princípio, por mais que os pormenores ainda possam exigir ajustes. É porque isso parece incontestável que incluímos a teoria das classes, apesar do nosso desejo de excluir, tanto quanto possível, tudo o que parecesse passível de grande incerteza.

A teoria das classes, tal qual esboçada anteriormente, reduz--se a um axioma e a uma definição. Em prol da exatidão, vamos repeti-los aqui. O axioma é:

Introdução à filosofia matemática

Existe um tipo τ tal que, se φ é uma função que pode ter um dado objeto a como argumento, então existe uma função ψ do tipo τ que é formalmente equivalente a φ.

A definição é:

Se φ é uma função que pode ter um dado objeto a como argumento e τ é o tipo mencionado no axioma anterior, então dizer que a classe determinada por φ tem a propriedade f é igual a dizer que existe uma função do tipo τ formalmente equivalente a φ e que tem a propriedade f.

18
Matemática e lógica

Do ponto de vista histórico, a matemática e a lógica têm sido campos de estudo completamente distintos. A matemática tem sido relacionada à ciência; a lógica, ao idioma grego. Mas ambas têm se desenvolvido na era moderna: a lógica tem se tornado mais matemática, e a matemática, mais lógica. A consequência é que agora ficou absolutamente impossível desenhar uma linha que separe as duas; na verdade, as duas são uma coisa só. Elas diferem do mesmo jeito que um homem e um menino: a lógica é a matemática na juventude, e a matemática é a fase adulta da lógica. Essa visão ofende os lógicos que, por terem passado seu tempo estudando textos clássicos, são incapazes de seguir um raciocínio simbólico, e por matemáticos que aprenderam uma técnica sem se preocuparem em obter mais informações sobre seu significado ou justificativa. Ambos os tipos agora estão, felizmente, tornando-se cada vez mais raros. Boa parte do desenvolvimento da matemática moderna está, claro, na fronteira com a lógica, e boa parte da lógica moderna é simbólica e formal, de modo que a relação bastante estreita entre lógica e

Bertrand Russell

matemática se tornou óbvia para qualquer estudante instruído. A prova da identidade delas é, evidentemente, uma questão de detalhe: começando com premissas cujo pertencimento à lógica seria universalmente aceito, e chegando, por meio da dedução, a resultados que, de maneira igualmente óbvia, pertencem à matemática, constatamos que não existe um ponto em que se possa desenhar uma linha bem-definida, com a lógica ficando à esquerda, e a matemática, à direita. Se ainda existirem aqueles que não aceitam a identidade entre lógica e matemática, podemos desafiá-los a indicar em que ponto, nas sucessivas definições e deduções do *Principia Mathematica*, eles consideram que termina a lógica e começa a matemática. Ficará óbvio, então, que qualquer resposta deve ser bastante arbitrária.

Nos capítulos iniciais deste livro, começando com os números naturais, definimos primeiro um "número cardinal" e mostramos como generalizar o conceito de número. Então, analisamos os conceitos envolvidos nessa definição, até que nos vimos abordando os fundamentos da lógica. Num tratamento sintético e dedutivo, esses fundamentos vêm primeiro, e só se chega aos números naturais após uma longa jornada. Esse tratamento, apesar de formalmente mais correto do que o adotado aqui, é mais difícil para o leitor, porque os conceitos e proposições lógicas fundamentais de que ele parte são distantes e pouco familiares se comparados aos números naturais. Além disso, eles representam a atual fronteira do conhecimento, além da qual está o que ainda é desconhecido; o domínio do conhecimento sobre eles, por enquanto, não está bem seguro.

Costumava-se dizer que a matemática é a ciência da "quantidade". Esta é uma palavra vaga, mas para argumentar podemos substituí-la pela palavra "número". A afirmação de que a

Introdução à filosofia matemática

matemática é a ciência do número seria falsa de duas maneiras diferentes. Por um lado, existem ramos reconhecidos da matemática que não têm nada a ver com números — toda geometria que não usa coordenadas ou medições, por exemplo: as geometrias projetiva e descritiva, até o estágio em que se introduzem as coordenadas, não têm nada a ver com números, nem mesmo com quantidades, no sentido de *maior* e *menor*. Por outro lado, através da definição dos cardinais, da teoria da indução e das relações ancestrais, da teoria geral das séries e das definições das operações aritméticas, tornou-se possível generalizar muito do que se costumava demonstrar apenas em relação aos números. O resultado é que o que já foi o estudo unificado da aritmética ficou agora dividido numa série de estudos separados, e nenhum deles trata especificamente de números. As propriedades mais elementares dos números tratam de relações um-para-um e de similaridade entre classes. A adição trata da construção de classes mutuamente excludentes respectivamente similares a um conjunto de classes que não se sabe se são mutuamente excludentes. A multiplicação está mesclada com a teoria das "seleções", isto é, de certo tipo de relações um-para-muitos. A finitude está mesclada com o estudo geral das relações ancestrais, que origina toda a teoria da indução matemática. As propriedades ordinais dos vários tipos de séries numéricas, os elementos da teoria da continuidade das funções e os limites das funções podem ser generalizados de modo a não mais envolver qualquer referência essencial a números. É um princípio, em todo raciocínio formal, generalizar ao máximo, já que assim garantimos que um dado processo de dedução tenha resultados mais amplamente aplicáveis; estamos, portanto, ao generalizar dessa forma o raciocínio aritmético, meramente seguindo um preceito universalmente aceito na matemática. E, ao generalizarmos dessa forma, o que fizemos, na verdade, foi criar um conjunto de sistemas dedutivos novos, no qual a aritmética tradicional é, ao mesmo tempo, dissolvida e ampliada; mas se deve-se dizer que qualquer um desses sistemas dedutivos novos – a teoria das seleções, por exemplo – pertence à lógica ou à aritmética, é uma questão totalmente arbitrária e que não comporta uma decisão racional.

Logo, somos confrontados com a pergunta: o que é essa disciplina, que tanto faz se é chamada de matemática ou de lógica? Existe alguma forma da qual podemos defini-la?

Certas características da disciplina são claras. Para começar, não lidamos, nessa disciplina, com coisas ou propriedades específicas: lidamos formalmente com o que se pode dizer sobre *qualquer* coisa ou *qualquer* propriedade. Estamos preparados para dizer que um e um são dois, mas não que Sócrates e Platão são dois, porque, na nossa qualidade de lógicos ou de matemáticos puros, nunca ouvimos falar em Sócrates ou em Platão. Um mundo onde não houvesse tais indivíduos continuaria sendo um mundo onde um e um são dois. Não nos compete, como lógicos ou matemáticos puros, mencionar o que quer que seja, porque, se o fazemos, introduzimos algo irrelevante e não formal. Podemos tornar essa ideia clara aplicando-a ao caso do silogismo. Diz a lógica tradicional: "Todo homem é mortal; Sócrates é um homem; portanto, Sócrates é mortal". Mas está claro que o que *pretendemos* afirmar, para começar, é apenas que as premissas implicam a conclusão, não que as premissas e a conclusão são de fato verdadeiras; mesmo a lógica mais tradicional ressalta que a verdade real das premissas é irrelevante para a lógica. Assim, a primeira mudança a se fazer no silogismo tradicional citado é enunciá-lo na forma "se todo homem é mortal e Sócrates é um homem, então Sócrates é

Introdução à filosofia matemática

mortal". Podemos agora observar que a intenção é expressar que esse argumento é válido em virtude da sua *forma*, e não dos termos específicos que ocorrem nele. Se tivéssemos omitido "Sócrates é um homem" das nossas premissas, teríamos um argumento não formal, admissível apenas porque Sócrates é, realmente, um homem; nesse caso, não poderíamos ter generalizado o argumento. Mas quando, como acontece anteriormente, o argumento é *formal*, nada depende dos termos que ocorrem nele. Assim, podemos substituir *homens* por α, *mortal* por β e *Sócrates* por x, onde α e β são duas classes quaisquer e x é qualquer indivíduo. Obtemos, então, a afirmação "não importa quais possíveis valores x, α e β possam ter: se todos os α's são β's e x é um α, então x é um β"; em outras palavras, "a função proposicional 'se todos os α's são β's e x é um α, então x é um β' é sempre verdadeira". Aqui, finalmente, temos uma proposição da lógica – aquela que é apenas *sugerida* pela afirmação tradicional sobre Sócrates, e homens, e mortais.

Está claro que, se o raciocínio *formal* é aonde queremos chegar, devemos sempre obter, em última instância, afirmações como a que acabou de ser apresentada, na qual não se menciona nenhuma coisa ou propriedade real; isso vai acontecer por meio do mero desejo de não desperdiçar o nosso tempo provando num caso específico o que se pode provar genericamente. Seria ridículo analisar um longo argumento sobre Sócrates e depois analisar exatamente o mesmo argumento sobre Platão. Se o nosso argumento for um (digamos) que é válido para todos os homens, vamos prová-lo relativamente a "x", com a hipótese "se x for um homem". Com essa hipótese, o argumento vai manter sua validade hipotética mesmo quando x não for um homem. Mas agora vamos constatar que o nosso argumento continuaria

275

Bertrand Russell

válido se, em vez de supor que x é um homem, supuséssemos que ele fosse um macaco, ou um ganso, ou um primeiro-ministro. Portanto, não vamos desperdiçar nosso tempo considerando como nossa premissa "x é um homem": consideraremos "x é um α", onde α é qualquer classe de indivíduos, ou "ϕx", onde ϕ é qualquer função proposicional de um determinado tipo. Assim, a ausência de qualquer menção a coisas ou propriedades específicas na lógica ou na matemática pura é um resultado necessário do fato de que essas áreas são, como costumamos dizer, "puramente formais".

A esta altura, nos vemos frente a frente com um problema que é mais fácil de enunciar do que de solucionar. O problema é: "quais são os componentes de uma proposição lógica?". Não sei a resposta, mas proponho explicar como surge o problema.

Considere, digamos, a proposição "Sócrates foi anterior a Aristóteles". Aqui parece óbvio que temos uma relação entre dois termos e que os componentes da proposição (assim como os do fato correspondente) são simplesmente os dois termos e a relação, isto é, Sócrates, Aristóteles e *anterior*. (Ignoro o fato de que Sócrates e Aristóteles não são simples, e também o fato de que o que parece serem seus nomes são, na verdade, descrições truncadas. Nenhum desses fatos é relevante para a questão analisada.) Podemos representar a forma geral dessas proposições por "$x R y$", que se pode ler "x tem a relação R com y". Essa forma geral pode ocorrer em proposições lógicas, mas não pode ocorrer nenhuma instância específica dela. Devemos inferir que a forma geral propriamente dita é um componente dessas proposições lógicas?

Dada uma proposição, como "Sócrates é anterior a Aristóteles", temos certos componentes e também uma certa forma. Mas a forma não é, ela própria, um componente novo; se fosse,

Introdução à filosofia matemática

deveríamos precisar de uma forma nova para englobar tanto ela mesma quanto os outros componentes. Podemos, na verdade, transformar *todos* os componentes de uma proposição em variáveis ao mesmo tempo que a forma se mantém inalterada. Isso é o que fazemos quando usamos uma representação como "xRy", que representa qualquer proposição numa certa classe de proposições, isto é, aquelas que enunciam relações entre dois termos. Podemos passar às afirmações gerais, como "xRy é verdadeira às vezes" — ou seja, existem casos em que são válidas relações binárias. Essa afirmação pertencerá à lógica (ou à matemática), no sentido em que estamos usando a palavra. Mas nessa afirmação não mencionamos quaisquer coisas ou relações particulares; nenhuma delas jamais pode ser incluída numa proposição de lógica pura. Restam-nos as *formas* puras como os únicos componentes possíveis das proposições lógicas.

Não quero afirmar positivamente que as formas puras — isto é, as formas "xRy" — realmente fazem parte das proposições do tipo que estamos considerando. A questão da análise dessas proposições é complexa, com ponderações conflitantes de um lado e de outro. Não podemos embarcar nessa discussão agora, mas podemos aceitar, como uma primeira aproximação, a perspectiva de que são as *formas* que fazem parte das proposições lógicas como seus componentes. E podemos explicar (embora não definir formalmente) o que queremos dizer por "forma" de uma proposição como segue:

A "forma" de uma proposição é aquilo que permanece inalterado quando todo componente da proposição é substituído por outro.

Assim, "Sócrates é anterior a Aristóteles" tem a mesma forma que "Napoleão é superior a Wellington", apesar de todos os componentes das duas proposições serem diferentes.

Bertrand Russell

Logo, podemos estabelecer, como uma característica necessária (mas não suficiente) às proposições lógicas ou matemáticas, que elas devem ser tais que possam ser obtidas de uma proposição que não contenha nenhuma variável (isto é, nenhuma palavra como *todos*, *alguns*, *um*, *o* etc.) transformando todo componente numa variável e asserindo que o resultado é verdadeiro sempre ou às vezes, ou que é sempre verdadeiro em relação a algumas das variáveis e verdadeiro às vezes em relação às outras, ou qualquer variação dessas formas. E outra maneira de afirmar a mesma coisa é dizer que a lógica (ou a matemática) trata apenas de *formas*, e trata delas apenas afirmando que elas são verdadeiras sempre ou às vezes – com todas as permutações de "sempre" e "às vezes" que podem ocorrer.

Em qualquer idioma existem algumas palavras cuja única função é indicar forma. Essas palavras, *grosso modo*, são mais comuns em idiomas com menos flexões. Considere "Sócrates é humano". Aqui, "é" não é um componente da proposição: meramente indica a forma sujeito-predicado. Do mesmo modo, em "Sócrates é anterior a Aristóteles", "é" e "a" somente indicam a forma; a proposição é igual a "Sócrates precede Aristóteles", em que tais palavras desaparecem e a forma é indicada de outra maneira. A forma, via de regra, *pode* ser indicada de outro modo que não por palavras específicas: a ordem das palavras pode dar conta da maior parte do que se deseja. Mas não se deve forçar a aplicação desse princípio. Por exemplo: é difícil ver como poderíamos expressar de um jeito conveniente formas moleculares de proposições (isto é, o que denominamos "funções de verdade") sem palavra alguma. Vimos no Capítulo 14 que uma palavra ou símbolo basta para tal propósito, a saber, uma palavra ou símbolo que expresse *incompatibilidade*. Mas, sem pelo menos uma,

Introdução à filosofia matemática

estaríamos em dificuldades. Essa, entretanto, não é a questão importante para o nosso propósito de agora. O que nos importa é observar que a forma pode ser a única característica de interesse numa proposição geral, mesmo quando nenhuma palavra ou símbolo nessa proposição designa a forma. Se queremos falar sobre a forma propriamente dita, precisamos ter uma palavra para ela; mas se, como na matemática, queremos falar sobre todas as proposições que têm tal forma, verifica-se, em geral, que uma palavra para ela não é indispensável; provavelmente, em tese, ela *jamais* é indispensável.

Supondo – como acho que podemos fazer – que as formas das proposições *possam* ser representadas pelas formas das proposições em que elas são expressas sem quaisquer palavras especiais para as formas, deveríamos chegar a uma linguagem em que tudo o que é formal pertencesse à sintaxe, e não ao vocabulário. Nessa linguagem, poderíamos exprimir todas as proposições da matemática, mesmo se não conhecêssemos uma única palavra dessa linguagem. A linguagem da lógica matemática, se fosse aprimorada até o nível da perfeição, seria uma tal linguagem. Deveríamos ter símbolos para as variáveis, como "x", "R" e "y", arranjados de várias formas; e a forma de arranjá-los indicaria a afirmação de que algo seria verdadeiro para todos os valores ou alguns valores das variáveis. Não deveríamos precisar conhecer palavra alguma, porque elas só seriam necessárias para atribuir valores às variáveis, que é a atividade dos matemáticos que fazem matemática aplicada, não dos matemáticos puros ou dos lógicos. Uma das marcas registradas de uma proposição da lógica é que, dada uma linguagem apropriada, tal proposição pode ser afirmada nessa linguagem por alguém que conheça a sintaxe sem conhecer uma palavra sequer do vocabulário.

Mas, no fim das contas, existem palavras ou combinações delas que expressam forma, como "*é*" e "*do que*". E em todo simbolismo inventado até aqui para a lógica matemática, há símbolos que têm significados formais constantes. Podemos considerar como exemplo o símbolo para a incompatibilidade que é usado ao se criarem funções de verdade. Essas palavras ou símbolos podem ocorrer na lógica. A pergunta é: como devemos defini-los?

Tais palavras ou símbolos exprimem o que se denominam "constantes lógicas". Essas constantes podem ser definidas exatamente como definimos as formas; na verdade, ambas são essencialmente a mesma coisa. Uma constante lógica fundamental será aquela que for comum a várias proposições, com qualquer uma delas podendo resultar de qualquer outra por meio da substituição de termos. Por exemplo: "Napoleão é superior a Wellington" resulta de "Sócrates é anterior a Aristóteles" quando se substituem "Sócrates" por "Napoleão", "Aristóteles" por "Wellington" e "anterior" por "superior". Algumas proposições podem ser obtidas assim a partir do protótipo "Sócrates é anterior a Aristóteles", e outras não podem; as que podem são as da forma "xRy", ou seja, expressam relações binárias. Não conseguimos obter, a partir do protótipo anterior e por meio da substituição termo a termo, proposições como "Sócrates é humano" ou "os atenienses deram cicuta a Sócrates", porque a primeira tem a forma sujeito-predicado, e a segunda expressa uma relação que envolve três termos. Para que tenhamos quaisquer palavras na nossa linguagem lógica pura, elas precisam expressar "constantes lógicas", e "constantes lógicas" sempre serão o que é comum a um grupo de proposições deriváveis umas das outras (ou serão derivadas disso), como foi mostrado há pouco, por meio da substituição termo a termo. E o que é comum é o que chamamos de "forma".

Introdução à filosofia matemática

Nesse sentido, todas as "constantes" que ocorrem na matemática pura são constantes lógicas. O número 1, por exemplo, deriva de proposições da forma "existe um termo c tal que ϕx é verdadeira quando, e só quando, x é c". Essa é uma função de ϕ, e várias proposições diferentes resultam da atribuição de valores diferentes a ϕ. Podemos (com uma pequena omissão de etapas intermediárias irrelevantes ao nosso propósito de agora) considerar a função anterior de ϕ como o que se deseja expressar com "a classe determinada por ϕ é uma classe unitária" ou "a classe determinada por ϕ é membro de 1" (sendo 1 uma classe de classes). Desse modo, as proposições em que 1 ocorre adquirem um significado que deriva de uma certa forma lógica constante. E se constata o mesmo com todas as constantes matemáticas: todas são constantes lógicas ou abreviações simbólicas cujo uso pleno num contexto adequado é definido por meio de constantes lógicas.

Mas, embora todas as proposições lógicas (ou matemáticas) possam ser expressas exclusivamente em termos de constantes lógicas em conjunto com variáveis, o contrário não é verdade, ou seja, nem todas as proposições que podem ser expressas assim são lógicas. Encontramos, por enquanto, um critério necessário, mas não suficiente, para as proposições matemáticas. Definimos suficientemente o caráter das *ideias* primitivas em termos das quais todas as ideias da matemática podem ser *definidas*, mas não o caráter das *proposições* primitivas a partir das quais todas as proposições da matemática podem ser *deduzidas*. Essa é uma questão mais complicada, para a qual não se conhece ainda a resposta completa.

Podemos tomar o axioma do infinito como um exemplo de uma proposição que, embora possa ser enunciada em termos lógicos, não pode ser declarada verdadeira pela lógica. Todas as

Bertrand Russell

proposições da lógica têm uma característica que costumava ser expressa dizendo-se que eram analíticas, ou que as suas contraditórias eram autocontraditórias. Esse tipo de afirmação, contudo, não é satisfatório. A lei da contradição não é senão uma entre as proposições lógicas; não tem proeminência especial; e é provável que a prova de que a contraditória de uma proposição é autocontraditória exija outros princípios de dedução além da lei da contradição. Mesmo assim, a característica das proposições lógicas que estamos buscando foi percebida, e destinada a ser definida, pelos que declararam que ela consistia na dedutibilidade a partir da lei da contradição. Essa característica, que, por ora, podemos chamar de *tautologia*, obviamente não pertence à afirmação de que o número de indivíduos no universo é *n*, qualquer que ele possa ser. Não fosse a diversidade de tipos, seria possível provar de forma lógica que existem classes de *n* termos, onde *n* é qualquer inteiro finito, ou mesmo que existem classes de $\aleph_0$ termos. Mas, em virtude dos tipos, tais provas, como vimos no Capítulo 13, são falaciosas. Resta-nos a observação empírica para determinar se existem *n* indivíduos no mundo. Entre os mundos "possíveis", no sentido leibniziano, existirão mundos com um, dois, três, ... indivíduos. Nem sequer parece haver uma necessidade lógica de existir um único indivíduo[1] – na verdade, de existir até mesmo um mundo. A prova ontológica da existência de Deus, se fosse válida, estabeleceria a necessidade lógica de pelo menos um indivíduo. Mas, em geral, ela é vista como inválida, e de fato se baseia numa visão equivocada

---

1 As proposições primitivas no *Principia Mathematica* são tais que permitem a inferência de que pelo menos um indivíduo existe. Mas agora vejo isso como um defeito na pureza lógica.

Introdução à filosofia matemática

da existência – ou seja, não consegue perceber que só se pode afirmar a existência de algo já descrito, não de algo nomeado, de modo que não faz sentido argumentar partindo de "isto é o tal-e-tal" e "o tal-e-tal existe" e chegando a "isto existe". Caso rejeitemos o argumento ontológico, parecemos levados a concluir que a existência de um mundo é um acidente – isto é, não é necessária do ponto de vista lógico. Se assim for, nenhum princípio da lógica pode assegurar a "existência", exceto sob uma hipótese, ou seja, nenhuma pode ser da forma "a função proposicional tal-e-tal é verdadeira às vezes". As proposições dessa forma, quando ocorrerem na lógica, precisarão ocorrer como hipóteses ou consequências de hipóteses, não como proposições asseridas completas. As proposições asseridas completas da lógica serão todas tais que afirmarão que uma função proposicional é *sempre* verdadeira. Por exemplo: é sempre verdadeiro que, se p implica q e q implica r, então p implica r, ou que, se todos os α's são β's e x é um α, então x é um β. Essas proposições podem ocorrer na lógica, e a verdade delas independe da existência do universo. Podemos estabelecer que, se não existisse universo, *todas* as proposições gerais seriam verdadeiras, pois a contraditória de uma proposição geral (como vimos no Capítulo 15) é uma proposição que afirma existência, e seria, portanto, sempre falsa se não existisse universo.

As proposições lógicas são tais que podem ser conhecidas *a priori*, sem exame do mundo real. Sabemos apenas a partir de um exame dos fatos empíricos que Sócrates é um homem, mas sabemos da correção do silogismo na sua forma abstrata (isto é, quando enunciado em termos de variáveis) sem a necessidade de qualquer apelo à experiência. Essa é uma característica não das proposições lógicas em si, mas do modo como as conhecemos. Contudo, ela tem relevância para a questão do que pode ser a natureza delas, já que existem alguns tipos de proposições que seria muito difícil supor que poderíamos conhecer sem a experiência.

Está claro que se deve buscar a definição de "lógica" ou de "matemática" tentando-se oferecer uma nova definição da antiga noção de proposição "analítica". Embora não possamos mais nos contentar com definir as proposições lógicas como as que resultam da lei da contradição, ainda podemos e devemos aceitar que elas são uma classe de proposições totalmente diferente das que passamos a conhecer empiricamente. Todas têm a característica que, um instante atrás, concordamos em chamar de "tautologia". Isso, unido ao fato de que elas podem ser expressas exclusivamente em termos de variáveis e de constantes lógicas (sendo uma constante lógica algo que permanece constante numa proposição mesmo quando *todos* os seus componentes são modificados), vai proporcionar a definição de lógica ou de matemática pura. Por ora, não sei como definir "tautologia".[2] Seria fácil oferecer uma definição que poderia *parecer* satisfatória durante um tempo; mas não sei de nenhuma que eu sinta ser satisfatória, apesar de me sentir totalmente familiarizado com a característica da qual se quer uma definição. Logo, neste ponto, por enquanto, atingimos a fronteira do conhecimento na nossa jornada de volta aos fundamentos lógicos da matemática.

---

2 A importância da "tautologia" para uma definição da matemática me foi apontada pelo meu ex-aluno Ludwig Wittgenstein, que estava trabalhando no problema. Não sei se ele o solucionou, e nem mesmo se está vivo ou morto.

Introdução à filosofia matemática

Chegamos agora ao final da nossa introdução um tanto resumida à filosofia matemática. É impossível transmitir adequadamente as ideias de que trata esse assunto, sem o uso dos símbolos lógicos. Como a linguagem ordinária não tem palavras que expressam naturalmente, com acurácia, o que desejamos exprimir, é preciso, enquanto aderimos à linguagem ordinária, forçar as palavras até elas atingirem significados atípicos, e o leitor, com certeza, após certo tempo, se não de imediato, vai cometer o deslize de atribuir o significado usual às palavras, obtendo assim noções erradas sobre o que se deseja dizer. Além disso, a gramática e a sintaxe ordinárias são extraordinariamente enganosas. Isso acontece, por exemplo, no que diz respeito aos números; "dez homens" tem a mesma forma, do ponto de vista gramatical, que "grandes homens", de modo que alguém poderia pensar ser "dez" um adjetivo que qualifica "homens". É o que também acontece sempre que as funções proposicionais estão envolvidas e especificamente no que tange à existência e às descrições. Como a linguagem é enganosa, e também como ela é difusa e inacurada quando aplicada à lógica (à qual nunca se destinou), o simbolismo lógico é absolutamente necessário a qualquer tratamento exato ou minucioso do nosso assunto. Portanto, os leitores que desejarem adquirir o domínio dos princípios da matemática não vão fugir (assim se espera) do trabalho de dominar os símbolos – um trabalho que é, na verdade, muito menor do que se poderia imaginar. Como deve ter deixado evidente o estudo apressado anterior, existem incontáveis problemas sem solução nessa área, e há muito trabalho por fazer. Se este livrinho levar qualquer estudante a estudar de forma séria a lógica matemática, ele terá servido ao propósito principal para o qual foi escrito.

Referências bibliográficas

BOLZANO, B. *Paradoxien des Unendlichen*. Leipzig: Felix Meiner, 1851.

CANTOR, G.; DYCK, W.; LAMPE, E. *Jahresbericht der Deutschen Mathematiker-Vereinigung*. Berlim: Druck und Verlag von Georg Reimer, 1892.

CLIFFORD, W. K. *The Common Sense of the Exact Sciences*. Nova York: Dover, 1946.

DEDEKIND, R. *Was sind und was sollen die Zahlen?* Alemanha: Friedrich Vieweg & Sohn, 1939.

_____. *Stetigkeit und irrationale Zahlen*. 2.ed. Brunswick: F. Vieweg, 1892.

FREGE, J. G. *Grundlagen der Arithmetik*. Breslau: Wilhelm Koebner, 1884. [Ed. bras.: *Os fundamentos da aritmética*. São Paulo: Livraria da Física, 2023.]

_____. *Begriffsschrift*: eine der arithmetischen nachgebildete. Halle: Louis Nebert, 1879.

LEWIS, C. I. Discussions: The Calculus of Strict Implications. *Mind*, v.23, n.1, p.240-7, 1914.

_____. Implication and the Algebra of Logic. *Mind*, v.21, n.84, p.522-31, out. 1912.

MEINONG, A. *Untersuchungen zur Gegenstandstheorie und Psychologie*. Leipzig: Johann Ambrosius Barth, 1904.

NICOD, J. G. P. A Reduction in the Number of the Primitive Propositions of Logic. *Proceedings of Cambridge Philosophical Society (1917)*. v.19. Londres: Cambridge University Press, 1920.

Bertrand Russell

PEANO, G. *Rivista di Matematica*. v.3-4. Roma: Legare Street Press, (1891) 2023.

POINCARÉ, H. *Science and Method*. Londres; Edimburgo; Dublim; Nova York: Thomas Nelson and Sons, 1908.

RUSSELL, B. *Our Knowledge of the External World*: as a Field for Scientific Method in Philosophy. Nova York: Routledge, 1914. [Ed. bras.: *Nosso conhecimento do mundo exterior*: estabelecimento de um campo para estudos sobre o método científico em filosofia. São Paulo: Companhia Editora Nacional, 1966.]

_____. Mathematical Logic as Based on the Theory of Types. *American Journal of Mathematics*, v.30, n.3, p.222-62, jul. 1908.

_____. Les Paradoxes de la logique. *Revue de Métaphysique et de Morale*, v.14, n.5, p.627-50, set. 1906.

_____. *The Principles of Mathematics*. Cambridge: Cambridge University Press, 1903.

SHEFFER, H. M. A Set of Five Independent Postulates for Boolean Algebras, with Application to Logical Constants. *Transactions of the American Mathematical Society*, v.14, p.481-8, 1913.

VEBLEN, O. The Foundations of Geometry. In: YOUNG, J. W. A. (org.). *Monographys on Topics of Modern Mathematics*: Relevant to the Elementary Field. Londres: Longmans, Green and Co., 1911.

WHITEHEAD, A. N. *A Treatise on Universal Algebra*. v.1. Cambridge: Cambridge University Press, 1898.

_____; RUSSELL, B. *Principia Mathematica*. 3v. 2.ed. Cambridge: Cambridge University Press, 1925-1927.

_____; _____. *Principia Mathematica*. 3v. 1.ed. Cambridge: Cambridge University Press, 1910-1913.

ZERMELO, E. Beweis, dass jede Menge wohlgeordnet werden kann. *Mathematische Annalen*, v.59, p.514-6, 1904.

Índice remissivo

abgeschlossen 156-7
abstração 27-8, 29-30, 101, 146-7
absurdo 198, 233
adição 27, 29-30, 46-7, 97-8,
   118, 120, 125-6, 135, 136,
   141, 145, 173-4, 182-3, 193,
   200, 272-4
afirmações 11, 13, 16-7, 18-9,
   92-3, 94-5, 109n, 169-70,
   198, 204, 213, 221-2, 225-
   30, 235-6, 239-40, 244-6,
   254-5, 259-62, 263-5, 266,
   272-3, 274-7, 279, 281-3
   sobre funções 259-60
agregados 40, 257
álefe (א) 131-6, 142-3, 144-5,
   149-50, 157, 158, 163, 181,
   183-9, 191-2, 195, 281-3
alguns 223-34, 235, 264-7
ambiguidade 136, 235, 239-41,
   249-50

American Journal of Mathematics 198
análise 196
analogia 71, 94, 109, 162-3, 232-
   3, 250
ancestralidade 58-9, 68, 70-1, 72-
   3, 80-1, 272-4
   própria 82-3
antecessor 34, 109-10
   imediato 53-4
aparência verbal circular 49
aproximação 102-3, 167-8, 171
argumentos 12-3, 15, 16-7, 18-
   9, 59-60, 83-5, 158-9, 161-
   72, 188-9, 195-6, 199-203,
   207-9, 211-2, 213, 225-7,
   229-31, 232-3, 245-6, 257-
   8, 259, 262, 263-5, 267-9,
   274-6
   empíricos 202-3
   lógicos 202-3
   ontológicos 282-3

Aristóteles 242, 245-6, 257-8, 276-80
aritmetização da matemática 31, 34
articulação
da matemática 56
dedutiva 56, 266-7, 271-2
assimetria 65-6, 68-71, 74, 79-82, 131
atribuição 204
autocontradição 127-8, 203, 281-3
axioma
da redutibilidade 17-8, 265-7, 268
das paralelas 179, 208-9
do infinito 16-8, 109n, 123-4, 191-205, 226-7, 266-7, 281-3
geométrico 99-100
multiplicativo 136-7, 143, 173-89, 191-2, 266-7

bisseção sucessiva 172
Bolzano, Bernard 200-1
bom senso 46-7
ver também senso comum
botas e meias 184-6, 188-9
Browning, Robert 235
Grammarian's Funeral, The 235

cálculo
diferencial 149-50, 161
infinitesimal 161, 172
integral 149-50, 161
campo 68-70, 85, 92-4, 95-6, 96-7, 97-9, 102, 114, 125, 131, 139, 142-3, 150, 153, 158, 170-1, 185, 188
homogêneo 92-3
Cantor, Georg 10, 123, 125-6, 131, 133n, 135, 136-7, 140, 142-3, 146-7, 153, 155-7, 158, 159, 183, 197
cardinais transfinitos 123, 125-6, 145-7, 193
catástrofe aritmética 192-3
certeza 23-4, 48
cinemática 135
classe
multiplicativa 176, 177
nula ou vazia 55, 56, 133-4, 143, 173-4, 180-1, 187, 192-5
classes 9-10, 15-9, 25, 32, 36-7, 40-3, 45-9, 52, 53-6, 58, 65, 66-7, 71, 80, 81-3, 87, 89-90, 91-3, 95-6, 100-1, 105-8, 112-4, 117-8, 124-5, 126-9, 136-7, 139, 150-2, 157, 168-9, 172, 173-89, 191-5, 196-200, 204-5, 207, 223, 226-7, 230, 253-69, 281-3
Clifford, W. K. 121
Common Sense of the Exact Sciences, The 121
coleções 40, 43-4
finitas 49, 96-7
infinitas 49, 123-4, 128-9
Common Sense of the Exact Sciences, The (Clifford) 121
compacidade 153-6

Introdução à filosofia matemática

complexidade 12-3, 25-6, 27-9, 150, 266-7
conceitos 236-8
concepção de termos 203-5
conectividade 66-74, 79, 151
confusão dos tipos 196
conjunção 210-3, 217
conjunto de membros 258
consecutividade 73-4, 129
constantes lógicas 280-1, 284
construção de classe 173-4
construindo relações 80-1, 117-8
contagem 38, 43-4, 46-7, 193-4
continuidade 135, 149-60
   da continuidade 161-72
   das séries 157-60
   de funções 161-5, 167-72
   dedekindiana 153-5, 158
contínuas 189
contradição 10, 125, 127-8, 196-8, 233-4, 255, 258, 263, 281-3, 284
   do maior cardinal 196-7
contradomínio 45-6, 67-8, 79-81, 84-90, 91-4, 98-9, 121-2, 126, 127-8, 129-30, 133-4, 170, 171, 177, 180-1
convergência 168-9, 171, 172
   ver também continuidade
coordenadas 149-50, 272-4
   com números inteiros 64-5
   com números não inteiros 64-5
   com números não racionais 64-5
   com números racionais 64-5, 154-5

não racionais algébricas 64-5
correlação de classe 87-90, 91-4, 98-9, 121-2, 182-3
correlacionador ordinal 94
corte de Dedekind 112, 115-6, 152

Darapti 232
decimais 111-2, 144-5, 155-6
Dedekind, Richard 112-3, 115-6, 153, 159, 200-1
   corte de 9, 112-3, 115-6, 152
dedekindiana
   continuidade 153-5, 158
   série 112-3, 115-6, 117, 153, 154, 158
dedução 28-9, 188-9, 207-20, 226, 228n, 266-7, 272-4, 281-3
   teoria da 207-20, 266-7
dedutibilidade 11, 281-3
   formal 219-20
definição 12, 25-6, 27-8, 30, 33-4, 52-3, 54-61, 85-7, 92-4, 95-6, 97-8, 99-100, 105-8, 114, 115-6, 117-22, 123, 124-6, 127-8, 129-30, 133-4, 136-7, 141, 143, 146, 150-1, 153-7, 158, 159, 161-3, 163-5, 167-70, 171, 172, 173, 174-5, 176-8, 178-9, 192-3, 195, 199, 204-5, 215, 221-2, 226-8, 231-2, 239-40, 241-2, 243, 248, 253-5, 262-3, 265, 268-9, 271-4, 284
   de existência 241
   de número 39-49

de ordem 63-78
por extensão 40-2
por intensão 40-3
"densa em si mesma" (*insichdicht*)
156, 157
densidade 153-6
descrições 83-4, 201-2, 207,
235-51
ambíguas 241
definidas 235, 238-9, 241-3,
248-9
indefinidas 235-6, 238-9, 242,
248-9
destinatário 87
determinação 12, 222-3
diferenciação 27-8, 267-8
espaçotemporal 267-8
dimensões 63-4, 102-3
ver também ordem, de grandeza
disjunção 209-14, 218-9, 227-8
inclusiva 10-1
diversidade 67-8, 72-3, 81-2, 94,
202-3, 281-3
divisão 7-8, 109-10, 119-20, 135-
6, 144-5, 159, 172, 233-4
domínio 16-7, 45-6, 67-8, 79-
81, 84-5, 87-90, 91-3, 121-
2, 126, 127-8, 129-30, 131,
133-4, 170, 177
doutrina dos tipos 92-3, 196,
199, 225-6

"entre" relações 74-8, 98-9
enumeração 40-2, 213-4, 229-
30, 242

enunciar 28-9, 38, 45, 52-3, 60-
1, 85-7, 92-3, 94-5, 102-
3, 118, 144-5, 173, 175-6,
179, 185, 188-9, 191, 204-
5, 216n, 217, 221-2, 265-7,
274-5, 276-7, 281-4
equivalência 9-10, 53, 68-9, 102-
3, 136-7, 158, 165-8, 179-
83, 188-9, 227-8, 241, 247-
51, 253-4, 256, 258-62
formal 16-7, 256, 258-62,
265-6, 269
equivalente objetivo 102-3
espaço 102-3, 135, 158-9, 202-3
elíptico 99n
empírico 77
estrutura 99-103, 178, 180-1
Euclides 9, 27-8, 109-10
exame 204-5, 207, 283-4
exatidão 48, 76, 99-103, 127-
8, 268
exclusão mútua 79-80, 178-9,
182-3, 187-8, 272-4
existência 14-5, 16-9, 48, 102-
3, 123-4, 129-30, 154, 173-
4, 182-4, 195, 199, 200-3,
218, 232-3, 236-8, 241, 248-
9, 260-1, 266-7, 281-3, 285
empírica 200-1
exponenciação 136, 145-6, 177-
9, 193
extensão 16-7, 40-2, 100-1, 105-
6, 109-10, 119-22, 202-3,
255-6, 260-2

Introdução à filosofia matemática

falsidade 179-80, 182, 189, 209-11, 221, 224-5, 244-5, 266-7
conjunta 212
fatores 141, 146, 173, 174-5, 179, 180, 188-9
fechado (*abgeschlossen*) 156-7
ficções
 lógicas 15-6, 16n, 17-8, 43n, 82-3, 198, 199, 253-4
 matemáticas 202-3
 simbólicas 257
filosofia matemática 8n, 25-6, 27-9, 29-30, 37-8, 146-7, 161, 285
finito *versus* infinito 49, 51, 60-1, 105, 106, 107-8, 127-8, 135, 136-7, 146, 174-6, 179, 188-9
finitude 51-61, 136-7, 272-4
fluxo 159-60
forma da natureza 95
frações 27-8, 41-2, 46-7, 59, 66-7, 73-4, 105-12, 118-20, 132, 151-2
 negativas 59
 positivas 59
 próprias 71-2, 117
 racionais 63-4, 105-6
Frege, Gottlob 10-1, 12, 13, 34, 39, 57n, 58-9, 123, 146-7, 210n, 231
 Grundlagen der Arithmetik 39
fronteira 114-7, 151-2, 154, 156-7, 167-8
função
 -*a* 262-9

bem-comportada 165
contínua 161-72
de verdade 211-3, 217, 219-20, 227-8, 278-9
descontínua 162-5, 168-9
extensional 260-2, 266
extensional derivada 261-6
intencional 260-2
predicativa 263-5, 267-8
funções
de funções 259-60
descritivas 221-2, 235, 250-1
ver também funções proposicionais
proposicionais 83-4, 207, 218, 221-34
definindo "proposição" 221-2
proposicionais compostas 229-30

Gedankenwelt 201
generalizações 223-5, 245-6
genitores 58-9
geometria analítica 31, 57n, 135
geração de relações seriais 78
gramática da investigação 39-40
Grammarian's Funeral, The (Browning) 235
Grécia Antiga 27-8, 271-2
Grundlagen der Arithmetik (Frege) 39

Hamlet (Shakespeare) 238
Hegel, Georg Wilhelm Friedrich 161

hereditário transfinito 143-4
hierarquia lógica 193-4, 198, 263
Homero 248-9
   Ilíada 249

ideias 200-2
   primitivas 31-2, 34-5, 208-9,
     214-6, 227-8, 253-4, 281
identidade 222-3
Ilíada (Homero) 249
imaginação espacial 115
implicação 14-5, 18-9, 67-8, 70,
   81-2, 84-7, 94, 158, 180,
   192, 197, 209-20, 225-6,
   229-32, 246-7, 254-5, 274-
   5, 281-3
   estrita 11, 219-20
   formal 231
   material 10-1
impureza 198
incomensurabilidade 31, 109-10
incompatibilidade 10-1, 79-82,
   207-20, 278-9, 280
independência mútua 69, 79-80
indiscerníveis 267-8
individualidade 102-3, 191-3,
   243-4
indivíduos relativos 243
indução matemática 33, 51-61, 70-
   1, 82-3, 123, 127-8, 130, 136-
   7, 143-4, 259, 266, 272-4
inferência 183-4, 208-9, 209-10,
   213, 214-7, 218-20, 282n
infinitesimais 132, 149-50, 161,
   172

infinito 10, 19, 34, 42, 43, 49,
   51, 58-61, 64-5, 73-4, 89,
   96-7, 105, 107-9, 115, 118,
   122, 125, 127-8, 131, 132-4,
   136-7, 140, 144-5, 146, 151-
   2, 163, 172, 173, 174-6, 179,
   182-3, 185-6, 188-9, 191-
   205, 266-7
   axioma do 16-8, 109n, 123-
     4, 191-205, 226-7, 281-3
   cantoriano 107-8
   cardinais 123-37
insichdicht 156
   ver também "densa em si mesma"
inteiros
   finitos 107-8, 141, 144-5,
     151-2, 193
   infinitos 193
   negativos 106, 143
   positivos 105-7, 109
   sem sinal 105-6
intensão 40-2
intermediários 58-9, 67, 73-4, 85-7
intervalo (oscilações) 163, 164, 165
intromissão 194-5
intuição 207-9
inversa 45, 80-1, 85-7, 93-4, 106-
   7, 114, 136, 143, 150, 172
irrealidade 236-40
irreflexiva 67-9, 72

Kant, Immanuel 208

lacuna 113-6, 152-4
Laplace, Pierre-Simon 257

Introdução à filosofia matemática

lei
associativa 97-8, 145, 146
comutativa 97-8, 145, 146
da contradição 281-3, 284
distributiva 97-8, 145, 146
Leibniz, Gottfried Wilhelm 127-
8, 161, 203, 267-8, 281-3
"leis formais usuais" 145, 179
Lewis, C. I. 11, 219-20
limite 63-4, 113-7, 149-60,
161-72
de funções 161-72
e continuidade 149-60
e continuidade de funções
161-72
inferior 113-4, 149-50
irracional 115-6, 152
quantitativo 149-50
racional 115-6
superior 113-4, 150-3
linguagem das classes 128-9,
260-1
logaritmos 83-4
lógica 7-8, 9, 10-2, 12-3, 17-8,
18-9, 27-9, 44, 55-7, 59-60,
99-100, 123-4, 173-4, 204,
207-9, 222-3, 224, 226, 231,
237-8, 240, 250-1, 257, 267,
268, 271-85
e matemática 7-8, 18-9, 23-4,
31, 34, 37-8, 202-3, 258,
260-1, 271-85
ficção 15-6, 16n, 17-8, 43n,
83, 198, 199, 253-4
formal 98-9, 229-30

pura 18-9, 31-2, 70, 208-9,
213, 267-8, 274-5, 276-7
simbólica 231, 241, 257, 281
logicização da matemática 34

magnitude 28-9, 63-5, 71, 73-4, 80-
1, 108-9, 115, 117, 125, 129
maior cardinal 196-7
manipulação 146-7, 158-60,
237-8
mapa da Inglaterra 127
massa 185
matemática 271-85
aplicada 99-100, 158-9, 279
avançada 27-8, 28-9, 63-4,
149-50
e lógica 271-85
máximo de uma classe 113-4,
150-2, 154
média aritmética 73-4
medição 106-7, 149-50, 272-4
Meinong, Alexius 237-8
metafísica 13-4, 48, 159, 204-5
mínimo de uma classe 114, 150-1
modalidade 11, 18, 79, 110-1,
233-4
Monist, The (Russell) 7, 159-60
"montanha dourada" 237-8
movimento 169-70
muitos-para-um, relação 44-5, 73,
80-1, 85-7, 108
multiplicabilidade 188-9
multiplicação 27-8, 35, 97-8,
118, 120-1, 121-2, 125-6,
135-6, 141, 145, 146, 173-9,

182-4, 188-9, 193, 257, 266-7, 272-4
por dois 184
multiplicidade 40, 159
mutilação 173

não comportar definição 30
não indutividade 136-7, 186-9
não-p 210-3, 215-6, 218-20
Napoleão 224, 237-8, 264-5, 277, 280
natureza intrínseca 99-101
Navalha de Occam 257
negação 10-1, 211-3, 217, 218-9, 227-8
N-hereditária 57
Nicod, Jean 8n, 212, 213-4, 216n, 217-8
Nosso conhecimento do mundo exterior (Russell) 160
número
de seleções 178, 179
definição de 39-49
número-relação 95-8, 102-3, 143, 146-7
números
cardinais 10, 96-8, 105, 107n, 117-8, 123-37, 139, 142-3, 149-50, 173-4, 178-9, 180, 181, 187-9, 191-2, 196-7, 226-7, 253-4, 258, 272-4
finitos 96-7, 106, 137, 146-7, 149-50, 151-2
infinitos 96-7, 106, 123-37, 146, 151-2

reflexivo 127, 136-7, 187-8
transfinitos 123, 125-6, 145-7, 193
complexos 27, 66-7, 105-22
dados 51-2, 161-2
imaginários 119-20
indutivos 60-1, 64-5, 70-1, 82-3, 88-9, 106, 107-8, 123-6, 127-9, 131-2, 134-5, 136-7, 139-40, 142, 144-5, 186-9, 191-5, 199-200, 226-7
irracionais 41-2, 105-6, 109-10, 113, 116-7, 118-9, 157, 193
naturais 9-10, 15-6, 27-38, 41-2, 46-7, 51-5, 56, 57, 59-60, 63, 64-5, 70-1, 105-6, 136-7, 272
comuns 123
negativos 44-5, 105-7, 109, 118-20, 136, 166-7
ordinais 96-7, 105, 139-47, 149-50, 152-3, 172, 183-4
positivos 44-5, 105-7, 109, 118-9, 164, 166-7
primos 64-5, 151-2
quadrados 49
racionais 9-10, 63-5, 105-22, 153, 157-8
reais 9-10, 15-6, 27-8, 63-4, 66-7, 105-22, 132-3, 152-3, 154, 154-5, 156-7, 158, 159-60, 162-3,

Introdução à filosofia matemática

163-4, 164, 165-6, 166-7, 168-9, 170, 193, 195
  teoria dos 193
  reais racionais 117
  seriais 96-8, 131, 139-41, 143, 157

o (singular) 235-51
"O que é um número?" 39-40
obliteração 159
obscuridade 9, 54, 189, 196, 203
ocorrência
  primária 249-50
  secundária 249-50
ordem
  definição de 63-78
  de grandeza 142-3, 144-5, 149-50, 151-2, 195
ordinais transfinitos 145, 183-4
originário 87
os (plural) 253-69
oscilação final 166-8, 171
oscilações 163

paradoxo 15-7, 48, 128-9, 264-5
  do infinito 10
pares 47-8, 77-8, 101, 120-1, 141-2, 174, 178, 182-3, 185
  ordenados 100-1, 120-1, 173-4, 178-9
Parmênides (Platão) 199
particulares 39-40, 202-5, 224-5, 243, 253-5, 267-8, 276-7
Peano, Giuseppe 31-8, 54-5, 56, 57, 83, 124, 129, 130-1, 192, 231

permutações 89-90, 278
Pitágoras 31, 109, 110-1
Platão 199, 201-2, 241-2, 245-6, 257-8, 274, 275-6
  Parmênides 199
pluralidade 39-40, 225-6, 240
poder dos números 110-1
Poincaré, Henri 59-60
poligamia 44
pontos-limite 152-7
posteridade 53-4, 57, 58-9, 71-3, 80-1, 82-3, 124-5, 129-31, 259
  própria 71-3
postulação 27-8, 102-3, 115, 117-8
precedente 46-7, 150
predecessores (ou antecessores) imediatos 53-4, 54-5, 129, 152, 155-6
predicados 81-2, 241, 267-8, 278, 280
premissa 31-2, 33-5, 207-8, 209-10, 214-6, 219-20, 245-6, 266-7, 271-2, 274-6
  substantiva 214-5
primeira derivada 153
Principia Mathematica (Whitehead; Russell) 8, 10, 18-9, 28-9, 106-7, 117n, 146, 175, 198, 208-9, 212, 213-5, 216n, 262-3, 271-2, 282n
princípios
  da dedução 213-5, 218, 226
  da matemática 23-4, 36-7, 44-5, 285

Principles of Mathematics (Russell) 8, 13, 199, 208
probabilidade 233-4
produto relativo 85-7, 93-4
progressão 36-7, 129-32, 139, 140-3, 154-5, 156-7, 180-1, 183-9, 191-3, 195
de progressões 142
prolongação da lógica 57
proposições 11, 12, 13-5, 27-8, 31-4, 36-7, 51-2, 52-3, 54-5, 56, 57, 59-60, 79, 81-2, 95, 98-9, 102-3, 109-10, 123-4, 128-9, 132-4, 143-4, 146, 172, 173, 179-84, 189, 192, 193-4, 204-5, 209-10, 211, 212-6, 218-20, 221-5, 227-8, 231-2, 233-4, 236-43, 244-50, 253-5, 256, 257-9, 262, 266-7, 267-8, 272, 275, 276-84
analíticas 284
elementares 227-8
sobre números 31-4
propriedades hereditárias 53, 57-8, 71, 71-2, 143-4, 259
prova 33-4, 35, 51-2, 54, 59-60, 109-10, 127-8, 132-4, 136-7, 180-9, 192, 197, 201-3, 207-9, 216, 281-2
ontológica 281-4
pseudonomes 198

quadrada de relações 67-8
"quadrado redondo" 237-8, 245-6
"quanta", teoria dos 202-3
quantidade 272-4
quase-serial, relação 114

raciocínio 9, 60-1, 77, 109-10, 200-1, 208-9, 232-4, 236-7, 266-8
formal 271-4, 275-6
raciocínios circulares 49
raízes quadradas 31, 82-3, 105-6, 109-10, 111-2, 118-20
R-ancestral 58-9, 72-3
razões 108-9, 112-21, 132, 134-6, 153-4, 193-5
realidade 196, 236-9
redução da aritmética 31
redutibilidade 15-9, 265-7, 268
reflexão 46, 126-8, 128-9, 136-7, 139, 179, 186, 200-1, 242-3
reflexividade 127, 136-7, 186, 187-9, 192-3, 199-202
refutação 11, 12-3, 202-3, 219-20
regressão 156-7, 204-5
relação 79-90, 91-103
de ordenamento 65-7, 69-70
muitos para um 44-5, 73, 80-1, 85-7, 108
quase-serial 114
similaridade de 46-8, 81-2, 91-103, 130-1, 272-4
tipos de 79-90
um para muitos 44-5, 82-7, 94, 108, 121-2, 130, 170, 177, 180-1, 272-4
um para um 44-7, 73, 82-3, 85-90, 91, 93-4, 106-7,

Introdução à filosofia matemática

108, 121-2, 126-31, 133-4, 182-3, 200-2, 272-4
relações
binárias 276-7, 280
espaciais 91-2, 267-8
seriais 69, 73, 76-8, 94, 96-7, 97-8, 108-9, 114, 130-1, 143, 150-2
repetição 35-7, 187-8, 213
representantes 175-7, 180-1
Revue de Métaphysique et de Morale (Russell) 198
rigor 207-9
Royce, Josiah 127, 128-9
R-posteridade 58-9, 71-2
Russell, Bertrand 198
Monist, The 7, 159-60
Nosso conhecimento do mundo exterior 160
Principles of Mathematics 8, 13, 199, 208
Revue de Métaphysique et de Morale 198

Scott, Walter 13-5, 242-7
Waverley 13-5, 242-7
seção final 165-8, 171
segmento 115-8, 151-2, 195
segunda
classe 183-4, 188-9
derivada 153
seleções 173-89, 272-4
seletoras 176-9, 180, 182-3, 185
senso comum 207-8
ver também bom senso

sentido 13, 87
separação 17-8, 159, 231
de pares 77-8
sequentes 150-1
"ser" 199
série
dos números naturais 27-38, 51, 53, 54, 63, 70-1
de números inteiros 28-9
séries
abertas 74-5, 99n
bem-ordenadas 143-5, 153, 154, 180-1, 187-8, 189
cíclicas 74-5, 77-8
compactas ou densas 108-9, 144-5
contínuas 157-60
dedekindianas 112-3, 115-6, 117, 153, 154, 158
infinitas 35, 73-4, 96-7, 139-47, 193, 264-5
perfeitas 155-6, 157
subordinadas 156-7
Shakespeare, William 237-8
Hamlet 238
Sheffer, Henry M. 10-1, 212
significativa 225-6, 229-30, 232-3, 236-9, 248-9
silogismos 59-60, 232-3, 274-5, 283-4
simbolismo 11, 23-4, 146-7, 244-5, 280, 285
símbolos incompletos 16n, 253-4
simetria 46, 68, 79-82
similaridade de relações 46-8, 81-2, 91-103, 130-1, 272-4

similitude 91-5, 98-9, 102
   ver também similaridade de relações
simplicidade 25-6, 27-8
singularidade 240
Sócrates 83-4, 200-2, 211-2, 224, 226, 231-3, 241-2, 245-6, 257-8, 274-7, 278, 280, 283-4
soma aritmética 118
subclasses 96-7, 132-4, 143, 154, 158, 180-1, 186-8, 196-7
   densa 158
substituição 216, 232, 246-7, 257-8, 260, 280
subtração 119-20, 125-6, 135-6
sucessão discreta 202-3
sucessores 32-8, 51-6, 70-1, 123-5, 129-30, 150, 154, 169, 172, 192-3, 199-200
   imediato 57, 63, 143-4, 153, 155-6
supondo múltiplos casos 225-6
suprassumo 242
Swift, Jonathan 42-3

tal-e-tal 235-6, 239-43, 245-7, 248, 248-9, 281-3
tautologia 281-3, 284
tempo 102-3, 135, 158-9, 202-3
teorema de Zermelo 180-1, 187-9
teoria
   axiomática 9-10
   da dedução 12-3, 207-20, 266-7

da indução 272-4
das classes 9-10, 15-6, 19, 55, 207, 223, 254, 266, 268-9
das descrições 250-1, 254, 268
das funções 10-1, 163, 227-8
das seleções 173, 272-4
dos "quanta" 202-3
dos números cardinais 123, 146-7
dos números naturais 15-6, 31-2, 33, 57
dos números reais 15-6, 193
dos números transfinitos 123, 193
dos ordinais 19, 183-4
dos tipos 16-7, 19, 196, 198, 203, 218, 227-8, 262-3, 264-5, 266-7, 268
generalizada da indução $57n$, 58-9
lógica 37-8, 123, 200-1, 209
tipos
   de relação 79-90
   lógicos 16-7, 92-3, 191-205, 229-30, 259, 263
todos 221-34, 264-5
transfinitos 123, 180-1, 193
   cardinais 123, 125-6, 145-7, 193
   hereditários 143-4
   ordinais 145, 146-7, 183-4
transitividade 46, 66-74, 79, 80-2, 94, 131
tratamento sintético 207, 272

Introdução à filosofia matemática

Treatise on Universal Algebra, A (Whitehead) 121-2
trios 40, 42, 43, 47-8

um-para-muitos, relação 44-5, 82-7, 94, 108, 121-2, 130, 170, 177, 180-1, 272-4
um-para-um, relação 44-7, 73, 82-3, 85-90, 91, 93-4, 106-7, 108, 121-2, 126-31, 133-4, 182-3, 200-2, 272-4
unicidade 42-3, 84-5

validade hipotética 275-6
valor para argumentos 162-72
valor de verdade 210-2, 260-1
variáveis 12, 15, 16-7, 38, 163, 178, 213, 216, 222-5, 226-8, 231, 245-6, 264-5, 276-7, 278, 279, 281, 283-4
Veblen, Oswald 99

Waverley (Scott) 13-5, 242-7
Weierstrass, Karl 149, 161
Wells, H. G. 169-70

Whitehead, A. N. 7-8, 106-7, 117n, 121-2, 161-2, 175, 194n, 228n
Principia Mathematica (Whitehead; Russell) 8, 10, 18-9, 28-9, 106-7, 117n, 146, 175, 198, 208-9, 212, 213-5, 216n, 262-3, 271-2, 282n
Treatise on Universal Algebra, A 121-2

Zermelo, Ernst 17-8, 180-1, 187-9
zero (0) 29-30, 32-8, 41-2, 46-8, 51-3, 54-5, 56, 57, 63, 87, 105-9, 112, 118, 119-20, 120-1, 123, 124-5, 127-8, 128-9, 129-30, 131-3, 134-7, 142-3, 144-5, 149-50, 157, 158, 163, 164, 166, 167, 169-70, 172, 179, 180, 183-6, 188-9, 191-2, 192-3, 195, 199-200
posteridade do 54

SOBRE O LIVRO

Formato: 13,7 x 21 cm
Mancha: 23,5 x 39 paicas
Tipologia: Venetian 301 BT 12,5/16
Papel: Off-white 80 g/m² (miolo)
Cartão Triplex 250 g/m² (capa)

1ª edição Editora Unesp: 2025

EQUIPE DE REALIZAÇÃO

Edição de texto
Tulio Kawata (Copidesque)
Pedro Magalhães Gomes (Revisão)

Capa
Marcelo Girard

Editoração eletrônica
Sergio Gzeschnik

Assistente de produção
Erick Abreu

Assistência editorial
Alberto Bononi
Gabriel Joppert

Rua Xavier Curado, 388 • Ipiranga - SP • 04210 100
Tel.: (11) 2063 7000
rettec@rettec.com.br • www.rettec.com.br